이 책에 보내 주신 독자 여러분의 찬사

"어린이와 성인 사이의 적절한 위치에 있는 청소년을 위한 역사책!"
역사책을 접하다 보면 두 가지 부류가 있는 것을 알게 된다. 한쪽은 너무
성인 쪽으로 기울어 있고, 다른 한쪽은 너무 어린이 쪽으로 치우쳐 있다.
역사책이 죄다 이런 식으로 편중되어 있으면 중고등학생들은 도대체 무슨
책을 읽어야 할까 걱정하던 중에 참으로 이 책이 반갑다. 청소년들의 눈높
이에 맞춘, 청소년을 위한 거의 유일한 역사책이지 않나 생각한다.

_ 떠나는사람님

"내 아이의 역사 공부를 위한 탁월한 선택!"
아이가 쉽고 재미있게 역사를 배우기를 바라는 마음에서 선택한 도서인데
탁월한 선택이었다. 기초부터 차근차근 익힐 수 있도록 단어 하나하나에
엄청 신경 쓴 흔적이 엿보인다. 내 아이의 경우 어휘력이 다소 낮은 편이
어서 통틀어 간략하게 전달하는 글보다는 풀어서 설명하는 글이 더 도움
이 된다. 이 책이 그랬다. 중학교 역사 교과서를 쉽게 풀어 놓은 중학교 역
사 교과서의 해설집이다. 이 책이 중학생 자녀의 역사 성적을 올려 줄 열
쇠가 될 것이며, 더불어 역사를 좋아하게 만들어 줄지도 모르겠다. 어른인
내가 읽어 봐도 시간 가는 줄 모를 만큼 재미있었다.

_ bhh76님

"선생님들을 위한 교사용 해설서 같은 역사책."
선생님의 수업을 직접 듣는 듯한 문체를 사용하면서도 내용 전달에 소홀
함이 없고 설명이 필요한 단어들은 해당 페이지의 하단에 각주를 달아 잘
정리해 두었다. 현재 중학생인 경우는 물론 예비 중학생이나 어른이 읽어
도 무방할 책이라고 생각한다. 풍부한 내용과 뛰어난 구성을 보면 마치 학
교 선생님들이 보는 교사용 해설서처럼 보일 정도다.

_ 플리트비체님

"시험 포인트를 콕콕 짚어 줘요."

새 교육 과정에 맞춘 질의와 응답을 활성화해 학생 스스로 자기주도적인
학습이 가능하도록 구성되었다. 세계사뿐만 아니라 우리 역사도 함께 접
할 수 있다는 것이 이 책의 장점이 아닐까 생각한다. 각 단원마다 요점 정
리가 아주 잘 되어 있어서 시험 기간에 이 포인트만 잘 기억해 두어도 좋
을 것 같다.

_ StellaBella님

"중학교 역사 교과 과정에 딱 맞는 해설서!"

교과서 역사 전개 방식과 동일한 구조로 되어 있어서 자녀를 가진 사람들
에게는 필독서가 되지 않을까 하는 생각이 들었다. 역사 공부를 지겨워하
고 어려워하는 아이들에게 중요한 대안이 될 수 있는 책이기도 한 것 같아
강력 추천한다.

_ thfdlv11님

"역사가 어렵다는 편견을 깨 줍니다."

이제는 암기보다는 얼마나 역사의 흐름을 이해하는지 개념을 확실하게 다
져 주는 것이 중요한 것 같아요. 어려운 용어들을 알기 쉽게 풀어서 내용
을 이해하는 데 많은 도움이 되면서 교과 학습은 물론 역사에 대한 흥미를
키울 수 있도록 알차게 구성되었어요.

_ 블루레인님

"중학생 아이들을 위한 선물."

교과서 내용을 충실하게 잘 설명해 주면서 각 단원을 끝낼 때마다 단원 정
리를 해 줍니다. 중학생 아이들에게 반가운 선물입니다.

_ aqua317님

한 번에 끝내는 중학 세계사
② 근대와 현대

한 번에 끝내는 중학 세계사

② 근대와 현대

ⓒ 김상훈, 2021

초판 1쇄 발행 2021년 9월 27일
초판 5쇄 발행 2025년 1월 25일

지은이　김상훈
펴낸이　이성림
펴낸곳　성림북스

책임편집　이양훈
디자인　이인선

출판등록　2014년 9월 3일 제25100-2014-000054호
주소　서울시 은평구 연서로3길 12-8, 502
대표전화　02-356-5762
팩스　02-356-5769
이메일　sunglimonebooks@naver.com

ISBN　979-11-88762-26-2 04900
　　　　979-11-88762-24-8 (set)

| 김상훈 지음 |

한 번에 끝내는
중학 세계사

근대와 현대

성림원북스

역사 교과서를 어려워하는
여러분의 고민을 해결해 드립니다

5년 전이었습니다. 둘째 아들이 중학교 2학년에 올라갈 무렵이었어요. 학교에서 2학년 교과서를 받아 왔습니다. 저는 《통 세계사》와 《통 한국사》를 비롯해 꽤 많은 역사 서적을 출간했습니다. 역사 분야에 관심이 많으니 대뜸 역사 교과서에 손이 갔어요. 아들이 2학년 때 배울 역사 과목은 '역사 1'이었습니다. '역사 2'는 3학년 때 배운다더군요.

당시 역사 교과서는 상당히 많은 정보를 담고 있었습니다. 제가 중학교 시절에 보았던 역사 교과서와는 비교가 되지 않을 정도로 완성도가 높았어요. 중학생 때 교과서만 충실하게 공부해도 고등학교 진학 후 역사 공부가 아주 수월할 거라는 생각이 들었어요. 심지어 오랜 시간 여러 권의 역사책을 쓴 제가 아들의 교과서를 보면서 역사의 맥을 다시 정리할 수 있을 정도였어요. 역시 여러 전문가들이 머리를 맞대니 좋은 책이 나오는구나, 라고 생각했습니다.

그런데 아들은 뜻밖의 이야기를 했어요. "애들이 제일 싫어하는 과목이 역사."라는 거예요. 아이들 표현으로는 '극혐'이라고 하더군요. 제가 보기에 정말 잘 만든 교과서건만, 아이들은 책을 펼치는 것조차 싫어한다고 했습니다. 이유가 뭘까요? 간단했습니다. 무슨 말인지 도통 알아들을 수가 없다는 거예요.

다시 역사 교과서를 펼쳐 보니 아들의 말을 이해할 수 있었습니다. 중학교 2학년의 눈높이가 아니었습니다. 저처럼 역사 지식이 어느 정도 있는 사람에게는 좋은 책이지만, 역사 지식이 부족하고 아직 지적 능력이 충분히 발현되지 않은 열네 살 청소년이 소화하기에는 어려웠던 겁니다.

지나치게 많은 정보가 짧은 분량에 압축되어 있었어요. 역사 분야에서는 백지 상태나 다름없는 중학교 2학년에게는 압축된 정보를 풀어 낼 능력이 없습니다. 어려운 용어가 많고 이야기는 너무 적었어요. 그러니 아이들 눈에 들 수가 없겠죠.

그때 일종의 '중학 역사 교과서 해설서'를 만들어 보는 건 어떨까 하는 생각을 했습니다. 중학생의 눈높이에서 친절하게 역사의 흐름을 짚어 주고, 어려운 용어는 풀어 주며, 스토리를 들려주면서 역사를 보다 친근하게 공부할 수 있도록 말이지요. 물론 학교 시험에 큰 도움이 되어야 하는 것은 당연합니다. 청소년들에게는 학교 성적이 중요한 현실이니까요.

중학 역사 교과서 9종을 구입해 비교하고 분석했습니다. 그 결과, 다음과 같은 원칙을 정해 책을 지었습니다.

첫째, 역사의 큰 줄기와 9종 교과서에 공통적으로 수록된 내용은 모두 정리한다.

둘째, 일부 교과서에는 누락돼 있지만 5종 이상에서 다룬 내용은 가급적 정리한다.

셋째, 일부 교과서에만 수록돼 있지만 흥미로운 부분은 가급적 포함시킨다.

넷째, 어려운 용어는 풀어서 설명한다.

다섯째, 고등학교 과정에 대비해 꼭 알아 두면 좋을 내용은 추가한다.

이게 4년 전인 2017년의 일이었습니다.

그로부터 4년이 지난 2021년, 중학교 역사 교과 과정이 개편되었습니다. 다시 중학교 역사 교과서를 구입해 과거와 비교해 보았습니다. 많이 달라졌더군요.

일단 한국사와 세계사를 분리했습니다. 역사 1에서 세계사를, 역사 2에서 한국사를 공부하도록 구성되었죠. 장단점이 있겠지만, 세계사와 한국사를 분리하면 학생들이 쉽게 이해하는 데 도움이 될 것 같습니다. 게다가 새로운 교과서에는 지도가 많아서 학생들이 스스로 공부하기에 좋아진 점은 장점으로 꼽을 만합니다.

여기에 덧붙여 특히 달라진 점이 있습니다. 정보량이 많이 줄었어요. 구체적으로 서술하기보다는 개괄적으로, 그러니까 중요한 내용을 대충 추려서 진술하는 방식을 택했습니다. 역사를 깊이 이해하는 것보다는 폭넓게 이해하는 쪽으로 교육 방향을 바꾸었다는 생각이 들었습니다.

하지만 역사를 공부하다 보면 때로는 깊이 들어가야 할 때도 있습니다. 수박 겉핥기식의 공부로는 역사를 제대로 이해할 수 없습니다. 배경 지식을 모르고서는 역사적 사건의 의의에 대해서도 알 수 없습니다.

이런 점 때문에 개편된 역사 교과서 역시 역사 공부에 취약한 아이들에게는 지루한 책이 될 확률이 높습니다. 저는 4년 전에 출간했던 《교과서가 쉬워지는 통 한국사 세계사》(전3권)를 다시 쓰면서 예전에 세운 다섯 개의 원칙을 그대로 지키기로 했습니다.

마지막으로 이 책을 효과적으로 공부하는 방법을 알려 드리겠습니다. 《통 한국사 세계사》를 읽는 방법과 동일합니다. 중요한 것은 실천이지, 번드르르한 설명이 아니니까요.

첫째, 평소에 교양서적 읽듯이 혹은 소설책을 본다고 생각하면서 부담 없이 읽는 게 중요합니다. 물론 요즘 아이들은 책보다 게임을 좋아하니 쉽지 않을 수 있습니다. 독서하는 것 자체를 공부로 생각하니까요. 하지만 독서만큼 실력을 키워 주는 것은 없습니다. 독서하는 습관을 꼭 길러야 합니다.

둘째, 책을 읽을 때는 각 장의 도입부에 제시된 학습 목표를 염두에 두는 것이 좋습니다. 그 목표를 생각하면서 독서를 하면 나머지 부분은 다 잊더라도 큰 역사의 흐름과 맥은 제대로 짚을 수 있습니다.

셋째, 여러분의 교과서에 나오는 지도와 그림, 사진을 잘 활용하세요. 이 책을 읽으면서 교과서에 나오는 지도와 그림, 사진을 참고하면 내용이 더 잘 이해될 거예요.

넷째, 시험 기간이 중요합니다. 시험 기간에 반드시 이 책을 다시 읽어야 합니다. 이때는 시험 범위에 해당하는 구간을 집중적으로 읽도록 하세요. 2~3회 반복해서 읽다 보면 많은 내용을 이해할 수 있을 겁니다. 그러면 암기하기에도 훨씬 쉬워져요.

역사는 외우는 것이 중요한 과목이기는 합니다. 다만 역사의 맥과 흐름을 이해하고 암기하느냐, 어려운 용어를 제대로 알고 외우느냐, 아니면 닥치는 대로 암기하느냐에 따라 역사에 대한 관심도나 이해도, 시험 점수가 달라집니다.

이 책이 대한민국 청소년들이 역사에 관심을 갖는 작은 계기가 되기를 바랍니다. 또한 이 책을 통해 청소년들의 역사 시험 점수가 쑥쑥 올라가기를 기대합니다. 역사는 빠져들수록 재미있는 학문입니다. 여러분도 느껴 보세요.

김상훈

역사 공부의 새로운 방향을 제시하는 책

우리역사교육연구회 회장 **이두형**

먹고사는 문제를 어느 정도 해결하고 나자 사람들은 인간답게 살아가는 것에 대해 고민하기 시작했습니다. 삶을 편리하게 만드는 방법을 찾기 위해 자연 과학에 기대었고, 깊이 있는 내면과 정신세계를 갖추기 위해서는 인문학에 기대었습니다. 둘 다 우리의 삶에 중요한 요소입니다. 그런데 우리 학교 교육의 역량은 입시와 관련한 수리·외국어·과학 부문에 집중되어 청소년들이 인문학의 향기를 느낄 기회가 점차 줄어들고 있는 것이 현실입니다. 특히 청소년들이 인문학적 소양을 키우는 데 있어 역사만큼 좋은 교재가 없는데도 입시와 성적을 중시하는 시스템 속에서 역사가 도외시되고 있어 무척이나 안타깝습니다.

사실 학생이나 학부모의 관심이 입시에서 큰 비중을 차지하는 교과목에 집중되는 것은 어찌 보면 당연한 일입니다. 현실이 이러하다 보니 학교 수업에서 역사 과목이 차지하는 비중이 적고, 교육 현장에 있는 교사들도 어려움을 겪을 수밖에 없습니다. 아이들은 아이들대로 '교과서가 어렵게 집필되어 재미없다', '선생님의 수업이 일방적인 주입식이라 흥미를 느낄 수 없다'고 토로합니다. 역사 교육과 관련한 이와 같은 문제들을 어떻게 해결할 수 있을지 교육자의 한 사람으로서 항상 머리가 무겁습니다.

그러던 중에 《한 번에 끝내는 중학 세계사》(전2권)라는 책을 접하고 무척이나 반가웠습니다. 이 책이 역사 교육과 관련한 문제점을 한꺼번에 해소시킬 수야 없겠지만, 역사 공부를 지겨워하고 어려워하는 아이들에게는 중요한 대안이 될 수 있을 것이라는 생각이 듭니다. 특히 이 책은 학교 현장의 교사와 학생들이 함께 참여하는 과정을 거치면서 만들어졌기에 현재의 역사 교과서가 안고 있는 문제점을 여러 가지 측면에서 획기적으로 해결하고 있습니다. 그만큼 《한 번에 끝내는 중학 세계사》는 역사 공부에 관한 모범을 제시하고 있습니다.

첫째, 이 책은 교과서의 역사 전개 방식과 동일한 구조로 구성되어 있으면서도 중학생의 눈높이에 맞추어 아주 쉽고 친절하게 쓰여 있습니다. 마치 이야기꾼이 재미난 이야기를 들려주는 것 같은 내용 전개는 아이들의 이해도를 높이는 데 큰 도움이 될 것입니다.

둘째, 중학교에 진학한 학생들이 정치사를 중심으로 경제사, 사회사, 문화사로 관심을 확대하는 동시에 역사 지식을 체계적으로 학습할 수 있도록 구성되었습니다.

셋째, 이 책은 왕조와 지배 계층의 역사를 대변하는 연대기 중심의 통사적 서술 방식을 취하면서도 다양한 주제를 중심으로 이야기를 전개함으로써 교사에게는 융합 수업을 진행하는 아이디어를 제공하고 학생에게는 통합적 사고력을 키우는 기회를 제공하고 있습니다.

넷째, 새로운 교육 과정은 질의와 응답을 활성화하여 학생 스스로 문제점을 찾아서 해결하는 자기주도적인 학습을 권장하고 있습니다. 그런데《한 번에 끝내는 중학 세계사》는 교사 중심의 수업이 아닌 학생 중심의 수업이 가능하도록 구성되어 있어 다양한 교육 기법을 동원할 수 있는 여지가 풍부합니다. 또한 모든 단원이 시작될 때 독서의 목표를 정해 주면서 독자 스스로 답을 찾도록 하고 있어 자기주도적인 학습에 도움이 될 것입니다.

앞서 밝힌 대로 이 책은 집필 초기부터 교사와 학생이 참여하여 서로 소통하는 과정을 거치면서 집필되었습니다. 그래서 가르치는 교사와 배우는 학생의 입장을 최대한 반영하고자 노력한 흔적이 고스란히 담겨 있습니다.

부디 이 책을 통해 역사에 대해 '어렵다', '재미없다', '일방적이다'라는 부정적인 생각을 떨칠 수 있기를 기대합니다. 이 책은 분명 중학생 여러분의 역사 공부와 사고력 신장에 큰 도움이 될 것입니다.

그래서 《한 번에 끝내는 중학 세계사》는 다릅니다!

1 **개정된 새 역사 교과서에 완벽하게 맞추었습니다**
이 책은 2020년에 새롭게 펴낸 중학교 역사 교과서의 교과 과정에 맞추어 구성했습니다. 교과서는 물론 문제집, 참고서와 함께 공부할 수 있는 최적의 교재입니다.

2 **중학교 역사를 쉽고 깊이 있게 해설한 유일한 책입니다**
참고서나 자습서에서 제시하는 요약 형태의 설명이 아니라, 청소년 누구나 쉽게 이해할 수 있도록 재미있는 이야기 형태로 서술하였습니다. 중학교 교과서를 쉽고 깊이 있게 전달하는 대한민국 유일의 해설서임을 자부합니다.

3 **고등학교 과정에 대비할 수 있도록 구성했습니다**
모든 중학교 교과서의 내용을 총망라할 뿐 아니라, 반드시 알아야 할 역사 상식을 폭 넓게 다루어 고등학교 교과 과정을 위한 선행 학습에도 대비했습니다.

《한 번에 끝내는 중학 세계사》, 이렇게 **활용**하세요!

1 이야기책을 읽듯이 부담 없이 즐기세요
공부를 한다는 생각보다는 옛날이야기를 듣거나 소설을 읽는다는 마음으로
재미있게 즐기세요. 그러다 보면 머릿속에 저절로 들어올 거예요.

2 각 장의 시작 부분에 제시한 학습 목표를 마음에 새기세요
도입부에 제시한 학습 목표를 생각하면서 읽으세요. 질문의 답을 찾아가는 방
식으로 읽으면 더욱 쉽게 익힐 수 있습니다.

3 교과서의 지도와 사진, 그림을 함께 보세요
중학교 교과서는 시각적으로 아주 훌륭한 책입니다. 이 책을 읽으면서 교과서
에 있는 지도와 그림 등을 참고한다면, 더욱 쉽게 이해할 수 있습니다.

4 시험 기간에는 반드시 2~3번 반복해서 읽으세요
역사는 외우는 것이 중요한 암기 과목이지만, 내용을 이해하면 보다 쉽게 외
울 수 있어요. 시험 범위에 해당하는 부분을 2~3번 반복해서 읽으면 내용을
쉽게 이해할 수 있어서 보다 좋은 성적을 얻을 거예요.

차례

책을 시작하며   역사 교과서를 어려워하는 여러분의 고민을 해결해 드립니다 · 004
이 책을 추천하며   역사 공부의 새로운 방향을 제시하는 책 · 009

 제국주의 침략과 국민 국가 건설 운동
: 유럽과 아메리카, 세계를 지배하다

12 유럽과 아메리카의 국민 국가 체제
└자유와 평등을 위해 일어나라!

입헌 군주제는 어떻게 시작되었나? – 청교도 혁명과 명예혁명 · 024 | 북아메리카 식민지 주민이 차 상자를 바다에 버린 까닭은? – 미국 혁명의 시작 · 028 | 삼권 분립의 원칙을 최초로 적용한 나라는? – 미국, 최초의 민주 공화국 수립 · 031 | 파리 시민들은 왜 바스티유 감옥을 습격했을까? – 계몽사상과 프랑스 혁명 발발 · 034 | 파리 시민들은 왜 공화정에 등을 돌렸을까? – 프랑스 혁명의 전개와 결말 · 038 | 왜 나폴레옹은 신성 로마 제국을 해체했을까? – 나폴레옹 전쟁과 프랑스 혁명 이념의 전파 · 041 | 루이 필립은 왜 '시민의 왕'이라 불렸을까? – 빈 체제와 프랑스 자유주의 혁명 · 045 | 영국에선 왜 혁명이 일어나지 않았을까? – 영국 자유주의 운동과 경제 발전 · 048 | 독일은 왜 파리에서 독일 제국 건설을 선포했을까? – 민족주의의 확산과 이탈리아와 독일의 통일 · 051 | 러시아의 차르는 왜 암살되었을까? – 러시아의 개혁과 국민 국가의 확립 · 055 | 인디언이 이동한 길을 왜 '눈물의 길'이라고 할까? – 미국 영토 확대와 남북 전

쟁 · 058 | 볼리비아란 나라는 누구의 이름에서 비롯되었을까? – 라틴 아메리카의 독립 열풍 · 062

단원 정리 노트 · 067

1. 영국의 정치 발전 과정 | 2. 미국의 건국 과정 | 3. 프랑스의 혁명과 정치 변화 과정

13 유럽의 산업화와 제국주의
└산업 혁명이 촉발한 약육강식의 시대

공터에 울타리를 두른 까닭은? – 산업 혁명의 시작과 전개 · 072 | 자본주의의 3대 요소는 무엇일까? – 산업 혁명의 확산과 자본주의의 발전 · 076 | 노동자들은 왜 기계를 부쉈을까? – 자본주의 발전에 따른 사회 문제의 발생 · 080 | 낭만주의는 왜 계몽주의를 배격했을까? – 19세기의 과학과 예술 · 084 | 다윈의 진화론이 제국주의의 이념이 되었다? – 제국주의의 등장과 확대 · 088 | 열강이 중국을 노린 까닭은 뭘까? – 제국주의 열강의 아시아와 아프리카 침략 · 092

단원 정리 노트 · 096

1. 영국에서 산업 혁명이 가장 먼저 일어난 이유 | 2. 열강들이 식민지를 개척한 이유

14 서아시아와 인도의 국민 국가 건설 운동
└근대화 운동으로 제국주의에 맞서다

오스만 청년 장교들은 왜 혁명을 일으켰을까? – 오스만 제국의 개혁과 혁명 · 098 | 수에즈 운하가 이집트의 소유가 되지 못한 까닭은? – 이집트 및 아프리카의 근대화 운동과 민족 운동 · 103 | 아랍 민족이 오스만 제국의 술탄을 반대한 까닭은? – 아라비아 국민 국가 건설 운동과 이란 혁명 · 107 | 인도의 면직물 산업은 왜 몰락했을까? – 세포이의 항쟁과 영국의 인도 병합 · 110 | 영국은 왜 벵골을 분할하려 했을까? – 인도 국민 회의의 반영 운동 · 114 | 타이가 식민지가 되지 않을 수 있었던 비결은? – 동남아시아의 국민 국가 건설 운동 · 117

단원 정리 노트 · 122

1. 오스만 제국의 발전과 쇠퇴 | 2. 서아시아와 인도의 대표적인 국민 국가 건설 운동

15 동아시아의 국민 국가 건설 운동
└열강을 어떻게 극복할 것인가?

영국은 왜 중국에 아편을 팔았을까? – 아편을 매개로 한 삼각 무역 · 124 | 치외 법권은 왜 불평등 조약일까? – 아편 전쟁의 발발과 중국의 개항 · 127 | 태평천국 운동에 여성 참여자가 많았던 까닭은? – 태평천국 운동과 양무운동 · 131 | 캉유웨이는 왜 변법자강 운동을 추진했을까? – 변법자강 운동과 의화단 운동 · 135 | 위안스카이가 청 왕조를 멸망시킨 이유는? – 신해혁명과 중화민국의 수립 · 138 | 일본인들이 돈가스를 먹기 시작한 이유는? – 일본의 개항과 메이지 유신 · 141 | 일본은 왜 운요호 사건을 일으켰을까? – 일본의 조선 침략과 청일 전쟁 · 145 | 일본이 러시아와 전쟁을 벌인 까닭은? – 일본의 제국주의적 침략과 러일 전쟁 · 150 | 조선이 근대화 운동을 위해 설립한 기구는? – 조선의 근대화 운동 및 국민 국가 건설 운동 · 154

단원 정리 노트 · 158
1. 중화민국 성립 과정 | 2. 일본의 근대화 과정

V 세계 대전과 사회 변동
: 야만과 반인륜의 시대를 넘다

16 세계 대전과 국제 질서의 변화
└인류 역사상 최악의 전쟁 시대

사라예보 청년은 왜 오스트리아 황태자를 저격했는가? – 제1차 세계 대전의 발발 · 166 | 영국 여객선의 침몰에 미국이 격분한 까닭은? – 제1차 세계 대전의 전개와 종결 · 170 | 한국에 민족 자결주의가 적용되지 않은 까닭은? – 베르사유 체제와 제1차 세계 대전 이후의 변화 · 174 | 소비에트와 의회가 다른 점은 무엇일까? – 러시아 혁명의 배경과 2월 혁명 · 177 | 소련이 신경제 정책을 추진한 까닭은? – 10월 혁명과 사회주의 국가의 탄생 · 180 | 간디가 물레를 돌려 옷을 만들어 입은 까닭은? – 중국과 인도의 민족 운동 · 184 | 이집트의 독립을 왜 조건부 독립이라고 부를까? – 동남 · 서아시아와 아프리카의 민족 운동 · 187 | 미국 공황에 세계가 휘청거린 까닭은? – 대공황의 발생과 미국 뉴딜 정책 · 190 | 파시즘과 나치즘이 국민의 지지를 받은 까닭은? – 전체주의의 등장 · 194 | 헤밍웨이는 왜 에스파냐에서 총을 들었을까? – 에스파냐 내전과 제2차 세계 대전 발발 · 198 | 히틀러, 소련을 침공하다 – 제2차 세계 대전의 전개와 종결 · 203 | 대서양 헌장에 따라 만들어진 국제기구는? – 전쟁의 종결 및 새 국제 질서의 수립 · 208

단원 정리 노트 · 212

1. 제1차 세계 대전의 발생 과정 ┆ 2. 제1차 세계 대전의 전개 과정과 결과 ┆ 3. 제2차 세계 대전을 일으킨 독일과 이탈리아, 일본의 사정 ┆ 4. 제2차 세계 대전의 전후 처리 과정과 결과

17 민주주의의 확산
└주권은 언제나 국민에게 있다

가장 먼저 여성에 투표권을 준 나라는? – 민주주의 발전과 참정권의 확대 · 218 ┆ 1920년대의 미국을 왜 광란의 시대라 할까? – 자본주의의 발전과 노동자의 권리 확대 · 222

단원 정리 노트 · 226

1. 여성 참정권 ┆ 2. 세계 대전 이후 미국이 최고 강대국이 된 배경 ┆ 3. 대공황 이후 정부의 경제 개입

18 인권 회복과 평화 확산을 위한 노력
└평화를 위한 진정한 사과와 반성

독일이 유대인 수용소에 샤워 시설을 만든 까닭은? – 대량 학살에 대한 진실 규명 · 228 ┆ 일본은 왜 진정한 사과를 하지 않을까? – 위안부 문제 해결을 위한 노력 · 232 ┆ 전쟁 관련 박물관은 왜 만드는 걸까? – 평화를 유지하기 위한 국제 사회의 노력 · 235

단원 정리 노트 · 239

1. 전쟁 중에 일어난 반인륜 범죄 ┆ 2. 반인륜 범죄에 대한 독일과 일본의 차이

 ## 현대 세계의 전개와 과제
: 갈등의 시대를 넘어 미래로

19 냉전 체제와 제3 세계의 형성
└좌우 이념 대립의 시대

자본주의와 공산주의는 왜 대립했을까? – 냉전 체제의 형성 · 244 ┆ 베트남 전쟁에서 공산주의가 승리한

까닭은 뭘까? – 열전으로 번진 냉전 · 249 | 인도와 파키스탄은 왜 갈라섰을까? – 동남아시아 및 인도의 독립과 갈등 · 253 | 1960년이 '아프리카의 해'인 까닭은? – 서아시아 · 아프리카의 독립과 중동 전쟁 · 256 | 신생 독립국들이 왜 반둥에 모였을까? – 냉전 체제에 대한 제3 세계의 저항 · 261 | 미국이 중국과 관계 개선하려고 벌인 운동 시합은? – 좌우 진영 내부의 분열과 냉전 체제의 완화 · 264

단원 정리 노트 · 268

1. 냉전 체제를 만든 4가지 이념 | 2. 냉전 체제와 제3 세계

20 세계화와 경제 통합
└자유 무역 그리고 하나가 된 세계

고르바초프가 개혁 · 개방 정책을 편 이유는? – 냉전 체제의 붕괴와 소련의 해체 · 272 | 흰 고양이든 검은 고양이든 쥐만 잡으면 된다는 말의 뜻은? – 중국의 개혁과 개방 정책 · 276 | 세계 무역 기구가 정말 공평할까? – 세계화와 신자유주의 · 280 | 다국적 기업의 장점과 단점은 뭘까? – 세계화의 확대와 경제 블록화 · 283

단원 정리 노트 · 288

1. 냉전 체제의 붕괴 과정 | 2. 세계화와 경제 블록

21 탈권위주의 운동과 대중문화의 발달
└낡은 관습을 깨부수고 새로운 미래로

흑인들은 왜 워싱턴 행진을 했을까? – 민권 운동과 민주화 운동의 전개 · 291 | 청년들은 왜 록 음악에 열광했을까? – 학생 운동과 여성 운동의 전개 · 294 | 인터넷이 대중 매체로서 매력적인 까닭은? – 대중 사회의 형성과 대중문화의 발전 · 298

단원 정리 노트 · 302

1. 탈권위주의란 무엇일까? | 2. 탈권위주의 운동의 형태 | 3. 대중문화와 대중 사회

22 현대 세계의 문제 해결을 위한 노력

└인류의 미래, 현재의 대응에 달렸다

이스라엘과 팔레스타인은 왜 걸핏하면 싸울까? – 늘어나는 국제 분쟁 · 304 │ 난민을 추방하면 테러를 막을 수 있을까? – 난민 문제와 반전 평화 운동 · 308 │ 저개발 국가와 선진국 사이의 격차를 왜 남북문제라 할까? – 남북문제와 빈곤 · 기아 · 질병 문제 · 311 │ 이산화탄소를 줄여야 하는 까닭은? – 환경 문제와 국제 협력 · 313

단원 정리 노트 · 318

미래를 살아갈 우리가 해결해야 할 과제들

IV

제국주의 침략과
국민 국가 건설 운동

유럽과 아메리카, 세계를 지배하다

이번 단원에서는 전 세계가 국민 국가를 본격적으로 건설하기 시작한 17세기 이후의 역사를 다룰 거예요. 근대 이후 유럽과 아메리카가 세계를 주도할 수 있었던 비결은 무엇일까요? 어쩌면 혁명을 통해 얻어 낸 민주주의라는 열매가 아닐까 싶어요.

17~19세기에 유럽과 미국에서는 자유롭고 평등한 사회를 건설하려는 시민 혁명과 산업 혁명이 잇달아 성공했어요. 시민 계급이 성장한 덕분에 국민과 영토, 주권을 모두 갖춘 국민 국가 체제도 갖춰지지요. 미국은 영토를 넓히고 경제를 성장시켜 강대국의 지위에 올랐어요. 미국의 역사를 이야기할 때는 라틴 아메리카의 독립 과정도 슬쩍 들여다볼 예정이에요.

이 기간에 자본주의 체제도 확립됐어요. 서구 자본주의 열강들은 제국주의로 무장해 아시아와 아프리카로 진출하지요. 그 결과는 아시아와 아프리카의 수난으로 이어져요. 아시아에 속한 우리로서는 씁쓸한 결과라 할 수 있죠. 물론 그냥 멍하니 당하고 있기만 한 것은 아니지만 그래도 안타까움을 지울 수는 없어요. 상당히 급박하게 역사가 돌아가던 시기였답니다. 자, 깊게 숨을 들이마시고, 출발해 볼까요?

역사연표

세계사		한국사

세계사		한국사
영국, 권리청원 1628년		
영국, 청교도 혁명 1642년		
영국, 명예혁명 1688년		
		1742년 영조, 탕평비 건립
보스턴 차 사건 발생 1773년		
미국 독립 전쟁 발발 1775년		
미국, 독립 선언 1776년		
프랑스 혁명 시작 1789년		
미국 정부 수립		
카자르 왕조, 이란 재통일 1794년		
아이티 공화국 건설 1804년		
나폴레옹 전쟁 시작 1805년		
		1811년 홍경래의 난
나폴레옹 전쟁 종결 1815년		
대콜롬비아 공화국 건국 1819년		
그리스, 오스만 제국으로부터 독립 1829년		
프랑스, 7월 혁명 1830년		
중국, 제1차 아편전쟁(~1842) 1840년		
프랑스, 2월 혁명 1848년		
인도, 세포이의 항쟁(~1859) 1857년		
인도 무굴 제국 멸망 1858년		
다윈, 《진화론》 발표 1859년		
		1860년 최제우, 동학 창시

세계사		한국사
미국, 남북 전쟁 발발 1861년		
미국, 남북 전쟁 종결 1865년		
일본 에도 막부 종결 1867년		
일본, 메이지 유신 1868년		
이집트 수에즈 운하 완공 1869년		
이탈리아 통일 1870년		
독일 통일 1871년		
		1876년 강화도 조약 체결
		1882년 임오군란
청일 전쟁 발발 1894년		1894년 동학 농민 운동
		1897년 대한 제국 선포
파쇼다 사건 발생 1898년		
러일 전쟁 발발 1904년		
		1905년 을사늑약 체결
오스만 제국, 청년 튀르크당 혁명 1908년		
		1910년 국권 피탈(한일 병합 조약)

12 유럽과 아메리카의 국민 국가 체제

: 자유와 평등을 위해 일어나라!

- 영국 혁명, 미국 혁명, 프랑스 혁명이 일어난 이유와 전개 과정을 살펴봅시다.
- 이 세 혁명이 갖는 역사적 의의를 각각 1개 이상 구체적으로 설명해 보세요.
- 나폴레옹 전쟁 이후 성립된 빈 체제란 무엇이며, 문제점이 무엇인지 이야기해 보세요.
- 자유주의와 민족주의가 확산하면서 나타난 현상을 이야기해 보세요.

입헌 군주제는 어떻게 시작되었나?

└청교도 혁명과 명예혁명

먼저 유럽과 미국의 국민 국가 체제가 확립되는 과정부터 살펴볼 게요. 시간에 따라 영국→미국→프랑스의 순서대로 다룰 거예요.

근대로 접어들면서 유럽에서는 시민 계급이 새로운 세력으로 떠올랐어요. 시민 계급^{부르주아지}은 상공업이 발전하면서 새로이 떠오른 상인과 제조업자 등을 가리키는 용어예요. 이들은 봉건제와 절대 왕정을 반대했고, 시민이 중심이 되는 사회를 만들려고 했죠. 이들이 중심이 된 혁명을 시민 혁명이라고 해요. 시민 계급은 나중에 산

업 혁명이 발생한 후 자본주의 경제 체제를 확립하면서 산업 자본
가로 탈바꿈한답니다.

이 시민 혁명은 17세기 이후에 영국에서 가장 먼저 일어났어요.
왜 영국이었을까요? 지금부터 그 이유를 살펴볼게요.

영국은 유럽의 다른 국가들에 비해 일찍 의회 정치가 발전했어
요. 13세기 초에 귀족들이 왕의 권력을 제한하며 "국민의 대표인
의회만 세금을 부과할 수 있다."라는 내용의 대헌장^{마그나 카르타}을 채택
했지요. 절대 왕정 시절에도 엘리자베스 1세는 의회를 존중했어요.
당시에 시민 계급과 지주 신분인 젠트리*가 왕을 적극 후원했어요.
이들 중에서 의회에 진출하는 사례도 많았어요. 그러니 왕과 의회
가 크게 충돌하는 일은 없었어요.

하지만 엘리자베스 1세의 뒤를 이은 제임스 1세는 "왕은 신이 내
린 존재다."라며 왕권신수설을 주장했어요. 왕권신수설은 왕의 권
력을 신으로부터 받았다는 뜻이에요. 이런 주장을 하는 왕이니 의
회를 존중할 리가 없죠. 게다가 제임스 1세는 영국 국교회만 인정
했고 다른 신교인 청교도를 탄압했어요.

제임스 1세의 뒤를 이은 찰스 1세도 크게 다르지 않았어요. 그는
의회의 동의를 받지 않고 세금을 부과했어요. 대헌장을 위반한 것
이지요. 이에 맞서 의회는 "의회의 승인 없이는 세금을 부과할 수
없고, 법에 의하지 않으면 누구도 체포할 수 없다."라는 내용의 문
서를 왕에게 내밀면서 서명하라고 했어요. 이 문서가 권리 청원이

17세기의 프랑스 극작가 몰리에르가 쓴
희곡 〈서민 귀족〉의 공연 포스터. 귀족만
큼이나 지위가 높아진 일부 서민의 생활
상을 엿볼 수 있다.

• 젠트리 gentry. 영국에서 나타난 계층
으로 자신이 소유한 땅에서 농사를 짓
는 자영농과 귀족 사이에 놓인 신분이
다. 귀족이 몰락하면서 사회의 주요한
세력으로 성장했다. '신사'를 뜻하는 영
어의 젠틀맨(gentleman)이 젠트리에
서 유래했다.

에요[1628년].

의회의 기세가 너무 강했기 때문에 찰스 1세는 서명할 수밖에 없었어요. 하지만 의회를 인정하려는 마음이 애초에 없었기에 1년 후 의회를 강제 해산했죠. 결국 의회를 지지하는 의회파가 반발하면서 왕을 지지하는 왕당파와 내전에 들어갔어요. 의회파는 청교도가 중심이 되었기 때문에 이 사건을 청교도 혁명이라고 해요[1642년].

찰스 1세

전쟁 초반에는 왕당파가 우세했어요. 그러나 의회파의 영웅 크롬웰이 등장하면서 전세가 역전되었고, 최종적으로 의회파의 승리로 내전이 끝났어요. 권력을 잡은 크롬웰은 찰스 1세를 처형하고 공화정을 수립했어요[1649년].

크롬웰은 강한 영국을 만들고 싶었어요. 그는 중상주의˚를 강화해 항해법을 만들었어요. 이 법에 따라 네덜란드 등 해외 무역선은 영국 항구에 들어올 수 없었어요. 영국은 이를 통해 해외 무역에서 가장 큰 경쟁자였던 네덜란드의 힘을 약화시키면서, 동시에 영국 무역을 발전시켰어요.

올리버 크롬웰

청교도 혁명의 결과를 볼까요? 크롬웰은 얼마 후 '나라를 지키는 귀족'이란 뜻의 호국경에 올랐어요. 사실상 왕이나 다름없었죠. 이후 크롬웰은 독재 정치를 했어요. 국민에게는 술도 못 마시게 했고, 도박을 하면 처형했어요. 지나치게 엄격하죠? 그러자 크롬웰과 공화정을 지지했던 국민들도 돌아서기 시작했어요. 크롬웰이 죽자 의회는 곧바로 찰스 1세의 아들 찰스 2세를 왕으로 추대했지요. 공

• 중상주의 16세기 말부터 18세기에 걸쳐 유럽 여러 나라에서 수용한 경제 이론이자 정책이다. 나라의 부를 늘리기 위해 상업을 중시하고, 보호 무역주의 입장에서 수출을 장려했다.

화정에서 왕정으로 복귀한 거예요. 최초의 시민 혁명인 청교도 혁명은 이렇게 막을 내렸어요.

이후 똑같은 역사가 반복됐어요. 찰스 2세와, 그의 뒤를 이은 제임스 2세가 다시 의회를 무시하고 독재를 했지요. 다행히 전쟁은 일어나지 않았어요. 의회가 직접 제임스 2세를 쫓아내고 네덜란드에 살고 있는 제임스 2세의 딸 메리와 그녀의 남편 윌리엄 3세를 왕으로 추대했거든요. 부부는 영국의 공동 왕에 올랐어요.

메리와 윌리엄 3세

이때 메리와 윌리엄 3세는 "의회가 법을 만들고 세금을 부과하는 등 의회의 권리를 모두 인정한다."라는 내용의 권리 장전에 승인했어요. 왕은 군림하지만 통치하지 않는 거예요. 통치는? 의회가 하죠. 의회가 왕의 권력을 법적으로 제한한 거예요. 이런 정치 체제를 입헌 군주제라고 하는데, 바로 이때 탄생한 거예요.

이로써 영국은 피 한 방울 흘리지 않고 시민 혁명에 성공했어요. 서로가 서로의 명예를 존중하고 유혈 충돌이 없었다는 뜻에서 이를 명예혁명이라고 해요^{1689년}. 권리 장전은 훗날 미국 독립 선언과 프랑스 인권 선언에도 큰 영향을 미치죠.

영국은 입헌 군주제에 이어 18세기 초에는 의석을 많이 차지한 다수당의 당수가 수상이 되어서 정치를 총괄하는 의원 내각제를 도입했어요. 영국은 오늘날까지도 이 입헌 군주제와 의원 내각제를 유지하고 있답니다. 18세기 이후 유럽 대륙의 여러 나라가 정치적 혼란을 맞게 돼요. 하지만 일찌감치 시민 혁명에 성공한 덕분에 영국은 안정적으로 경제 발전에 전념할 수 있었어요. 그 결과 가장 먼저 산업 혁명이 시작될 수 있었죠.

북아메리카 식민지 주민이 차 상자를 바다에 버린 까닭은?
└ 미국 혁명의 시작

북아메리카로 가 볼까요? 오늘날 미국의 탄생 역사를 살펴보기 위해서예요. 미국은 오늘날 세계 최고의 강대국이지만 사실 역사는 의외로 짧답니다. 18세기 후반 탄생했으니 아직 300년이 되지 않아요. 시작해 볼까요?

오늘날 미국 버지니아주에 있는 제임스타운. 17세기에 지어진 교회의 폐허 자리에 1907년 재건하여 오늘에 이른 모습이다.

17세기 초반 영국 사람들이 북아메리카에 식민지 제임스타운을 건설했어요[1607년]. 그들은 담배 재배에 도전했고, 결과가 꽤 좋았어요. 제임스타운의 담배는 유럽에서 큰 인기를 얻었지요. 일단 경제적으로는 성공한 셈이에요.

몇 년 후 영국 정부의 종교 탄압을 피해 청교도들이 메이플라워호를 타고 북아메리카로 떠났어요. 배는 오늘날의 매사추세츠주 보스턴 외곽에 도착했어요[1620년].

이들은 스스로 법과 규칙을 만들고 자발적으로 따르겠다고 맹세했어요. 이를 메이플라워 서약이라고 하는데, 훗날 미국 헌법의 토대가 되었답니다.

이들처럼 17세기 이후에 경제적 이익을 얻기 위해서, 혹은 종교 탄압을 피하기 위해서 북아메리카로 오는 사람들이 크게 늘었어요. 프랑스, 에스파냐도 북아메리카로 진출했지만 영국의 이주가 가장 활발했어요. 그 결과 18세기 초반 영국은 대서양에 접해 있는 북아메리카 동부 지역에 13개의 식민지를 건설했어요.[1732년]

이 식민지에서는 주민들이 따로 식민지 의회를 운영했어요. 식민지 의회가 스스로 법을 만들고 지키는 자치가 이루어졌지요. 식민지 주민들은 충분한 자유를 누리고 있다고 생각했어요. 하지만 얼마 지나지 않아 영국 정부가 식민지를 간섭하고 통제하는 쪽으로 정책을 바꾸었어요. 영국 정부와 식민지 주민 사이에 갈등이 커졌지요. 그런데 영국은 왜 식민지 정책을 바꾼 것일까요?

이 무렵 영국은 유럽, 북아메리카 등 여러 곳에서 프랑스와 식민지 경쟁을 벌이고 있었어요. 대체로 거의 모든 전쟁에서 영국이 승리했어요. 하지만 영국의 재정 상태가 상당히 나빠졌어요. 전쟁을 치르려면 막대한 돈이 필요하니까요. 바로 이 재정 적자를 메우기 위해 영국 정부가 북아메리카 식민지를 간섭하기 시작한 거예요.

영국 정부는 "북아메리카에서 프랑스와 치른 전쟁 비용은 식민지 주민이 부담해야 한다."라고 주장했어요. 이어 각종 이름의 세금을 만들었어요. 그 세금 중에서 식민지 주민들이 가장 반발한 것은 인지세법이었어요. 책, 신문, 증서, 문서 등 모든 인쇄물에 인지라는 것을 사서 붙이라는 게 이 법의 내용이었어요. 인쇄물을 접할 때마다 세금을 내라는 거죠. 식민지 주민들은 이 법을 받아들일 수 없다며 "대표 없는 곳에 과세할 수 없다."고 반발했어요. 영국 의회가 인지세법을 결정할 때 식민지 의회 대표가 참석하지 않았기 때문에 무효라는 거죠. 식민지 지도자 중 한 명인 패트릭 헨리는 식민지 의회에서 "자유가 아니면 죽음을 달라."라며 인지세법에 저항하는 연설을 했어요.

놀란 영국 정부는 인지세를 비롯해 여러 세금을 모두 폐지했어요. 다만 단 하나의 세금은 그대로 두었어요. 바로 마시는 차에 매긴 세금이에요. 동인도 회사를 도와주려는 이유에서였어요. 식민지의 차에 세금을 부과하면 식민지 상인들은 쫄딱 망할 테고, 동인도 회사는 사실상 차를 독점 판매할 수 있게 돼요. 그러면 동인도 회사의 재정 상황이 좋아지겠죠?

이 무렵 식민지에서는 차를 마시는 것이 큰 유행이었어요. 많은 주민들이 차를 즐겼죠. 그러니 영국의 이 조치를 반길 리가 없어요. 결국 그들이 일을 내고 말았어요. 원주민으로 변장한 식민지 주민들은 보스턴항에 정박해 있던 영국 동인도 회사의 상선을 습격했어요. 그들은 배에 실려 있던 차 상자를 모두 바다에 던져 버렸어요. 이 사건을 보스턴 차 사건이라고 해요.^{1773년}.

영국 정부는 군대를 보내 보스턴항을 봉쇄했어요. 이어 주동자를 찾아내고 찻값을 배상하라며 식민지 의회를 옥박질렀지요. 이에 맞서 식민지 대표 55명이 필라델피아에 모여 제1차 대륙 회의를 가졌어요^{1774년}.

이 제1차 대륙 회의에서 식민지 대표들은 "영국 의회의 지배를 받아들이지 않을 것이며 무역도 중단한다."라고 선언했어요. 영국이 군대를 파견하자 대륙 회의는 식민지 민병대를 조직해 맞섰지요. 이렇게 해서 미국 독립 전쟁이 시작되었어요^{1775년}.

보스턴 차 사건
원주민으로 변장한 북아메리카 식민지 주민들이 배에 실린 차 상자를 바다에 내던지고 있다. 이 사건은 미국이 독립 전쟁을 일으킨 계기가 되었다.

삼권 분립의 원칙을 최초로 적용한 나라는?
└미국, 최초의 민주 공화국 수립

독립 전쟁이 한창 진행되고 있을 때 북아메리카에서 47쪽짜리 소책자 한 권이 출간되었어요. 책의 제목은 《상식》으로, 토머스 페인이란 혁명가가 썼어요. 이 책은 출간되자마자 불티나게 팔렸어요. 이 책에서 토머스 페인은 "아메리카는 영국과의 관계를 끊고 독립해야 한다. 이 사실이야말로 지극히 당연한 상식이다."라고 주장했어요^{1776년}.

이 책이 북아메리카 식민지 주민들의 마음을 흔들었어요. 사실

이 무렵까지만 해도 식민지 대표들의 모임인 대륙 회의는 독립을 선언할 것이냐, 아니면 더 두고 볼 것이냐를 놓고 논쟁을 벌이고 있었어요. 하지만 이 책이 나오면서 독립을 선언하는 쪽으로 확실히 결론을 냈지요.

얼마 후 식민지 대표들이 다시 모였어요. 제2차 대륙 회의가 열린 거예요. 대륙 회의는 식민지 연합군을 창설하고 조지 워싱턴을 사령관에 임명했어요. 동시에 미국의 독립을 선언했어요 1776년 7월 4일. 그 유명한 미국 독립 선언문이 이때 발표되었어요. 미국 독립 선언문은 이후 프랑스 혁명의 인권 선언문에 큰 영향을 미쳤어요. 그러니 미국 독립 선언문의 주요 내용을 살펴보는 게 좋겠지요?

'모든 사람은 평등하게 태어났다. 모든 사람은 생명과 자유, 행복을 추구할 권리가 있으며 이 권리는 누구에게도 양도할 수 없다. 모든 사람은 자신의 양심에 따라 자유롭게 종교 생활을 할 권리가 있다. 정부는 국민의 권리를 지켜야 할 의무가 있다.'

미국 독립 전쟁 초기에는 식민지 군대가 밀리는 듯했어요. 아무래도 영국 군대가 정규군이다 보니 무기나 전술 등에서 식민지 군대를 앞섰지요. 하지만 결과는 식민지 군대의 승리였어요. 어떻게 이런 일이 가능했을까요?

이 무렵 영국은 세계에서 가장 강한 나라였어요. 프랑스는 그런 영국과 전 세계에서 식민지 경쟁을 벌였지요. 바로 그 프랑스가 북아메리카 식민지 군대를 지원했어요. 이어 러시아, 네덜란드, 에스파냐 등도 식민지에 자금을 지원했어요.

이런 도움 덕분에 식민지 군대가 역전에 성공했고, 마침내 버지니아 요크타운에서 영국 군대를 격퇴하고 항복을 받아 냈어요. 이 전투를 끝으로 더 이상 큰 전투는 발생하지 않았어요. 사실상 식민지가 승리한 거지요. 2년 후 영국은 공식적으로 파리 조약을 체결해 식민지의 독립을 인정했어요. 마침내 북아메리카의 식민지가 영국으로부터 독립하는 데 성공한 거예요.^{1783년}

요크타운에서 사령관 워싱턴이 이끄는 식민지 군대가 영국군의 항복을 받아 내는 장면을 묘사한 그림

독립을 달성했으니 그 다음 과제는 새 정부를 구성하는 거였어요. 우선 13개 식민지가 13개 주가 되었어요. 이 13개 주가 모여서 한 나라를 구성하기로 했지요. 각각의 주는 각자 살림을 꾸리면서 자치권

미국 건국 당시의 국기. 13개 주를 상징하는 13개의 별이 원형으로 새겨져 있다.

을 누렸어요. 하지만 동시에 중앙 정부^{연방 정부}의 지시를 따라야 했어요. 이런 방식을 연방제라고 해요. 13개 주는 이런 내용의 연합 헌장을 채택하고, 국가 이름도 합의했어요. 새로운 국가의 이름은 아메리카 합중국^{The United States Of America}, 즉 미국이었어요.

그 다음 과정도 착착 진행됐어요. 13개 주의 대표들이 모여 연방 헌법을 완성했어요.^{1787년} 이 헌법은 아주 혁명적이었어요. 지금까지 유럽의 어떤 나라에서도 볼 수 없었던 새로운 정치 체제를 담고 있었거든요. 우선 헌법에서는 주권이 국민에게 있음을 명확히 밝혔어

요. 아울러 권력이 어느 한 사람이나 조직에게 집중되지 않도록 분산시키기로 했어요. 계몽주의자 몽테스키외가 주장했던 삼권 분립의 원칙을 처음으로 적용한 거예요. 이에 따라 대통령은 행정부를 담당하고, 의회는 입법부를, 법원은 사법부를 담당하게 되었어요.

행정부를 이끌 대통령으로는 조지 워싱턴이 선출됐어요. 워싱턴은 행정부를 꾸렸어요. 이로써 세계 최초로 민주 공화국*이 탄생했어요.[1789년] 미국 독립 전쟁에 이어 민주 공화국 탄생까지, 이 모든 과정을 합쳐 미국 혁명으로 부르기도 한답니다. 영국의 지배를 물리치고 시민의 힘으로 민주주의를 얻어 낸 값비싼 시민 혁명이기 때문이지요. 또한 이 혁명의 성공으로 인해 자유주의와 민주주의 이념이 전 세계로 퍼져 나갔어요. 미국이 탄생하고 난 뒤에 프랑스 혁명이 일어났고, 라틴 아메리카 곳곳에서 독립 혁명이 일어났지요.

파리 시민들은 왜 바스티유 감옥을 습격했을까?
└계몽사상과 프랑스 혁명 발발

영국과 미국에 이어 프랑스를 살펴볼 차례예요. 가장 대표적인 시민 혁명인 프랑스 혁명 이야기를 할 거예요. 이 혁명은 과연 성공했을까요?

• 민주 공화국 국가의 주권이 국민에게 있고, 주권을 행사하는 일이 국민의 의사에 따라 이루어지는 나라

프랑스 절대 왕정의 전성기를 이끈 인물은 17세기 중반 왕에 오른 루이 14세였어요. 루이 14세는 영토를 넓히기 위해 많은 전쟁을 치렀고, 베르사유 궁전을 지어 유럽에서 가장 호화로운 생활을 했지요. 이후 국가 재정은 갈수록 어려워졌어요. 그러다가 루이 16세가 왕으로 있던 18세기 후반에는 심각한 지경에 이르고 말았어요. 이럴 때 영국에서는 의회가 소집되어 정부 예산이 얼마나 필요하고, 이를 위해 어떤 세금을 얼마나 걷어야 할지를 결정했어요. 프랑스는 어땠을까요?

프랑스의 봉건 신분 제도를 나타낸 그림

프랑스에도 의회가 있었어요. 프랑스 의회는 세 신분의 대표가 모였기 때문에 삼부회라 불렀어요. 성직자가 제1 신분, 귀족이 제2 신분이었고 시민 계급과 나머지 국민이 제3 신분이었어요. 제1 신분과 제2 신분을 합해 봐야 전체 인구의 2%에 불과했어요. 하지만 이들은 프랑스 영토의 절반 정도를 소유했고, 권력도 강했어요.

제3 신분은 전체 인구의 98%에 이르렀어요. 하지만 정치에 제대로 참여할 수 없었고, 모든 결정은 제1 신분과 제2 신분의 뜻대로 내려졌어요. 그런데도 세금은 제3 신분만 냈어요. 쉽게 말해, 권리는 없고 의무만 있는 거지요. 물론 삼부회에서도 제3 신분, 그중에서도 상공업이 발달하면서 성장한 시민 계급은 신분제에 바탕을 둔 이런 사회에 불만이 많았어요. 그들은 이런 식의 프랑스 정치 체제를 구제도^{앙시앵 레짐}라 불렀어요.

테니스코트의 서약을 묘사한 그림

제3 신분의 불만은 아랑곳하지 않고 루이 16세가 무려 175년 만에 삼부회를 소집했어요. 세금을 더 거두려는 이유에서였어요. 하지만 제3 신분은 더 이상 호락호락하지 않았어요. 그들은 계몽사상으로 무장했고, 미국 혁명에 상당히 자극을 받은 상태였거든요. 계몽사상은 사람의 이성으로 세계를 바라보고, 인류의 진보를 위해 낡은 제도를 타파하고 사회를 개혁하자는 이념이에요. 앞에서 살펴봤죠?

드디어 제3 신분이 움직이기 시작했어요. 먼저 제3 신분 대표들은 "삼부회에서 신분별로 표결하지 말고 인원수대로 표결하자."라고 주장했어요. 이렇게 되면 인원이 가장 많은 제3 신분의 의견이 많이 반영되겠지요? 왕과 귀족, 성직자가 받아들일 리 없죠.

이에 제3 신분 대표들은 삼부회를 박차고 나왔어요. 그들은 따로 국민 의회를 결성하고 근처에 있는 테니스코트에 모여 "더 이상 특권층의 들러리가 되지 않겠다. 새로운 헌법을 만들고 귀족의 특권을 폐지할 때까지 해산하지 않겠다."라고 선언했어요. 이것이 바로 테니스코트의 서약이지요.1789년 6월.

루이 16세는 이 서약에 귀를 기울이지 않았어요. 오히려 군대를 투입해 국민 의회를 강제로 해산시켰어요. 이에 맞서 파리 시민들이 구제도에 반대하는 사람들이 많이 갇혀 있는 바스티유 감옥을 습격했어요. 구제도의 상징을 공격한 거죠.1789년 7월.

이렇게 해서 프랑스 혁명이 시작되었어요. 시민들은 정부군을 제압하고 바스티유 감옥을 장악했어요. 농촌에서도 봉기가 잇달아 일어났어요. 아직까지도 농촌에서는 귀족들이 봉건제를 유지하면서 농민을 억압하고 있었어요. 폭발한 농민들은 귀족들의 성을 공격하고 토지를 빼앗았어요. 사태가 걷잡을 수 없이 커지자 결국 루이 16세도 시민군에게 항복했어요.

국민 의회가 권력을 장악했어요. 국민 의회는 봉건제를 폐지함으로써 잔뜩 화가 난 농민부터 달랬어요. 국민 의회는 이어 "모든 인간이 자유와 평등의 권리를 가진 채로 태어난다."라는 인간의 기본권과 "모든 주권은 국민에게서 나온다."라는 국민 주권을 담은 '인간과 시민의 권리 선언^{인권 선언}'을 발표했어요^{1789년 8월}.

이후 새 정부를 공화제로 할 것이냐 입헌 군주제로 할 것이냐 등을 놓고 국민 의회가 한동안 시끄러웠어요. 그러다가 최종적으로는 영국처럼 입헌 군주제를 시행하고 재산이 많은 사람들에게만 선거권을 주는 제한 선거를 도입하는 것으로 결론을 내렸어요. 이런 내용을 담은 헌법이 곧 만들어졌고, 제 역할을 다한 국민 의회는 스스로 해산했어요^{1791년 9월}.

파리 시민들은 왜 공화정에 등을 돌렸을까?
└ 프랑스 혁명의 전개와 결말

국민 의회의 뒤를 이어 프랑스를 통치할 기구가 필요하겠죠. 그 것이 곧이어 출범한 입법 의회였어요^{1791년 10월}. 이 입법 의회는 프랑스 최초의 근대적 의회랍니다. 하지만 공화제를 주장하는 공화파는 상당히 불만이 컸어요. 그들은 왕이란 존재까지도 완전히 없애고 싶었거든요.

이런 상황에서 프랑스 혁명이 성공했다는 소식은 주변의 나라, 그러니까 오스트리아와 프로이센에도 알려졌어요. 오스트리아, 프로이센 정부는 프랑스 혁명 이념이 자기 나라로 흘러들어오지 못하도록 단속을 철저히 했어요. 동시에 프랑스 입법 의회에게 까불지 말라며 압박했지요. 그러자 입법 의회가 오스트리아에 전쟁을 선포했어요. 이렇게 해서 프랑스의 혁명전쟁이 시작되었어요^{1792년 4월}.

그렇잖아도 혼란스러운데 전쟁까지 터졌으니 프랑스 파리가 극도로 어수선해졌어요. 설상가상으로 물가는 폭등하고 먹을 것도 부족해졌죠. 화가 난 파리 시민들은 연일 시위를 벌였어요. 바로 그즈음 뜻밖의 사건이 발생했어요. 갇혀 있던 루이 16세가 가족들과 오스트리아로 도망치다 국경 근처에서 붙잡힌 거예요. 화가 난 민중은 왕궁을 습격했어요.

공화파가 이 기회를 놓치지 않았어요. 급진 공화파^{자코뱅파}의 지도자 로베스피에르는 즉시 왕권을 정지하고 입법 의회를 해산했어요. 이어 공화정을 선포하고 정부 역할을 할 국민 공회를 세웠어요 ^{1792년 9월}. 프랑스 역사상 처음 들어선 이 공화제 정부를 제1 공화정이라고 해요.

막시밀리앙 로베스피에르

국민 의회에서 입법 의회로, 다시 국민 공회로 바뀐 거예요. 조금 복잡하죠? 국민 공회가 새로 만든 헌법에서는 귀족이나 부유한 사람 외에도 누구든 의원을 선출할 수 있는 보통 선거*를 실시한다고 돼 있었어요. 시행되지는 못했지만 그래도 상당히 개혁적이죠? 그 밖에도 귀족의 재산을 몰수해 분배하기도 했어요. 하지만 이 모든 개혁보다 더 충격적인 사건이 있었어요. 다시는 입헌 군주제 이야기를 꺼내지 못하도록 아예 루이 16세를 단두대에서 처형한 거예요 ^{1793년 1월}. 루이 16세의 죄명은 반역 음모죄였답니다.

루이 16세의 처형 장면을 묘사한 그림. 형 집행자가 단두대에 잘려나간 루이 16세의 목을 들고 있다.

• 보통 선거 재산과 신분, 성별, 교육 정도의 제한을 두지 않고 성년에 이르면 누구에게나 선거권이 주어지는 선거 제도

주변 국가들이 이 사건으로 큰 충격을 받았어요. 국민이 왕을 처형한 대가를 치르게 해야 한다며 영국과 오스트리아가 프랑스를 공격했어요. 프랑스가 비상 상황을 맞았지요? 로베스피에르는 이 틈을 타서 공화정을 무너뜨리려는 세력이 다시 권력을 잡으려 시도할 수 있다고 생각했어요. 로베스피에르는 공안 위원회와 혁명 재판소를 만들어 공화정에 반대하는 사람들을 모두 처형했어요. 무시무시한 공포 정치가 시작된 거예요.[1793년 11월]

로베스피에르는 단 몇 달 동안만 프랑스를 통치했어요. 이 기간에 처형된 인원만 수천 명이라니 얼마나 살벌했는지 짐작할 수 있지요? 공포 정치가 계속되자 시민들이 등을 돌리기 시작했어요. 온건파들은 로베스피에르를 체포했어요. 프랑스 혁명 달력으로 7월을 테르미도르라고 부르는데, 바로 이 7월에 로베스피에르가 단두대에서 처형되었지요. 이를 '테르미도르의 반동'이라고 해요.[1794년 7월]

온건파는 국민 공회를 해산하고 새로이 5명의 총재를 뽑아 정치를 맡겼어요. 이를 총재 정부라고 해요. 국민 의회에서 입법 의회, 국민 공회를 거쳐 이번엔 총재 정부가 탄생한 거예요.[1795년 10월]

총재 정부는 얼마 가지 못하고 무너졌어요. 오스트리아와의 전쟁에서 공을 세워 국민의 영웅으로 떠오른 나폴레옹이 쿠데타*를 일으켰거든요. 나폴레옹은 다른 두 명과 함께 통령에 올랐어요. 정부 체제가 통령 정부로 또 바뀌었어요.[1799년 11월] 물론 최고의 권력자인 제

* 쿠데타 무력으로 정치권력을 빼앗는 일

1 통령은 나폴레옹 자신이었죠. 이처럼 나폴레옹이 권력을 독점함으로써 프랑스 혁명은 사실상 막을 내렸어요.

통령 정부의 1인자 나폴레옹은 곧 모든 권력을 장악한 뒤 여러 제도를 정비했어요. 모든 사람에게 교육의 기회를 주는 국민 교육 제도를 도입했고, 강력한 중앙 집권적 행정 체제를 구축했지요.

나폴레옹은 통령으로 만족하지 않았어요. 황제가 되려는 야망이 있었거든요. 5년이 지나 국민 투표가 실시되었고, 이 투표에서 국민은 나폴레옹을 황제로 인정했어요. 프랑스 혁명으로 탄생한 공화정은 이로써 무너졌어요. 프랑스는 황제가 통치하는 제정으로 바뀌게 되었지요.^{1804년 12월}

쿠데타를 일으킨 뒤 그를 지지하는 의원들에게 둘러싸여 있는 나폴레옹

왜 나폴레옹은 신성 로마 제국을 해체했을까?
ㄴ나폴레옹 전쟁과 프랑스 혁명 이념의 전파

황제가 된 나폴레옹은 프랑스의 법을 정비해《나폴레옹 법전》을 만들었어요. 총 2,281조로 되어 있는 이 법전은 소유권이나 계약, 과실 책임 등 주로 민법과 관련된 시민 사회의 규범을 담았어요. 훗날 유럽 여러 나라에서 민법전을 만들 때 이 법전을 참고했어요. 《나폴레옹 법전》이 근대 법전의 기초가 된 셈이에요.

나폴레옹은 카이사르, 카를로스^{샤를마뉴}와 함께 유럽의 3대 정복자로 꼽혀요. 실제로 나폴레옹은 곧바로 정복 전쟁에 돌입했어요. 이 전쟁을 나폴레옹 전쟁이라고 해요.^{1805년}

프랑스가 처음 맞붙은 나라는 영국이었어요. 에스파냐 남쪽 트라팔가르에서 두 나라의 함대가 격돌했는데, 프랑스가 패했어요. 프랑스는 비록 바다에선 패했지만 육지에선 승승장구했어요. 곧바로 동쪽으로 진격해서 신성 로마 제국의 황제를 배출하고 있는 오스트리아를 격파했어요. 나폴레옹은 "황제가 두 명 있을 순 없다."라며 신성 로마 제국을 해체해 버렸어요. 이어 게르만족의 16개 국가를 묶어 라인 연방을 만들었지요. 나폴레옹은 이 라인 연방과 이탈리아를 프랑스의 위성국으로 삼았어요. 본국의 뜻에 따라 움직이는 나라를 위성국이라고 해요. 훗날 독일을 통일하는 프로이센도 이 무렵에는 나폴레옹의 적수가 되질 못했어요. 나폴레옹은 프로이센도 격파하고 수도인 베를린에 입성했어요.

이로써 나폴레옹은 유럽 대륙을 대부분 장악했어요. 하지만 영국은 제압하지 못했어요. 나폴레옹은 유럽 대륙의 나라들이 영국과 교역을 못하도록 항구를 막아 버렸어요. 영국을 고립시키기 위해서였죠. 나폴레옹의 이 정책을 대륙 봉쇄령이라고 해요.^{1806년}

이후 나폴레옹은 에스파냐도 정복해 위성국으로 만들었어요. 자, 지도를 볼까요? 프랑스의 위성국이 된 나라가 라인 연방, 이탈리아, 에스파냐예요. 프로이센과 오스트리아, 덴마크, 노르웨이는

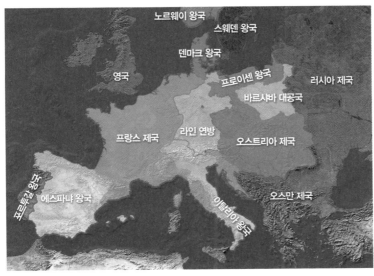

나폴레옹 시기의 유럽 지도
☐ 프랑스 제국의 영향권 ■ 프랑스 제국령 ■ 프랑스 제국의 위성국 ■ 프랑스 제국의 동맹국

위성국의 신세는 면했지만 억지로 프랑스의 동맹국이 되었어요. 그 결과 나폴레옹은 1811년 무렵 유럽 영토의 대부분을 정복할 수 있었지요. 하지만 아직 광활한 영토를 가진 나라가 하나 있었어요. 바로 러시아예요.

　나폴레옹은 광활한 러시아에 제국을 건설하고 싶었어요. 마침 러시아가 대륙 봉쇄령을 어겼어요. 이를 빌미로 나폴레옹의 60만 대군이 러시아로 진격해 3개월 만에 모스크바에 이르렀어요. 하지만 때마침 찾아온 겨울 혹한에다 러시아가 모든 것을 없애 버리는 초토화 작전을 펴자 나폴레옹 군대는 무너졌어요. 70% 이상의 병사가 죽었을 만큼 참패했지요.

이 패배로 프랑스군의 사기가 바닥으로 떨어졌어요. 반대로 프랑스에 반대하는 유럽 연합군의 사기는 하늘을 찔렀어요. 유럽 연합군은 파리를 점령하고, 결국 나폴레옹이 항복을 선언했어요. 이로써 10년 넘게 이어진 나폴레옹 전쟁은 끝이 났어요[1815년]. 나폴레옹은 처음에는 엘바섬에 갇혔다가 나중에 아프리카의 세인트헬레나섬에 갇혔어요. 나폴레옹은 그 섬에서 생을 마감했지요.

나폴레옹의 정복 전쟁은 끝났지만, 그 과정에서 자유, 평등, 우애라는 프랑스 혁명의 자유주의 이념이 유럽 전역으로 퍼졌다는 점에서 의미가 있어요. 또한 프랑스의 지배에 대항하는 과정에서 각 나라에서는 민족주의가 발달했죠. 19세기 초에는 이 자유주의와 민족주의 이념이 유럽, 나아가 라틴 아메리카로까지 확산된답니다.

정리하자면 자유주의는 개인의 자유와 평등 그리고 개인의 존엄성과 표현의 자유를 가장 중요하게 여겨요. 민족주의는 외세의 지배에 맞서 민족의 독립을 이루거나 통일 국가를 건설하려는 이념이죠. 이 자유주의와 민족주의가 확산하면서 중세에는 볼 수 없었던 국가 형태가 등장했어요. 그게 바로 국민 국가랍니다. 국민 국가에 대해서는 곧 자세하게 다룰 거예요.

다음 이야기로 넘어가기 전에 프랑스의 국기에 대해 조금만 더 이야기할게요.

프랑스의 국기는 빨강, 파랑, 하양 등 삼색으로 구성되어 있어

삼색기라고 해요. 원래는 하얀색으로만 되어 있던 국기가 프랑스 혁명 이후에 바뀌었지요. 삼색기는 프랑스 혁명의 이상인 자유, 평등, 우애를 의미해요. 또한 프랑스 삼색기는 시민 혁명과 국민 주권을 상징해요. 이런 점 때문에 이후로 시민 혁명을 통해 국민 주권 국가를 건설하려는 나라들과 외세로부터 독립을 쟁취하려는 나라들이 삼색으로 된 국기를 만들었답니다. 대표적으로 유럽에서는 아일랜드·이탈리아가, 중남미에서는 멕시코·콜롬비아·베네수엘라·에콰도르·파라과이가, 아시아에서는 타이가 삼색기를 국기로 쓰고 있어요.

프랑스의 삼색기

루이 필립은 왜 '시민의 왕'이라 불렸을까?
└빈 체제와 프랑스 자유주의 혁명

　나폴레옹 전쟁이 끝나자 유럽 여러 나라의 대표들이 오스트리아 빈에 모였어요. 전쟁 후의 유럽 질서를 바로잡기 위해서였어요. 이 빈 회의를 주도한 사람은 오스트리아의 재상이자 보수주의자인 메테르니히였어요.

　빈 회의는 무려 6개월을 끌었는데, 보수주의자들이 원하는 대로 결정되었어요. 그들은 유럽의 절대 왕정 체제를 지키고 혁명이 확산되는 것을 막기 위해 유럽의 모든 영토와 정치적 상황을 프랑스

클레멘스 폰 메테르니히

혁명 이전으로 돌려놓기로 했어요. 이렇게 해서 만들어진 복고주의적 정치 체제를 빈 체제라고 한답니다.

보수주의자들은 자유주의와 민족주의 운동을 탄압했어요. 하지만 자유주의와 민족주의 이념을 완전히 없앨 수는 없었어요. 오히려 이 이념은 더욱 빠른 속도로 유럽과, 유럽 국가들의 식민지인 라틴 아메리카로 확산했죠. 우선 프랑스와 영국에서 일어난 자유주의 운동부터 살펴보고, 이어서 나머지 국가에서 일어난 민족주의 운동을 살펴볼게요.

빈 체제가 확립되면서 오스트리아, 프로이센, 러시아, 영국이 유럽 최고의 강대국으로 떠올랐어요. 특히 메테르니히가 재상으로 있는 오스트리아가 두각을 나타냈죠. 오스트리아는 이탈리아 북부와 체코를 차지했고, 러시아와 함께 폴란드도 나눠 가졌어요.

프랑스는 어떻게 되었을까요? 빈 체제의 결정에 따라 프랑스는 왕정으로 돌아갔어요. 프랑스 혁명 때 처형되었던 왕 루이 16세의 동생이 루이 18세란 이름으로 왕에 올랐지요. 루이 18세는 부르봉 왕조였어요. 프랑스 절대 왕정의 전성기를 이끈 루이 14세가 바로 이 부르봉 왕조이지요. 왕조의 맥이 끊길 뻔했다가 가까스로 살아난 거예요.

부르봉 왕조는 다시는 민중에게 권력을 빼앗기지 않으려고 자유주의 운동을 심하게 탄압했어요. 루이 18세의 뒤를 이어 왕에 오른 샤를 10세가 딱 그랬어요. 또다시 의회를 해산하고 시민의 자유를 빼앗았죠. 혁명 이전의 프랑스 모습과 비슷하죠?

결국 자유주의자들은 파리 시민들과 함께 다시 봉기해 샤를 10세를 끌어내렸어요. 이로써 부르봉 왕조도 몰락했지요. 의회는 입헌 군주제를 도입하기로 하고 루이 필립을 왕으로 추대했어요. 루이 필립은 시민들이 뽑은 왕이라 해서 '시민의 왕'이라 불러요. 이 사건이 7월 혁명이에요 1830년.

프랑스 절대 왕정의 부활을 꾀했던
샤를 10세

혁명에는 성공했지만 모든 시민이 평등해진 건 아니었어요. 선거권은 재산이 많은 시민들, 그러니까 전체 남성의 3%에게만 주어졌어요. 나머지 시민과 노동자들은 부당하다고 여겼어요. 그 시민과 노동자들이 "선거권을 확대하라."며 다시 봉기했어요. 시민들은 루이 필립 왕을 끌어내렸어요. 이어 왕정을 폐지하고 공화정을 세웠지요. 이 사건을 2월 혁명이라고 해요 1848년.

시민들에 의해 왕위에 오른 루이 필립

2월 혁명의 결과 프랑스는 다시 공화정으로 복귀했어요. 이 공화 정부를 제2 공화정이라고 하죠. 2월 혁명은 유럽 전역에 큰 영향을 미쳤어요. 곧 살펴보겠지만, 이 혁명의 영향을 받아 독일, 이탈리아, 헝가리 등 여러 나라에서 민족주의 운동과 국민 국가 건설 운동이 활발하게 펼쳐졌거든요. 심지어 빈 체제의 중심인물인 메테르니히가 있는 오스트리아에서도 혁명이 일어났어요. 이 혁명의 영향으로 복고주의를 대표하는 메테르니히가 오스트리아에서 추방되었어요. 그 결과 빈 체제도 무너졌지요. 자유주의와 민족주의 운동은 더욱 빠른 속도로 확산되었어요.

대통령 시절의 루이 나폴레옹(좌)과 황제 시절의 나폴레옹 3세(우)

이후 프랑스에서는 정복자 나폴레옹의 조카인 루이 나폴레옹을 공화정의 대통령으로 선출했어요. 하지만 루이 나폴레옹은 얼마 후 쿠데타를 일으켜 나폴레옹 3세 황제가 됐어요. 프랑스 제2 공화정이 다시 무너지고 황제가 통치하는 제정으로 바뀌었지요[1852년]. 프랑스 역사가 정말로 복잡하지요?

영국에선 왜 혁명이 일어나지 않았을까?
└영국 자유주의 운동과 경제 발전

이번엔 영국으로 건너가 볼게요.

이 무렵 영국은 유일하게 자유주의가 조용히 발전한 나라라고 볼 수 있어요. 영국은 일찍부터 정치가 안정된 덕분에 고칠 점이 있으면 서로 타협하면서 점진적으로 개혁했어요. 영국 국교회가 아닌

1848년 선거권을 요구하며 런던 케닝턴 공원에 모인 노동자와 시민들

가톨릭교에 대해서도 종교의 자유를 인정했고, 아이와 여자의 노동 시간도 제한했지요.

선거권을 놓고도 꾸준히 개혁이 이뤄졌어요. 1832년부터 1928년까지 약 100년 동안 5차에 걸쳐 선거법을 개정했죠. 인구가 확 줄어들었는데도 의원을 종전과 똑같이 선출하던 지역을 부패 선거구라고 했는데, 제1차 선거법 개정 때 이런 부패 선거구를 없앴어요. 특히 귀족과 젠트리에게만 부여했던 선거권을 자본가와 중산 계급°까지로 확대한 점이 눈에 띄어요. 그 결과 선거권을 가진 인구는 전체의 3%에서 9%로 늘어났죠[1832년].

하지만 여전히 선거권을 얻지 못한 이들이 더 많았어요. 이 때

° 중산 계급 지주와 자본가를 칭하는 유산 계급과 노동력을 제공하여 생활하는 무산 계급 사이에 놓인 계층으로, 주로 중소 상공업자와 고임금 봉급생활자 등이 여기에 속한다.

문에 노동자들은 21세 이상의 모든 남자에게 선거권을 주고, 비밀 투표를 실시하는 등의 내용을 담은 인민헌장을 채택했어요. 이 헌장에 대한 서명 운동을 전국적으로 벌이기도 했죠. 이것이 차티스트 운동인데 무려 10년 이상 계속되었답니다. 이 운동에 500만 명 이상이 참여했지만 의회는 끝내 노동자의 요구를 들어주지 않았어요.

그래도 이 운동이 무의미한 것은 아니었어요. 그 이후로 정부가 점진적으로 선거법을 개정했거든요. 제2차 개정 때는 도시의 소시민과 노동자가 선거권을 얻었고[1867년], 제3차 개정 때는 농업 및 광산 노동자에게도 선거권을 주었어요[1884년]. 제4차 개정 때는 21세 이상의 남자와 30세 이상의 여자에게 선거권을 주었어요[1918년]. 마침내 제5차 선거법이 개정되면서 21세 이상의 남녀에 대해 모두 선거권을 주었답니다[1928년].

영국 정부는 곡물법과 항해법도 폐지했어요. 곡물법은 외국에서 들여온 곡물에 높은 관세를 부과하는 법이었어요. 관세를 부과하면 수입 곡물의 가격이 비싸지니 영국에서 생산된 곡물의 경쟁력이 높아져요. 영국 내 지주들을 보호하기에는 아주 좋아요. 다만 노동자들은 생활비가 늘어나니 경제적 부담이 커질 수밖에 없어요. 노동자들은 임금을 더 달라고 요구하겠지요? 바로 이 때문에 자본가들은 곡물법을 폐지해야 한다고 예전부터 주장해 왔어요. 자본주의가 발달했으니 자본가들의 요구가 받아들여진 셈이지요.

항해법도 마찬가지예요. 영국으로 들어오는 수입품을 지나치게 규제하는 것이 항해법을 만든 이유예요. 하지만 이런 식의 규제만 하면 영국 산업은 자유롭게 경쟁하고 발전할 수 없어요. 이 항해법과 곡물법을 폐지한 조치는 상당히 의미가 있어요. 이로써 서로 자유롭게 경쟁하는 자유주의 경제 체제가 만들어졌으니까요.

독일은 왜 파리에서 독일 제국 건설을 선포했을까?
└민족주의의 확산과 이탈리아와 독일의 통일

메테르니히가 추방되고 빈 체제가 무너지자 작은 나라들로 분열된 국가에서는 민족주의 운동이 특히 활발해졌어요.

이탈리아의 경우 중세 이후로 아주 오랫동안 여러 국가로 분열되어 있었어요. 프랑스, 에스파냐, 오스트리아 같은 강대국이 이탈리아의 여러 지역을 지배하기도 했어요. 빈 체제 시절에는 오스트리아가 이탈리아의 많은 지역을 차지하고 있었지요.

프랑스 2월 혁명의 영향을 받아 민족주의자인 마치니와 가리발디가 이탈리아의 통일 운동을 시작했어요. 이 운동은 성공하지 못했지만 통일 열기는 더욱 높아졌어요. 이어 이탈리아 북부의 사르데냐라는 나라가 다시 통일 운동을 시작했어요. 사르데냐의 재상 카보우르는 산업을 육성하고 군대를 정비했어요. 내부의 힘부

주세페 가리발디(왼쪽)와 비토리오 에마누엘레 2세(오른쪽)의 만남. 두 사람은 여러 나라로 흩어져 있던 이탈리아를 통일했다.

터 키워 놓아야 강대국 오스트리아와 싸울 수 있으니까요.

카보우르는 프랑스를 같은 편으로 끌어들였어요. 프랑스의 나폴레옹 3세는 이 무렵 팽창 정책을 펴고 있었어요. 그러니 오스트리아를 견제할 필요가 있었거든요. 카보우르의 예상대로 프랑스는 사르데냐를 지원했어요. 덕분에 사르데냐는 이탈리아 북부와 중부를 모두 통일할 수 있었어요.

이탈리아 남부에서는 가리발디가 1,000여 명의 '붉은 셔츠단' 의용대*를 이끌고 통일 운동을 벌이고 있었어요. 가리발디는 시칠리아와 나폴리를 정복한 후 사르데냐 왕국에 아무런 조건을 달지 않고 바쳤어요. 사르데냐가 이탈리아 통일을 주도하는 게 옳다고 생각했기 때문이에요. 덕분에 사르데냐의 비토리오 에마누엘레 2세 왕은 이탈리아를 통일하는 대업을 달성할 수 있었어요.[1861년] 이탈리아는 나중에 베네치아와 교황령까지 병합해 이탈리아반도 전체를 통일한답니다.[1870년]

독일로 가 볼까요? 독일 통일은 프로이센을 중심으로 이루어졌어요. 사실 독일은 중세 시절부터 여러 나라로 나뉘어 있었어요. 근대로 접어든 후에는 주도권을 놓고 프로이센과 오스트리아가 경쟁을 벌였지요. 19세기 이후 프로이센의 힘이 강해지면서 대체로 주도권이 프로이센으로 넘어가고 있었어요.

● 의용대 민간인으로 조직된 군대

프로이센은 먼저 게르만족의 여러 국가들과 함께 관세 동맹을
결성했어요[1834년]. 국가 간에 무역을 하면 관세라는 세금이 붙지요?
하지만 이 관세 동맹에 가입한 게르만족 국가들은 관세를 부과하
지 않았어요. 한 나라처럼 움직인 거지요. 프로이센이 주도한 동맹
이기 때문에 오스트리아는 게르만족이면서도 여기에 참여하지 않
았어요.

독일의 철혈 재상, 오토 폰 비스마르크

프랑스 2월 혁명의 영향을 받아 독일에서도 프랑크푸르트 의회
가 열렸어요. 자유주의자들은 이 의회를 통해서 통일 국가를 건설
하려고 했어요. 하지만 큰 성과를 거두지 못하고 실패했지요. 그러
다가 이탈리아가 통일될 무렵 프로이센에서 비스마르크라는 재상
이 등장했어요. 비스마르크는 강인한 민족주의자였어요. 비스마르
크는 "독일이 처한 문제는 민주주의의 원리인 다수결의 원칙으로
해결되지 않는다. 오로지 철과 피로만 해결될 수 있다."라고 주장
했어요. 여기에서 말하는 철은 금속, 피는 투쟁을 뜻해요. 쉽게 말
해 게르만족의 통일 국가를 건설하려면 강력한 군사력이 필요하다
는 이야기예요. 비스마르크는 신식 무기를 개발하고 군대를 강하
게 훈련시켰어요.

비스마르크의 노력으로 프로이센은 오스트리아를 제치고 게르
만족의 일인자로 떠올랐어요. 오스트리아가 통일 작업을 방해하자
프로이센은 당장 오스트리아와 전쟁을 벌여 격퇴했지요. 이어 프로
이센은 북부 독일의 나라들을 모아 북독일 연방을 세웠어요[1866년].

프랑스 베르사유 궁전 거울의 방에서 가진 독일 제국 선포식. 가운데에 흰 제복을 입은 이가 비스마르크이다.

그 다음 상대는 프랑스였어요. 나폴레옹 전쟁 때 프랑스는 프로이센을 점령했어요. 독일로서는 그 복수도 하고, 프랑스가 강대국이니 기세를 꺾어야 할 필요도 있었지요. 결국 두 나라도 전쟁을 치렀어요. 이 전쟁에서 나폴레옹 3세가 프로이센군에 포로로 붙잡히는 수모를 겪었지요. 프로이센 군대는 프랑스 파리로 진군했어요.

독일은 프랑스의 심장인 베르사유 궁전에서 독일의 통일을 선포했어요1871년. 이 선포식을 통해 독일은 통쾌하게 프랑스에 복수했을 뿐 아니라 독일이 강대국이란 사실을 널리 알릴 수 있었어요. 이 선포식에서 빌헬름 1세가 독일의 첫 황제에 올랐지요.

러시아의 차르는 왜 암살되었을까?
└러시아의 개혁과 국민 국가의 확립

끝으로 러시아의 역사를 살펴볼까요?

17~18세기에 표트르 대제가 등장해 개혁을 추진한 덕분에 러시아는 상당히 강해졌어요. 영토도 꽤 넓어졌지요. 표트르 대제 이후에도 러시아는 꾸준히 영토를 확대했어요. 그 결과 동쪽으로는 태평양에 이르렀고, 서쪽으로는 폴란드까지 진출하게 되었어요.

하지만 정치 체제는 아직도 발전하지 못했어요. 러시아에서는 황제를 차르라고 했는데, 이 차르 중심의 전제 정치가 19세기에도 이어지고 있었어요. 그러니 시민 계급이 성장할 수가 없었고, 당연히 자유주의자들은 거의 활동을 하지 못했어요.

봉건제에서 영주의 간섭을 심하게 받는 농민을 농노라고 하는데, 러시아에서는 아직도 이 농노제가 유지되고 있었어요. 서유럽에서 신분제를 하나씩 없애 나가고 있는 것과 비교하면 러시아의 정치 수준이 상당히 뒤떨어진 거예요. 이 때문에 젊은 장교들이 서유럽 국가들처럼 입헌 군주제를 도입해야 한다며 봉기하기도 했어요. 안타깝게도 이 봉기는 성공하지 못했어요[1825].

러시아는 정치 수준은 낮은데 팽창 정책을 고수했어요. 특히 오스만 제국을 크게 압박했어요. 오스만 제국을 통해 지중해로 나아가기 위해서였지요. 이 때문에 여러 차례 오스만 제국과 전쟁을 치

크림반도
오늘날 실질적으로는 러시아가 지배하고 있으나, 국제 사회는 이를 인정하지 않고 우크라이나 영토로 보고 있다.

렀어요. 여러 차례의 전투 중에 19세기 중반 크림반도에서 치른 전투가 있었어요. 바로 크림 전쟁이에요.^{1853년}

이 전쟁이 터지기 전까지만 하더라도 영국과 프랑스는 크게 간섭하지 않았어요. 하지만 러시아의 세력이 커지자 두 나라의 위기감이 커졌어요. 두 나라가 참전하는 바람에 러시아는 크림 전쟁에서 패하고 말았지요.

이 전쟁에서 패한 후 러시아가 좀 바뀌는 듯했어요. 서유럽의 강대국과 겨루어 보니 러시아가 뒤떨어져 있다는 사실을 깨달았거든요. 차르 알렉산드르 2세가 본격적인 개혁에 돌입했어요. 농노를 해방시켜 자유인으로 만들었고, 지방 의회도 구성했어요. 사회주의자들은 이 틈을 타서 농민 계몽 운동에 나섰어요. 이 운동을 브나로드 운동이라고 하는데, 러시아에서는 실패했어요. 우리나라에서도 1930년대를 전후로 이 브나로드 운동이 전개되지요.

러시아의 개혁은 성공했을까요? 아니에요. 사회주의자들이 던진 폭탄에 알렉산드르 2세가 암살되었거든요. 그 후 러시아는 과거로 돌아갔어요. 다시 전제 정치가 강화된 거예요. 독일, 이탈리아와는 사뭇 다른 역사죠?

자, 이제 총정리를 해 볼게요.

지금까지 유럽 여러 나라들의 정치 발전 과정을 살펴보면 알 수 있는 사실이 있어요. 18세기 후반부터 19세기에 걸쳐 국민 국가로 탈바꿈했다는 거죠. 국민 국가는 크게 영토, 국민, 주권 등 3대 요소로 구성돼요. 이 3대 요소를 갖춰야 국민 국가란 뜻이에요.

프랑스 화가 외젠 들라크루아의 〈민중을 이끄는 자유의 여신〉. 1830년 프랑스에서 일어난 7월 혁명을 배경으로 한다.

중세에는 영토, 국민, 주권이 없었냐고요? 당연히 없었지요. 영토는 들쭉날쭉했고, '내가 어느 나라의 국민'이란 개념은 아예 존재하지도 않았어요. 봉건제적 신분제가 강했던 탓이에요. 그러니 국가의 주인이 국민이라는 주권 개념은 아예 상상할 수도 없었어요. 하지만 프랑스 혁명 이후의 유럽을 보세요. 프랑스 혁명 때 시민들이 썼던 삼색기는 프랑스 국기가 되었고[1794년], 시민들이 불렀던 혁명가 〈라 마르세예즈〉는 프랑스 국가로 지정되었어요[1795년]. 삼색기를 흔들고 〈라 마르세예즈〉를 부르면서 프랑스 사람들은 "내가 프랑스의 국민이며 프랑스의 주인이다."라고 당당히 소리쳤어요.

민족주의가 확산하면서 탄생한 이탈리아와 독일 또한 국민 국가의 틀을 갖추었어요. 국가가 국민을 위해 교육과 복지 서비스를 제공하기도 했지요. 비스마르크가 만든 사회 정책은 오늘날 대부분 국가에서 시행하는 복지 서비스의 원조라고 할 수 있어요.

인디언이 이동한 길을 왜 '눈물의 길'이라고 할까?
└ 미국 영토 확대와 남북 전쟁

자, 다시 아메리카 대륙으로 돌아왔어요. 유럽에서 국민 국가가 잇달아 탄생하는 동안 미국에서는 어떤 변화가 생겼을까요?

일단 영토가 크게 늘었어요. 미국의 영토는 독립 당시만 해도 대서양 연안의 13개 주에 불과했어요. 어떻게 영토를 늘렸는지, 그 과정을 살펴볼까요?

미시시피강 서쪽의 넓은 땅은 19세기 초까지 프랑스가 차지하고 있었어요. 프랑스 왕의 이름을 따서 이 땅을 루이지애나라고 불렀지요. 미국은 프랑스에 돈을 주고 이 땅을 샀어요[1803년]. 남동부의 플로리다반도는 에스파냐로부터 사들였어요[1819년]. 북서부의 오리건[1846]과 남부의 텍사스는 병합*했죠[1845년].

텍사스는 원래 멕시코 영토였어요. 그러니 멕시코가 기분이 나빴겠지요? 결국 미국과 멕시코가 전쟁을 벌였는데, 미국이 승리하면서 캘리포니아를 얻었어요[1848년]. 이때의 캘리포니아는 오늘날의 캘리포니아주를 비롯해 뉴멕시코·애리조나·유타·네바다주를 포함한 광대한 지역이었지요. 약 20년 후에는 러시아로부터 알래스카를 샀고, 또다시 30여 년 후에는 하와이를 병합했어요. 이렇게 해서 미국은 오늘날의 영토를 만들어 놓았답니다.

영토가 넓어지면서 개척 열풍이 불었어요. 게다가 캘리포니아에

* 병합 둘 이상의 단체나 국가 등이 하나로 합쳐지는 것

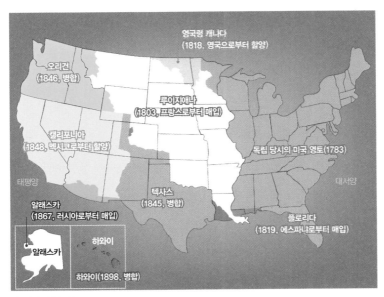

미국의 영토 확대 과정

서 금광까지 대거 발견되면서 서부로 진출하는 사람들이 크게 늘었어요. 캘리포니아에는 대도시들이 속속 들어섰고, 인구는 빠른 속도로 증가했어요.

하지만 문제점도 발생했어요. 아메리카 원주민들과의 충돌이 잦아진 거예요. 미국 정부는 조상 대대로 살아온 터전을 빼앗긴 원주민이 저항하자 주거지에서 쫓아냈어요. 또 '인디언 이주법'이란 것을 만들어 강제로 아메리카 원주민을 보호 구역으로 보냈어요. 특히 체로키족의 경우 이동하는 동안 절반 정도가 목숨을 잃었어요. 그래서 아메리카 원주민이 강제로 이주한 이 길을 오늘날까지도 '눈물의 길'이라 부른답니다.

아메리카 원주민 말고도 해결해야 할 문제가 또 하나 있었어요. 바로 흑인 노예 문제였지요. 이 노예제 문제로 인해 미국 전역이 전쟁터가 되기도 했어요. 이번엔 이 노예 문제에 대해 이야기해 볼까요?

미국 북부는 철과 석탄 등 자원이 풍부하고 공장이 많아서 일찍부터 공업이 발달했어요. 북부는 국내 공업을 더 육성하려면 외국 제품의 수입을 억제해야 한다며 보호 무역을 주장했어요. 또한 제품 생산 단가를 낮추기 위해 낮은 임금을 받고도 일할 노동자가 많아야 한다며 노예제를 반대했어요. 노예제가 폐지되면 그런 노동자를 구하기가 쉬워질 테니까요. 노예를 노동자로 부릴 수도 있지만, 그렇게 하면 노예가 살 집을 마련하고 먹여 주기도 해야 해요. 그래서 북부 사람들은 노예보다는 저임금 노동자가 필요했던 거죠.

반면 남부는 대농장이 광활하게 펼쳐져 있었어요. 백인들은 그 대농장에 노예를 투입해 목화를 생산해 유럽으로 수출했어요. 임금을 주지 않고도 평생 부릴 노예가 있어야 대농장 경영에 도움이 될 거예요. 정부의 간섭이 적어야 무역하기가 쉬울 테니 남부에서는 보호 무역보다는 자유 무역을 지지했어요. 남부에서는 연방 정부가 노예제를 폐지하면 연방을 탈퇴하겠다고 엄포를 놓았어요.

이런 상황에서 링컨이 대통령에 당선되었어요. 링컨은 크게 두 가지를 강조했어요. 첫째, 어떤 일이 있어도 연방제를 파괴하는 행위는 용납할 수 없으며, 둘째, 노예제를 반대한다는 것이었지요.

북군의 보병(청색)과 남군의 매사추세츠주 의용군(회색)이 싸우는 장면을 그린 그림

링컨이 강력하게 나오자 사우스캐롤라이나주를 비롯한 남부의 7개 주가 연방을 탈퇴해 남부 연합을 따로 만들었어요. 남부 연합은 헌법을 새로 만들었고, 대통령도 새로 뽑았어요. 미국 안에 두 개의 정부가 존재하게 된 거예요. 남부 연합 군대가 사우스캐롤라이나주에 있는 연방군의 요새를 공격하면서 미국은 건국 70여 년 만에 내전을 치르게 되었어요. 남북 전쟁이 시작된 거예요[1861년].

전쟁은 만 4년 만에 북부의 승리로 끝났어요[1865년]. 안타깝게도 링컨은 북군의 승리를 보지 못했어요. 그를 증오하는 배우에게 암살되었거든요.

남북 전쟁이 끝난 후 미국 정치는 상당히 안정되었어요. 덕분에 산업이 빠른 속도로 발전했고, 19세기 후반에 세계 최고의 경제 대국으로 성장할 수 있었어요. 무엇보다 넓은 영토와 풍부한 천연자원이 경제 성장의 가장 큰 원동력이었어요. 게다가 교통과 통신 기술도 발달했어요. 특히 6년 만에 완공된 대륙 횡단 철도의 공이 컸어요[1869년]. 이 철도는 동부 네브래스카주와 서부 캘리포니아주를 연결한 것인데, 길이만 2,862㎞에 이르렀어요. 이 대륙 횡단 철도가 완성되면서 미국 산업은 더 빠른 속도로 발전할 수 있는 토대를 구축하게 되었지요.

이 철도를 완성하기까지는 폴란드, 헝가리 등 동유럽과 중국에서 건너간 노동자의 공이 컸어요. 이에 앞서 아일랜드에서 대기근이 발생했을 때, 굶주림을 피해 아일랜드 국민의 약 15% 정도가 미국으로 이주했다고 해요. 정치 혼란을 피해 미국으로 이주한 사람들도 꽤 많았어요. 이처럼 전 세계에서 이민자가 몰려오면서 노동력이 풍부했던 점 또한 미국 경제 성장을 이끈 비결이었어요. 이후 미국은 세계 최대의 다민족 사회로 성장했어요.

볼리비아란 나라는 누구의 이름에서 비롯되었을까?
└라틴 아메리카의 독립 열풍

라틴 아메리카는 캐나다와 미국을 제외한 중앙아메리카와 남아메리카를 가리키는 말이에요. 19세기까지 이 지역을 지배했던 에스파냐와 포르투갈의 라틴 전통이 강하게 남아 있어 라틴 아메리카라 부르는 거예요. 포르투갈의 지배를 받았던 브라질은 포르투갈어, 나머지 나라에서는 모두 에스파냐어를 공용어로 쓰고 있지요.

시몬 볼리바르

라틴 아메리카가 에스파냐와 포르투갈의 식민지가 된 시점은 16세기였어요. 그로부터 약 300년이 흘러 미국 혁명과 프랑스 혁명이 터졌어요. 당연히 이 소식은 라틴 아메리카에도 전해졌어요. 마침 유럽은 나폴레옹 전쟁으로 정신이 없었어요. 바로 이 기회를 이용해 라틴 아메리카에도 독립 투쟁이 시작되었어요.

독립의 소식은 아이티에서 가장 먼저 들려왔어요. 아이티는 원래 에스파냐 식민지였는데, 17세기 말에 프랑스령이 되었어요. 이 무렵 아이티 원주민은 학살과 전염병으로 거의 사라진 후였어요. 인구의 대부분은 아프리카에서 온 흑인 노예의 후손들이었지요. 바로 그 흑인 노예들이 프랑스 혁명의 영향을 받아 봉기했어요. 5년에 걸친 전쟁 끝에 흑인은 유럽 군대를 쫓아내고 최초로 흑인 공화국을 건설했답니다[1804년].

흑인이 주도해 세운 아이티를 빼면 나머지 국가들은 에스파냐 이주민의 후손으로서 식민지에서 태어난 백인들이 주도해 세웠어요. 이 백인들을 크리오요라고 하는데, 에스파냐 본국의 차별 대우에 격분해 라틴 아메리카에서 독립국을 세우기로 결심한 거예요.

크리오요 중에 베네수엘라 출신의 볼리바르란 인물이 있었어요. 볼리바르는 먼저 베네수엘라를 에스파냐로부터 독립시켰어요[1811년]. 볼리바르는 이어 군대를 이끌고 라틴 아메리카 여러 지역을 누비며 독립 투쟁을 벌였어요. 그 결과 베네수엘라에 이어 콜롬비아, 키토

대콜롬비아 공화국 국기

콜롬비아 국기

베네수엘라 국기

에콰도르 국기

볼리바르에 의해 1819년 대콜롬비아 공화국이 탄생했으나, 10여 년 후 이 나라는 베네수엘라, 콜롬비아, 에콰도르로 분리되었다. 세 나라의 국기 모양이 비슷한 것은 이런 이유다.

에콰도르를 잇달아 독립시키는 데 성공했어요.

볼리바르는 라틴 아메리카 독립 혁명의 영웅으로 떠올랐어요. 사람들은 그를 '라틴 아메리카의 해방자'라고 불렀지요. 볼리바르는 이어 페루 북부까지 진출해 에스파냐 군대를 몰아냈어요. 이 나라는 그의 이름을 따서 볼리비아라고 지었어요.[1825년]

라틴 아메리카 독립 영웅을 한 명 더 꼽으라면 산마르틴이 있어요. 산마르틴은 혁명군을 직접 훈련시켜 아르헨티나의 독립 투쟁에 투입했어요. 그 결과 아르헨티나는 독립을 얻을 수 있었지요. 산마르틴은 또 칠레와 페루를 독립시켰어요.[1824년] 그래서 산마르틴을 '페루의 보호자'라고 하지요.

멕시코에서는 19세기 초반부터 여러 차례의 민중 봉기가 이어졌어요. 이달고 신부가 주도한 최초의 독립 투쟁은 에스파냐 군대에 진압되면서 실패로 끝났어요. 이달고의 제자가 바통을 이어받아 다시 봉기했지만 또 실패했지요. 하지만 민중은 굴하지 않고 지속적으로 독립 투쟁을 벌였어요. 그 결과 에스파냐는 멕시코의 독립을 인정할 수밖에 없었어요.[1821년]

브라질은 라틴 아메리카에서 유일한 포르투갈의 식민지였어요. 포르투갈의 왕자가 이곳으로 왔다가 본국으로 귀환하기를 거부하면서 독립을 선언했어요. 이로써 브라질도 독립을 쟁취했어요.[1822년]

라틴 아메리카에 속속 독립국이 건설되자 유럽의 보수주의자들이 당황했어요. 하지만 최고 강대국인 영국이 라틴 아메리카의 독

립을 지지했고, 미국의 먼로 대통령이 "유
럽은 아메리카에 간섭하지 말라."며 먼로
주의를 발표하자[1823년] 유럽 국가들은 라틴
아메리카를 식민지로 되돌리려는 시도를
중단할 수밖에 없었죠. 서로 간섭하지 않
는 이 불간섭주의는 이후 미국 외교의 기
본 정책이 되었답니다.

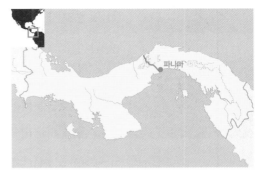

파나마 운하
파나마 운하를 통해 북대서양과 남태평양
이 연결되었다.

　이후 라틴 아메리카의 여러 나라들이 국민 국가로 발전했어요.
하지만 그 과정이 순탄하지만은 않았어요.

　크리오요의 후손들은 시대가 바뀌어도 지배층으로 남아 많은 특
권을 누렸어요. 반면 원주민 계열, 흑인이나 혼혈 인종은 별 혜택
을 누리지 못하고 빈곤층으로 떨어졌지요. 게다가 군인이 쿠데타
를 일으켜 정권을 장악한 뒤 독재 정치를 하는 나라도 있었고, 여러
나라가 전쟁을 벌이기도 했어요.

　또한 강대국의 간섭이 심했어요. 미국은 에스파냐와의 전쟁에서
승리한 후에 쿠바를 보호국으로 삼았고[1898년], 파나마 운하가 완공되
자 관리권을 빼앗기도 했어요[1914년]. 파나마 운하에 관한 권리가 본래
의 나라인 파나마로 돌아간 것은 85년이 지난 1999년이었답니다.
영국은 무역을 한다면서 라틴 아메리카에 진출해 철도와 광산 등
많은 이권을 차지했어요.

　라틴 아메리카에서 의회가 제대로 작동하고 정당이 정치 활동을

한 것은 19세기 말부터였어요. 하지만 여전히 정치는 불안했고 인종 간의 갈등도 심했어요. 그러니 경제도 제자리걸음을 했어요. 공업은 발전하지 못했고, 미국이나 유럽으로부터 공산품을 수입해야 했지요. 수출품이라고는 농산품이나 식품 원료밖에 없었어요. 요즘도 라틴 아메리카의 고질적인 이런 문제들이 간혹 사회 문제로 비화되기도 해요. 이런 문제들은 언제쯤 해결될까요?

★ 단원 정리 노트 ★

1. 영국의 정치 발전 과정

① 대헌장과 권리 청원

왕의 일방적인 통치에 반발한 귀족 세력과 의회가 왕의 권한을 제한하기 위해 대헌장(1215년)과 권리 청원(1628년)에 서명하도록 했다.

② 청교도 혁명(1642년)

찰스 1세가 의회를 강제로 해산하자, 왕을 지지하는 왕당파와 의회를 지지하는 의회파 사이에 내전이 일어났다. 의회파의 다수가 청교도였기에 이를 청교도 혁명이라고 한다.

③ 공화정 수립(1649년)

의회파가 승리한 뒤 권력을 잡은 크롬웰이 찰스 1세를 처형하고 공화정을 수립한다.

④ 왕정 복구(1660년)

공포 정치로 국민의 지지를 받지 못한 크롬웰이 죽은 뒤 의회파는 찰스 1세의 아들 찰스 2세를 왕으로 추대한다. 이로써 최초의 시민 혁명이었던 청교도 혁명은 막을 내린다.

⑤ 명예혁명(1689년)

찰스 2세에 이어 제임스 2세가 의회를 무시하자, 의회는 제임스 2세를 몰아내고 제임스 2세의 딸 메리와 윌리엄 3세를 공동 왕으로 세운다. 메리와 윌리엄 3세는 의회의 권한을 인정하는 권리 장전에 서명한다. 무력 충돌 없이 혁명에 성공했다 하여 이를 명예혁명이라 부른다.

⑥ 입헌 군주제와 의원 내각제

명예혁명을 통해 입헌 군주제를 완성한 영국은 18세기 초 의원내각제를 도입함으로써 정치적 안정을 이룬다.

2. 미국의 건국 과정

① 콜럼버스의 아메리카 대륙 발견(1492년)

포르투갈이 중심이 되어 대항해 시대가 열린 이후 에스파냐 왕실의 지원을 받은 콜럼버스의 함대가 대서양을 횡단하여 아메리카를 발견한다.

② 식민지 건설과 영국 청교도의 이주

많은 유럽인이 아메리카로 이주하던 중 영국인들이 오늘날의 버지니아주에 식민지인 제임스타운을 건설한다(1607년). 이후로 영국 국교회를 국교로 삼은 영국 정부의 종교 탄압으로 청교도들과 새로운 삶을 개척하기 위한 영국인이 대거 아메리카로 이주한다.

③ 북아메리카 식민지 의회와 영국 정부의 충돌(1775년)

영국 정부는 프랑스와 식민지 경쟁을 벌이는 동안 바닥난 재정을 충당하기 위해 북아메리카 식민지에 과도한 세금을 매기고, 이에 반발한 식민지 주민들은 보스턴 차 사건을 일으킨다(1773년). 영국 정부가 이 사건으로 군대를 파견하자, 식민지 의회인 대륙 회의는 식민지 민병대를 조직하여 독립 전쟁을 일으킨다(1775년).

④ 아메리카 합중국 탄생(1789년)

대륙 회의는 1776년 독립을 선언한다. 열세에 있던 식민지 군대는 영국과 경쟁 관계에 있는 프랑스, 에스파냐의 지원을 받아 영국 군대를 물리치고 승리한다. 이로써 북아메리카 식민지는 파리 조약을 통해 독립을 인정받는다(1783년). 식민지 13개 주는 연방제를 특징으로 하는 헌법을 제정하고 세계 최초의 민주 공화국을 수립한다 (1789년). 미국은 현재 독립을 선언한 1776년을 건국 연도로 정하고 있다.

3. 프랑스의 혁명과 정치 변화 과정

왕정 → 프랑스 혁명(1789~1799년) → 국민 의회(1789년) → 입법 의회(1791년) → 국민 공회(제1 공화정, 1792년) → 총재 정부(1795년) → 통령 정부(1799년) → 제정(나폴레옹 황제 즉위, 1804년) → 나폴레옹 전쟁(1803~1815년) → 나폴레옹 실각(1815년) → 왕정(루이 18세, 1814년) → 7월 혁명(1830년) → 2월 혁명(1848년) → 공화정(제2 공화정, 1848년) → 제정(나폴레옹 3세, 1852년)

① 프랑스 혁명과 공화정(1789~1799년)

- **국민 의회** : 루이 16세는 세금을 올리기 위해 175년 만에 삼부회를 소집한다. 국민 의 대다수를 차지하는 제3 신분은 왕과 성직자(제1 신분), 귀족(제2 신분)에 반발하여 국민 의회를 결성하고 인권 선언을 발표한다(1789년 8월). 이로써 프랑스 혁명이 시작되었다.

- **입법 의회** : 입헌 군주제를 도입한 국민 의회는 스스로 해산하고, 이어서 입법 의회가 들어선다(1791년).

- **국민 공회(제1 공화정)** : 로베스피에르가 이끄는 공화파는 입법 의회를 해산한 뒤 공화제를 추구하는 국민 공회를 세운다(1792년). 국민 공회는 루이 16세를 처형한다(1793년).

- **총재 정부** : 로베스피에르의 공포 정치로 민심이 사나워진다. 온건파는 로베스피에르를 체포하여 처형하고(1794년), 국민 공회를 해산한 뒤 5명의 총재가 정부를 이끄는 총재 정부를 세운다(1795년)

- **통령 정부** : 프랑스의 전쟁 영웅 나폴레옹이 쿠데타를 일으켜 총재 정부를 무너뜨리고 통령 정부(1799년)을 세운다. 통령 정부는 3명의 통령이 정부를 이끄는 형태로, 나폴레옹이 제1 통령에 오른다. 이로써 프랑스 혁명은 막을 내린다.

② 제정과 나폴레옹 전쟁

- **나폴레옹 황제 즉위** : 통령에 만족하지 못했던 나폴레옹은 국민 투표를 실시한 뒤 황제에 오른다(1804년).

- **나폴레옹 전쟁** : 1803년부터 나폴레옹은 유럽 각국을 격파하고 유럽 대부분을 프랑스

의 영토로 삼거나 위성국, 동맹국으로 만든다.

- 나폴레옹의 패전과 실각 : 1812년 러시아를 공격한 나폴레옹 군대는 모스크바에 입
  성하는 데 성공했으나 추위와 식량 부족으로 후퇴한다. 이후 프로이센이 중심이 된 대
  프랑스 동맹군이 파리에 입성하고 나폴레옹은 엘바섬에 격리된다. 엘바섬을 탈출한
  나폴레옹은 프랑스 정권을 장악하지만, 대프랑스 동맹군에게 다시 패하고 세인트헬
  레나섬에 유배된다(1815년).

③ 왕정에서 공화정에 이어 다시 제정으로

- 루이 18세 왕위에 오름 : 빈 체제의 결정에 따라 프랑스는 프랑스 혁명 이전으로 돌아
  가고, 루이 16세의 동생인 루이 18세가 왕위에 오른다(1814년). 나폴레옹이 정권을
  장악하면서 잠시 왕위를 잃었다가 1815년에 왕위를 회복한다.
- 7월 혁명 : 루이 18세에 이어 샤를 10세가 의회를 해산하고 국민의 자유를 빼앗자, 국
  민이 봉기하여 입헌 군주제를 도입하고 루이 필립을 왕으로 선출한다(1830년).
- 2월 혁명 : 선거권이 극히 일부에만 주어지는 상황에 불만을 품은 시민들이 루이 필
  립을 왕위에서 끌어내리고 다시 공화정을 수립한다(1848년).
- 제2 공화정 : 나폴레옹의 조카 루이 나폴레옹이 대통령에 선출된다(1848년).
- 나폴레옹 3세의 황제 즉위 : 루이 나폴레옹은 쿠데타를 일으켜 황제에 오른다(1852
  년).

13

유럽의 산업화와 제국주의

: 산업 혁명이 촉발한 약육강식의 시대

- 산업 혁명이 영국에서 시작될 수 있었던 이유와 확산 과정을 설명해 보세요.
- 산업 혁명에 따른 긍정적 변화와 부정적 결과에 대해 생각해 봅시다.
- 제국주의가 등장한 배경과 열강들의 식민지 팽창 정책을 알아봅시다.
- 제국주의 열강의 아시아와 아프리카 침략 과정을 살펴봅시다.

공터에 울타리를 두른 까닭은?

└산업 혁명의 시작과 전개

18세기 후반 여러 가지 기계가 발명되고 생산 기술이 개선되면서 생산 방식이 바뀌었어요. 그전에는 소규모 작업장에서 모여 제품을 만드는 가내 수공업이나 작은 공장에서 수공업 방식으로 제품을 생산하는 공장제 수공업이 대부분이었는데, 기계가 대량으로 생산하는 방식으로 바뀐 거예요. 네, 산업 혁명이 시작됐어요.

산업 혁명은 세상을 크게 바꿔 놓았어요. 당장 경제와 사회 구조에 변화가 나타났고, 장기적으로는 자본주의와 제국주의를 발전시

컸어요. 지금부터 이 산업 혁명에 대해 알아볼 거예요.

산업 혁명은 영국에서 시작되었어요. 물론 그럴 만한 이유가 있죠. 첫째, 의회 정치가 확립되면서 정치적으로 안정되었어요. 둘째, 산업 발전에 꼭 필요한 철, 석탄과 같은 자원이 풍부했어요. 셋째, 영국에서는 일찍부터 모직물 공업이 발달한 덕분에 충분한 자본*과 기술을 갖추고 있었지요. 넷째, 식민지를 많이 확보한 덕분에 제품 원료를 싸게 구할 수 있었고, 완성된 제품을 쉽게 팔 수 있었어요.

이 밖에도 중요한 원인이 또 있어요. 생각해 보세요. 기계만 들여다 놓으면 공장이 저절로 돌아갈까요? 아니에요. 그 기계 앞에서 일할 노동자가 필요해요. 영국에서는 이 노동자도 쉽게 확보할 수 있었어요. 그 계기가 인클로저 운동이에요. 이게 뭐냐고요?

16세기 영국에서는 양털을 가공해 만드는 모직물 공업이 꽤 발전했어요. 원료인 양털을 확보하려면 양을 키우는 목장이 필요해요. 개간하지 않은 땅이나 공유지*에 울타리를 쳐서 목장으로 사용했는데, 이게 인클로저 운동이에요. 인클로저enclosure는 울타리를 친다는 뜻이에요.

18세기에 2차 인클로저 운동이 시작됐어요. 이번에는 목장을 얻으려는 것보다는 농장의 규모를 키우려는 목적이었어요. 대농장을 만들어 자본주의적 경영을 하려는 것이지요. 이때 많은 농민들이 농지를 잃었어요. 그 농민들은 도시로 가서 임금을 받는 노동자

* 공유지 公有地. 국가에 귀속된 땅. 과거에는 주인 없는 땅으로 여겨져 힘 있는 사람들이 아무렇게나 점유했다.

산업 혁명 시기의 방직 공장을 묘사한 그림. 산업 혁명을 선도한 산업은 면직물 산업이었다.

가 되었어요. 다른 나라보다 영국에서 더 쉽게 노동자를 확보할 수 있었던 까닭을 이젠 알 수 있겠지요?

이런 여러 요소가 맞물리면서 일찍부터 영국에서 산업 혁명이 일어난 거예요. 그렇다면 어떤 분야에서 산업 혁명이 시작되었을까요? 바로 면직물 공업이었어요.

면직물 공업을 발전시키려면 면화에서 실을 뽑는 방적기와 그 실로 천을 짜는 방직기의 성능이 좋아야 해요. 마침 이 무렵 전 세계적으로 면직물의 수요가 크게 늘자 영국에서는 본격적으로 이 기계의 성능을 개선하기 시작했어요.

먼저 방직기 핵심 부품인 북의 성능이 개선되었어요. 북은 방직기의 씨실과 날실 사이를 오가면서 천을 짜는 장치예요. 예전에는 이 북을 사람이 일일이 손으로 옮겼어요. 하지만 18세기 중반에 '나는 북플라잉 셔틀'이 발명되면서 자동으로 씨실과 날실 사이를 오가는 방직기가 탄생했지요.

이어 방적기의 성능도 크게 좋아졌어요. 그전에는 사람이 직접 물레를 돌려 실을 뽑았어요. 하지만 18세기 후반에 하그리브스가 제니 방적기를, 아크라이트가 수력 방적기를, 크럼프턴이 뮬 방적기를 잇달아 발명했어요. 그 결과 실 생산량이 수백 배 이상 늘어났어요.

생산 기계가 좋아졌다고 해도 그 기계를 돌릴 동력이 부족하면 생산량을 늘릴 수가 없을 거예요. 이런 걱정을 할 필요가 없도록 18세기 후반에 새로운 동력이 나왔어요. 바로 제임스 와트의 증기 기관이었어요.

증기 기관을 연구하는 제임스 와트를 형상화한 그림

증기 기관의 원리는 단순해요. 물에 열을 가하면 증기가 발생하지요? 그 증기가 실린더를 압박하면 그 안에 있는 피스톤이 펌프처럼 운동을 해요. 바로 이 과정에서 동력이 발생하는데, 에너지 효율도 높았어요. 면직물 공장에서 이 증기 기관을 도입했어요. 그 결과 면직물 생산량이 크게 늘어났고, 면직물 공업은 영국을 대표하는 산업으로 떠올랐어요. 면직물을 대량 생산하는 공장도 크게 늘었어요. 특히 맨체스터가 그랬어요. 여러 공장이 세워졌고 노동자가 몰려들면서 맨체스터의 인구는 18세기 후반 2만여 명에서 금세 수십만 명으로 늘어났답니다.

새로운 교통수단도 필요해졌어요. 원료는 공장으로, 완성품은 시장으로 빨리 운송해야 하니까요. "필요는 발명의 어머니다."라는 말처럼 정말로 증기 기관을 이용한 새로운 기관차가 나왔어요. 19세기 초에 트레비식이 런던 시내에서 증기 기관차의 주행 실험을 했어요. 이 실험은 실패로 끝났지만 10여 년 후 영국의 스티븐슨은 증기 기관차를 운행하는 데 성공했어요. 다시 10여 년 후에는 영국 스톡턴에서 달링턴까지, 5년 후에는 리버풀에서 맨체스터까지 철도가 놓였어요. 세계 최초의 이 철도들 위로 증기 기관차가

영국의 리버풀과 맨체스터를 연결한 철도
위를 달리는 증기 기관차를 그린 그림

쌩쌩 달렸어요.

증기 기관을 단 배, 그러니까 증기선도 등장해 강과 바다를 누볐어요. 19세기 초 미국의 풀턴은 첫 증기선을 허드슨강에 띄웠어요. 이 증기선은 뉴욕과 올버니 사이를 항해했지요. 약 10년 후에는 증기선 서배너호가 미국 조지아주를 떠나 대서양을 횡단하는 데 성공했어요.

통신 분야도 크게 발전했어요. 19세기 중반에는 모스가 전신을 보내는 기술을 개발했는데, 전신을 보낼 때 사용하는 부호를 모스 부호라고 하지요. 19세기 후반에는 전화도 발명됐어요.

자본주의의 3대 요소는 무엇일까?
└산업 혁명의 확산과 자본주의의 발전

점점 빠른 속도로 세상이 변하는 것 같죠? 실제로 그랬어요. 영국에서 시작된 산업 혁명은 이윽고 주변 국가들로 확산했어요. 19세기 전반에는 프랑스로 전파되었어요. 프랑스 북동부에는 석탄과 같은 천연자원이 풍부했어요. 이 때문에 주로 프랑스 북동부 지역에 산업 도시들이 만들어졌지요. 프랑스에서는 섬유 공업을 중심으로 서서히 산업 혁명이 진행되었어요.

19세기 중반에는 독일, 벨기에 그리고 대서양 건너 미국으로 산업 혁명이 확산했어요. 미국은 남북 전쟁이 터지는 바람에 잠시 주춤했지만 곧 정치가 안정을 찾으면서 다시 북동부를 중심으로 공업이 빠른 속도로 발전했어요. 그 결과 19세기 후반 미국은 세계 최대의 공업국으로 성장했답니다.

독일은 정부가 주도해 중화학 공업을 집중적으로 육성했어요. 그 결과 독일은 20세기 초반 유럽 최대의 공업국으로 성장했지요. 벨기에에서는 철과 석탄을 캐는 광업이 발전했어요. 19세기 후반에는 러시아, 일본 등에서도 산업화 움직임이 나타났어요. 러시아는 독일과 마찬가지로 정부가 주도해 시베리아 횡단 철도를 건설하고 석유 산업과 광산업도 발전시켰지요. 일본은 아시아 국가로는 유일하게 메이지 유신 후 정부가 주도해 산업화에 나섬으로써 제국주의 열강에 합류했어요.

산업 혁명이 활발해지면서 모든 것이 달라졌어요. 교통과 통신 수단이 발달했고, 노동자들이 모여 사는 도시가 급성장했죠. 빠른 속도로 도시화가 진행되면서 유럽은 농업 사회에서 공업이 중심이 되는 산업 사회로 변하기 시작했어요.

산업 사회에서는 중산 계급과 자본가가 사회의 지도층으로 떠올랐어요. 귀족 출신이 아니면서 산업화 과정에서 경제적으로 성장한 사람들이나 전문직 종사자들이 여기에 해당해요. 자본가들은 월등한 경제력을 앞세워 정계에 뛰어들었어요. 의회에 진출하는 자본가도 늘어났지요. 이들은 자본가들의 경제적 이익을 적극 옹호했어요. 나아가 더 자유롭게 기업을 운영할 수 있는 환경을 만들려고 했어요. 그 결과 자본주의 체제는 더욱 발전했어요.

이제 산업 혁명 이후 성장한 이 자본주의 체제에 대해 이야기해 볼 차례예요. 오늘날 우리나라를 비롯해 전 세계 대부분의 국가가 이 자본주의 체제를 따르고 있으니 자세히 알아 두는 게 좋겠지요?

자본주의 체제가 확립되려면 우선 자본가와 노동자가 있어야 해요. 자본가는 자본으로 공장을 운영하며 노동자를 고용하고, 자본가에 고용된 노동자는 생산을 담당하며 그 대가로 임금을 받죠. 제품 가격은 생산량과 소비량에 따라 탄력적으로 결정돼요. 사람들이 많이 찾으면 가격이 오르고, 찾지 않으면 가격이 떨어지지요. 이처럼 제품의 생산과 소비를 결정하는 역할을 하는 것이 시장이에요. 자본가, 노동자, 시장, 이 3대 요소가 갖추어지면 자본주의 체제가 비로소 완성되는 거예요.

18세기 후반에는 자본주의 체제를 체계적으로 설명한 이론서가 출간되었어요. 바로 애덤 스미스의 《국부론》이에요.^{1776년} 애덤 스미스는 산업 자본가가 이익을 추구하는 행위에 대해 정부가 간섭해서는 안 된다고 주장했어요. 문제가 생기면 '보이지 않는 손'이 작용해 모든 것을 해결할 테니까 정부는 나서지 말라는 거예요. 제품을 찾는 사람이 많은데 수량이 적으면 '보이지 않는 손'은 가격을

높여요. 그 반대 상황이 되면 '보이지 않는 손'은 가격을 떨어
뜨린다는 거예요.

애덤 스미스는 또 자본가들의 이익 추구 행위가 개인의 부
를 넘어 국가에도 큰 이익이 된다고 했어요. 그러니까 나라
전체의 부, 즉 국부國富를 키우려면 국가가 경제 활동을 통제
하지 말고 자유롭게 두라는 건데, 이런 경제 사상을 자유방
임주의라고 해요.

영국 에든버러에 있는 애덤 스미스의 동상

19세기 중반 이후로 자본주의 체제가 발전한 모습을 직접
눈으로 확인할 수 있는 기회가 생겼어요. 바로 만국 박람회가
열리기 시작한 거예요. 만국 박람회에는 각국의 첨단 문물과
산업 기술이 전시되었지요. 그래서 만국 박람회를 '자본주의
의 꽃'이라 불렀어요. 오늘날 '엑스포'라 부르는 국제 박람회
가 이 만국 박람회로부터 비롯된 거랍니다.

세계 최초의 만국 박람회는 영국 런던의 수정궁에서 열렸
어요1851년. 이 수정궁은 철제 구조물과 유리로만 만들었는데
당시로서는 처음 접한 건축 기술이라 큰 화제가 됐어요. 이
런던 만국 박람회에는 첨단 기계 장치를 포함해 1만 4,000여
점이 전시되었어요. 박람회를 다녀간 관람객만 500만~600만 명이
었다고 하니 이 행사에 대한 관심이 얼마나 컸는지 알 수 있겠지
요? 이후 만국 박람회는 유럽 국가들과 미국이 번갈아 가며 비정기
적으로 개최했어요.

최초의 만국 박람회가 열린 런던 수정궁
의 안과 밖. 축구장 18개 크기였다. 1931년
화재로 소실되었다.

노동자들은 왜 기계를 부쉈을까?
└자본주의 발전에 따른 사회 문제의 발생

좋은 점이 있다면 나쁜 점도 있겠지요? '자본주의의 꽃'이 있으니 '자본주의의 덫'도 존재했어요. 그것이 바로 공황이었어요.

공황은 제품 생산량이 지나치게 많아 재고량이 급증할 때 발생해요. 제품을 많이 만들었는데 팔리지 않으면 기업은 도산할 거예요. 그렇게 되면 노동자는 일자리를 잃어요. 일단 공황이 발생하면 곧 다른 기업, 다른 지역, 다른 나라로도 번져요. 그렇게 되면 경제 상황이 순식간에 악화하지요. 이처럼 극도로 악화한 경제 위기를 공황이라고 하는 거예요.

공황은 19세기 초반부터 나타나기 시작했고, 19세기 중반부터는 나타나는 횟수가 크게 늘었어요. 대략 발생한 기간을 따져 보니 약 10년마다 한 번 정도는 공황이 나타났어요. 나중에는 한 나라의 공황이 다른 나라의 공황으로 이어지는 경우도 있었어요.

산업 혁명 이후 인류의 삶이 전반적으로는 풍요로워졌어요. 하지만 모든 사람이 그 혜택을 누린 건 아니었어요. 자본주의 발전에 따른 여러 사회적 문제가 발생한 거지요.

노동자들은 공장에서 하루에 16시간 이상 장시간 노동을 하면서도 입에 풀칠하기도 힘든 낮은 임금을 받았어요. 노동 환경은 아주 열악했고, 노동자들은 일을 끝내고 편안하게 쉴 집도 없었어요.

열악한 환경 속에서 중노동에 시달리는 탄광
여성 노동자를 묘사한 1843년의 그림

산업이 발달하고 물자가 풍부해졌지만,
도시의 환경은 오염되고 노동자들의 삶은
점점 더 힘들어졌다.

상자처럼 만들어진 좁은 방에서 눈만 붙이고 새벽에 다시 일을 하
러 나갔어요. 잠이 부족한 상태에서 쉴 시간도 없으니 깜빡 졸다
가 사고를 당하는 노동자들도 많았어요. 그런데도 자본가들은 비
용을 줄이려고 어린 아이와 여자까지 싼 임금으로 부렸어요. 아이
들은 새벽부터 공장에서 일해야 했고, 감독관들의 매질도 참아 내
야 했어요.

도시는 쓰레기장을 방불케 했어요. 공장 굴뚝에서 뿜어져 나온
시커먼 연기가 하늘을 뒤덮었어요. 하수 처리 시설이나 쓰레기 처
리장이 없어서 골목에는 쓰레기와 오물이 그대로 방치되어 있었어
요. 오물 사이를 들쥐들이 들락날락하며 병원균을 옮기고 다녔어
요. 사소한 질병으로도 목숨을 잃는 노동자들이 적지 않았죠.

일부 노동자들은 기계 때문에 자신들이 비참해졌다고 생각했어
요. 여러 사람이 해야 할 일을 기계가 해 버리니 노동자가 일자리
을 잃게 되었다는 것이지요. 19세기 초반에 러다이트란 인물은 기

기계를 부수는 노동자들을 묘사한 그림

단체 행동에 나선 실직자들을 해산시키는 뉴욕의 경찰을 묘사한 1874년의 그림

계를 파괴하면 이 문제가 해결될 거라고 생각했어요. 그는 밤이 되면 동료 노동자들과 함께 복면을 하고 공장에 들어가 기계들을 파괴했어요. 이 기계 파괴 운동을 최초로 제안한 사람의 이름을 따서 러다이트 운동이라고 해요.

러다이트 운동은 한때 큰 사회적 문제가 되기도 했어요. 하지만 이런 식의 파괴 행위로는 사회를 바꿀 수 없어요. 노동자들은 노동조합을 조직해 노동 시간 단축과 임금 인상을 요구했어요. 하지만 노동자들의 요구가 당장 받아들여지지는 않았어요. 무려 100여 년 가까이 투쟁이 이어졌고 19세기 중반 이후가 되어야 유럽 여러 나라에서 노동조합을 법적으로 인정한답니다.

이와 다른 방법으로 산업 혁명과 자본주의 체제의 부작용을 해결하려는 사람들도 있었어요. 로버트 오언은 방직 공장에서 노동자로 일하다 기업가로 성장한 인물이었어요. 그는 공장주와 노동자 모두

가 만족할 수 있는 이상적인 사회를 꿈꾸었
어요. 그 꿈을 실현하기 위해 미국 인디애나
주에 900여 명의 노동자와 함께 '뉴 하모니'
라는 공동체를 만들었지요[1825년]. 이 공동체는
실패했지만, 그의 정신은 노동조합과 소비자
조합 등으로 이어지고 있답니다.

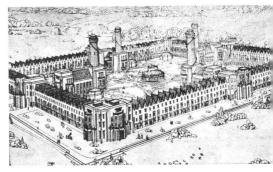

로버트 오언이 꿈꾸었던 뉴 하모니 공동
체의 모습

　독일의 칼 마르크스는 자본주의 체제를 정
면으로 비판하며 사회주의를 대안으로 제시했어요. 19세기 중반에
등장한 이 사상은 칼 마르크스의 저서인 《자본론》과 《공산당 선언》
에 자세하게 설명되어 있어요.

독일의 철학자 칼 마르크스

　사회주의는 생산의 주역인 노동자들이 생산물을 공동으로 분배
해야 한다는 사상이에요. 쉽게 말해, 노동은 대다수의 노동자가 하
는데 노동을 하지 않는 소수의 자본가가 이익의 대부분을 가져가는
게 부당하다는 거예요. 공장을 자본가와 노동자가 나눠 갖고 양쪽
이 똑같이 일을 해서 이익을 나눠야 한다는 주장이지요. 자본가들
이 이런 요구를 받아들이지 않으니까 노동자들이 혁명을 일으켜 자
본가를 타도해야 한다고 칼 마르크스는 주장했어요.

　이 사회주의 사상은 노동자를 중심으로 빠른 속도로 확산했고,
곧 유럽 여러 나라에서 사회주의 단체가 만들어졌어요. 20세기 초
에는 러시아가 최초의 사회주의 국가로 변신했어요. 하지만 오늘
날에는 이 사회주의 사상이 설 땅이 별로 없어요. 오늘날 대부분의

국가가 노동자의 인권을 중요하게 여기기 때문에 굳이 사회주의를 따를 필요가 없거든요. 게다가 사회주의는 노동자의 의욕을 떨어뜨려서 경제에 악영향을 미쳤어요. 실제로 많은 사회주의 국가가 실패를 인정하고 자본주의 체제를 받아들였답니다.

낭만주의는 왜 계몽주의를 배격했을까?
└19세기의 과학과 예술

19세기에는 과학 기술도 눈부시게 발전했어요. 인간의 생활을 편하게 해 주는 수많은 발명품도 쏟아져 나왔어요.

생물학에서는 다윈이 《종의 기원》이란 책을 펴내면서 진화론을 주장한 게 가장 두드러져요[1859년]. 다윈은 "생물은 생존 경쟁을 하며 승리한 종은 살아남고[적자생존], 패배한 종은 사라진다[자연 도태]."라는 논리를 폈어요. 종교계가 발칵 뒤집혔어요. 크리스트교에서는 신이 우주와 인간, 생물을 창조했다는 창조론을 믿거든요. 그런데 신이 창조한 게 아니라 진화를 통해 인간이 탄생했다고 하니 반발할 수밖에 없지요.

이 진화론은 현대 생물학의 토대가 됐지만, 동시에 제국주의 열강에 악용되기도 했어요. 제국주의자들이 진화론의 개념을 이용해 "우수한 민족과 사회가 열등한 민족과 사회를 지배한다."라는 사회

찰스 다윈을 원숭이에 빗대어 풍자한 영국의 신문 만평

진화론을 주장했거든요. 오스트리아의 수도사이자 생물학자인 멘델이 유전 법칙을 발표한 것도 기억할 만해요[1865년].

화학과 의학 분야에서도 발전이 있었어요. 뢴트겐은 X선을 발견했어요[1895년]. X선은 두꺼운 책을 통과하지만 뼈나 금속을 통과하지 못하는 속성이 있어요. 오늘날에도 이 X선으로 병원에서 신체 내부를 촬영하거나 금속 탐지기 등으로 활용하지요. 이밖에도 영국의 패러데이는 발전기의 원리를 발견했고[1831년], 프랑스의 퀴리 부부는 라듐을 발견했어요[1898년].

일상생활을 즐겁게 해 줄 각종 발명품도 쏟아졌어요. 19세기 중반 프랑스에서 카메라가, 미국에서 가정용 재봉틀이 발명됐어요. 19세기 후반에 미국의 에디슨은 축음기와 전등을 발명했어요. 프랑스 뤼미에르 형제는 시네마토그래프라는 영사기를 발명해 세계 최초로 영화를 상영했어요.

철학, 역사 등 인문 과학도 19세기에 크게 발달했어요. 독일의 철학자 헤겔은 정신적인 것을 중요하게 여기는 관념론 철학을 완성했어요. 특히 헤겔은 "인류의 역사 발전은 일정하게 정해진 규칙에 따라 이루어진다."라고 주장해 큰 파장을 불렀지요. 철학자 콩트는 정신과 이론보다는 실제 존재하는 것을 중요하게 여기고 탐구하는 실증주의를 주장했어요. 이 실증주의가 사회학으로 발전했어요. 그러니까 오늘날 사회학의 시초가 이때 만들어진 거예요.

자본주의 체제가 확립되면서 경제학도 발전했어요. 특히 정부가 경제 문제에 개입해서는 안 된다는 자유방임 사상이 크게 인기를 끌었어요. 경제학자들은 이를 발전시켜 고전 경제학을 완성했답니다.

18~19세기의 유럽에서는 자유주의와 민족주의의 바람이 강하게 불었죠? 이런 분위기가 예술에도 그대로 반영되었어요.

19세기 초반까지 유럽에서는 낭만주의가 크게 유행했어요. 낭만주의는 인간의 감정에 충실하고 상상력을 중요하게 여기는 예술 사조예요. 예술가들은 자신의 감정과 상상력을 바탕으로 작품을 만들었지요. 그런데 왜 낭만주의가 유행했을까요?

첫째, 계몽주의가 너무 인간의 이성을 강조했기 때문에 이에 대한 반발로 정서와 감정을 중요하게 여긴 낭만주의가 유행했어요. 계몽주의자들은 종교가 지배했던 중세 유럽을 암흑시대로 봤어요. 하지만 낭만주의자들은 종교나 전통을 옹호하며 중세 시대를 좋게 평가하려 했지요.

둘째, 자유주의가 발달했기 때문이에요. 자유주의는 개인의 자유와 감정을 중요하게 여겨요. 게다가 여러 차례 혁명에 실패하면서 좌절감을 느낀 예술가들이 그 좌절감을 표현하려다 보니 낭만주의로 흘렀지요.

대표적인 작가로는 미술 분야의 들라크루아를 꼽을 수 있어요. 그는 프랑스 7월 혁명을 소재로 〈민중을 이끄는 자유의 여신〉을 그렸어요. 그리스 독립 투쟁을 진압하기 위해 오스만 제국이 키오스섬의 그리스인을 학살했는데, 이를 〈키오스섬의 학살〉로 그려 내기도 했지요.

음악 분야에서는 슈베르트와 쇼팽, 바그너가 대표적인 낭만주의 작곡가로 꼽히고 있어요. 문학 분야에서는 바이런과 하이네가 낭만주의 작품을 발표했답니다.

들라크루아의 1824년 작품인 〈키오스섬의 학살〉

낭만주의 사조는 19세기 중반 이후로 많이 약해졌어요. 그 사이에 여러 국민 국가가 탄생했고, 정치도 점점 안정되었기 때문이지요. 여기에 자연 과학까지 발달하면서 현실을 과장하지 않고 있는 그대로 보려는 사실주의와, 자연 과학적 방법으로 사회와 인간의 변화를 다루는 자연주의 작가들이 나타났어요.

자연주의에서 발달한 새로운 유파가 등장하기도 했어요. 똑같은 자연이라도 해질녘과 한낮, 한밤중에 받는 느낌이 달라요. 이처럼 작가가 그림을 그리는 바로 그때에 순간적으로 받는 인상을 그림으로 표현하는 유파를 인상파라고 해요. 마네, 모네, 르누아르 등이 대표적이에요. 나중에는 세잔이나 고흐 같은 후기 인상파가 등장했어요. 그밖에 입체파나 미래파 같은 새로운 예술 사조도 잇달아 나타났답니다.

문학에서는 어두운 현실을 고발하는 작품이 많이 나왔어요. 러시아에서 이런 작가들이 특히 주목을 끌었어요. 도스토옙스키는 《죄와 벌》을, 톨스토이는 《전쟁과 평화》를 썼지요. 이 소설들은 러시아 문학을 넘어 오늘날까지도 전 세계에서 최고의 작품으로 평가받고 있답니다. 이밖에도 발자크, 위고, 디킨스 등이 사실주의 작가로 유명해요.

다윈의 진화론이 제국주의의 이념이 되었다?
└제국주의의 등장과 확대

산업 혁명이 발전하면 자본주의도 덩달아 발전하겠죠? 19세기 중반 이후 영국, 프랑스, 네덜란드, 독일, 미국 등 여러 나라에서 자본주의가 크게 발전했어요. 자본주의가 좋은 점만 있는 건 아니잖아요? 19세기 중반부터 불황이나 공황 같은 자본주의의 부작용이 나타나기 시작했어요. 불황은 경제 활동이 침체된 상태, 공황은 그 불황이 더욱 악화된 상태를 가리켜요. 게다가 거대 기업이 시장을 독점하는 부작용도 나타났어요. 미국의 예를 들자면 철강, 석유, 철도 분야에서 한 기업이 시장의 90% 가까이 혹은 그 이상을 장악하기도 했어요. 이처럼 한 기업이 시장을 독점해 버리면 다른 기업은 성장할 수 없지요.

선진 자본주의 국가들은 이 문제들을 해결해야 했어요. 어떻게? 아시아와 아프리카 식민지를 늘리는 거예요. 대량으로 생산한 제품을 식민지에 가져다 팔면 되니까요. 제품의 원료도 값싸게 얻을

수 있죠. 게다가 국내에 투자하고 남은 자본을 식민지에 투자할 수
도 있어요. 식민지에 새로운 사업을 만들어 자본을 투자해 돈을 버
는 거지요. 이를 통해 자기 나라의 실업 문제도 해결하고, 넘치는
인구를 식민지로 분산시킬 수도 있죠.

이처럼 자기 나라의 이익을 위해 식민지를 늘리고 착취하는 해외
팽창 정책을 제국주의라고 해요. 그러니까 제국주의는 자본주의 체
제의 부작용을 해소하기 위해 자본주의 선진국이 채택한 '나쁜 사
상'인 셈이에요. 그러나 그 나라들은 이 욕심이 정당하다고 주장했
어요. 가령 영국의 대표적인 제국주의자 세실 로즈는 "영국 국민을
내란의 위기에서 구하려면 새로운 영토를 개척해야만 한다. 우리는
제국주의자가 되어야 한다."라고 했답니다. 심지어 교회조차도 크
리스트교를 포교하기 위해 제국주의를 받아들였다고 해요.

영국의 제국주의자 세실 로즈가 내세운
아프리카 식민지 정책을 풍자한 그림. 아
프리카 남단의 남아프리카 공화국에서 북
단의 이집트까지 그의 발이 걸쳐 있는 데
서 영국 제국주의의 식민지 야욕을 엿볼
수 있다.

자본주의가 발전했든, 혹은 그렇지 못했든 어느 나라나 자기만
의 고유한 문화와 종교가 있어요. 그 문화와 종교는 모두 존중받아
마땅하고, 다른 나라는 그것을 존중해야 할 의무가 있어요. 하지만
제국주의 국가들은 이런 '문화의 다양성'을 손톱만큼도 인정하지 않
았어요. 오히려 유럽과 미국을 우월한 사회, 아시아와 아프리카를
열등한 사회로 규정했어요. 그러고는 우월한 국가가 열등한 식민
지를 지배하는 것은 지극히 당연한 것이라는 사회 진화론을 주장했
어요. 다윈의 진화론이 악용된 게 사회 진화론이라고 했지요? 제국
주의 국가들은 이 사회 진화론을 내세우며 "우월한 문화와 종교를

식민지에 전파해 주고 있으니 오히려 감사해야 할 일 아니냐?"라는 식으로 침략 행위를 정당화했답니다. 그러면서 식민지 민중이 저항하면 대포와 총으로 진압했지요.

가장 먼저 제국주의 시대를 연 나라는 영국, 프랑스, 네덜란드였어요. 이어 독일, 이탈리아, 미국, 러시아 등이 식민지 쟁탈전에 뛰어들었어요. 처음에는 영국과 프랑스가 여러 지역에서 전쟁을 치렀어요. 두 나라는 유럽 본토는 물론 북아메리카, 아프리카 등 여러 곳에서 충돌했어요. 영국과 독일은 아시아-아프리카 팽창 과정에서 3C와 3B 정책으로 경쟁을 했어요. 러시아는 오스만 제국을 압박하면서 유럽 한복판으로 진출하려고 했어요. 그 과정에서 영국, 프랑스와 갈등을 벌이기도 했지요. 영국은 중앙아시아, 이란 등 여러 지역에서 러시아와 전쟁을 치르기도 했어요.

열강 중에서 식민지를 가장 많이 확보한 나라는 영국이었어요. 전 세계 곳곳에 식민지가 있기 때문에 어느 한 곳은 반드시 해가 떠 있게 돼요. 그래서 영국을 '해가 지지 않는 나라'라고 불렀어요.

영국은 아시아와 아프리카에서 3C 정책을 폈어요. 이집트의 카이로, 인도의 콜카타, 남아프리카 공화국의 케이프타운을 잇는 삼각형 형태로 식민지를 확보한다는 뜻이에요. 3C는 세 도시가 C로 시작하기 때문에 붙은 이름이에요. 이 3C 정책에 따라 영국은 아프리카의 북에서 남쪽으로 점령지를 넓히는 종단 정책을 실시했어요.

영국보다 늦게 식민지 쟁탈전에 뛰어든 독일은 이에 맞서 3B 정책을 추진했어요. 독일의 베를린, 이라크의 바그다드, 오스만 제국의 비잔티움^{이스탄불}을 잇겠다는 뜻이었어요. 독일은 이 3B 정책을 통해 유럽 발칸반도와 서아시아에 이어 아프리카로 진출하려 했지요.

영국과 프랑스, 독일의 아프리카 점령 경로와 파쇼다 사건

프랑스는 아프리카 횡단 정책을 폈어요. 아프리카 북서부의 알제리에서 시작해 사하라 사막을 거쳐 동쪽의 마다가스카르로 진출한다는 뜻이었어요. 이 횡단 정책이 영국의 종단 정책과 수단의 파쇼다에서 충돌했어요. 이것이 파쇼다 사건이에요^{1898년}.

영국과 프랑스는 큰 전쟁을 치르지는 않았어요. 다만 이 파쇼다 사건은 제국주의 열강의 팽창 경쟁이 얼마나 치열한지를 보여 주는 사건이었어요. 독일의 3B 정책 또한 영국과 러시아를 자극해 갈등을 빚기도 했지요.

아시아 지역에서는 일본이 뒤늦게 산업화에 성공하면서 제국주의 대열에 합류했어요. 일본은 한국과 타이완을 식민지로 만들었어요.

열강이 중국을 노린 까닭은 뭘까?

└제국주의 열강의 아시아와 아프리카 침략

제국주의 국가들이 노린 곳은 아시아와 태평양 지역 그리고 아프리카였어요. 우선 아시아와 태평양 지역의 상황부터 볼게요.

영국은 17세기 초 동인도 회사를 만든 뒤 아시아를 왕래하면서 교역을 해 왔어요. 영국의 뒤를 이어 네덜란드, 프랑스 등 다른 나라들도 동인도 회사를 만들었죠. 이때까지만 해도 유럽 국가들은 무역 활동을 위해 아시아를 왕래했어요. 하지만 19세기부터는 식민지를 확보하기 위해 특히 아시아를 노렸어요. 그중에서도 영토가 넓고 인구가 많은 중국에 눈독을 많이 들였어요.

영국이 들여온 아편에 중독된 중국인을 묘사한 그림

영국은 마약인 아편을 인도에서 산 뒤 청에 가서 팔아 막대한 돈을 벌었어요. 이 비열한 무역을 청 정부가 막자 영국이 아편 전쟁을 일으켰어요[1840년]. 이 아편 전쟁에서 승리한 영국은 청 정부를 주무르며 많은 이권을 가져갔어요. 그 후 프랑스, 독일, 미국 등 나머지 열강들도 잇달아 중국으로 진출했지요.

인도는 일찌감치 18세기 중반에 영국이 반식민지로 삼았어요. 그러다가 19세기 후반에 합병해 버리지요. 프랑스는 한때 인도를 놓고 영국과 다퉜지만 패한 뒤에는 인도차이나반도로 눈을 돌렸어요. 프랑스는 베트남 정부와 전쟁을 벌여 승리한 뒤 식민지로 만들었고 이어 라오스와 캄보디아 등 인도차이나반도의 대부분을 차지했어요. 그러자 영국도 인도차이나반도로 달려가서 미얀마와 말레이반도를 차지했어요. 영국은 중앙아시아의 아프가니스탄도 보호국으로 만듦으로써 아프가니스탄~인도~미얀마와 말레이반도에 이르는 거대한 아시아 식민지를 확보했죠.

일찍부터 동남아시아로 진출했던 네덜란드는 인도네시아를 차지했어요. 네덜란드는 인도네시아 자와에 대규모 커피 농장인 플랜테이션을 운영했어요. 플랜테이션은 열강들이 자본을 대고 현지인들의 노동력을 착취해서 커피나 사탕수수, 고무 등 특정 작물을 재배하는 농업 방식이에요. 커피, 사탕수수, 고무는 다른 제품의 원료가 되는 작물이에요. 이런 작물만 생산하라고 하니 동남아시아에서는 다른 산업이 발전할 수 없었어요. 유럽 열강들은 동남아시아를 제품의 원료를 공급하는 기지로 삼았답니다.

다른 나라도 마저 살펴볼까요? 필리핀은 원래 에스파냐의 식민지였다가 미국의 식민지로 바뀌었어요. 동남아시아에서는 시암^{타이}만 유일하게 제국주의 열강의 식민지가 되지 않았지요.

태평양의 다른 지역에도 구석구석까지 열강들이 침투했어요. 오스트레일리아와 뉴질랜드는 이미 18세기 후반에 영국의 식민지가 되었어요. 마셜 제도와 캐롤라인 제도, 비스마르크 제도는 독일이, 하와이와 괌은 미국이 차지했어요. 사모아를 놓고는 미국, 영국, 독일이 대결을 벌였답니다.

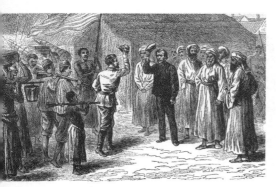
스탠리와 리빙스턴이 아프리카에서 만나는 장면을 묘사한 그림. 1872년 스탠리가 펴낸 책에 담긴 삽화다.

아프리카로 가 볼까요? 영국은 아프리카 종단 정책에 따라 남아프리카 케이프타운을 점령했어요.^{1814년}. 영국은 그곳에 살고 있는 네덜란드 이주민^{보어인}을 내쫓고 케이프타운에 식민지를 건설했지요.

사실 이때까지만 해도 아프리카 내륙에 대해 알려진 것은 별로 없었어요. 그랬던 아프리카 내륙을 유럽에 알린 인물은 영국 탐험가 리빙스턴과 스탠리였어요.

리빙스턴은 크리스트교를 전파하기 위해 남아프리카에 갔다가 아프리카 노예 무역의 실상을 유럽에 폭로했어요. 리빙스턴이 어느 날 사라지자 그를 찾기 위해 아프리카에 온 인물이 기자 출신인 스탠리였어요. 이 두 사람의 활약 덕분에 아프리카 내륙이 유럽에 알려졌고, 이후 많은 탐험가들이 아프리카 내륙 탐험에 나섰어요. 그 결과 아프리카 내륙에 막대한 양의 천연자원이 매장되어 있다는 사실이 밝혀졌어요. 그러니 유럽 열강이 아프리카를 그대로 둘 리가 없죠.

19세기 후반 벨기에의 왕 레오폴드 2세가 아프리카 내륙에 있는 콩고를 자기 땅이라고 선언한 것을 계기로 유럽 열강들이 베를린에 모였어요. 아프리카 식민지 정책의 원칙을 정한 이 회의가 베를린 회의예요.^{1884년}.

베를린 회의에서는 아프리카를 임자 없는 땅으로 규정했어요. 그러니 먼저 점령하면 그 땅에 대한 소유권을 갖기로 했어요. 베를린 회의가 끝나자 열강들은 먼저 영토를 확보하기 위해 신속하게 아프리카로 달려갔어요. 이 과정에서 파쇼다 사건과 같은, 제국주의 열강들 사이에 충돌하는 사건도 발생했어요.

열강들은 곧 아프리카 전역을 나눠 가졌어요. 영국, 프랑스, 독일은 물론이고 벨기에, 포르투갈, 이탈리아도 아프리카에 식민지를 건설했지요. 라이베리아와 에티오피아만 열강의 식민지가 되지 않았어요.

당연히 아프리카인들은 열강들의 식민 지배에 저항했어요. 그러나 열강들은 아프리카인들의 저항을 모두 무력으로 진압했어요. 이 베를린 회의의 여파는 21세기인 오늘날까지도 이어지고 있어요. 당시에 열강들이 마음대로 국경선을 정하는 바람에 국경과 민족·종교 분쟁이 그치지 않는 거랍니다.

오늘날 아프리카 국가들의 국경선. 국경선이 일직선으로 그어진 곳이 많은데, 유럽 열강들이 제멋대로 국경을 나누었기 때문이다. 이로 인해 서로 적대적인 부족들이 한 나라의 국민으로 묶이면서 오늘날까지도 내전이 발생하는 원인 가운데 하나가 되고 있다.

★ 단원 정리 노트 ★

1. 영국에서 산업 혁명이 가장 먼저 일어난 이유

① 섬이라는 지리적 조건 : 영국은 유럽에 속하지만, 유럽 대륙에서 외따로 떨어진 섬나라다. 서로 국경을 맞대고 있는 유럽의 다른 나라들이 서로 경쟁을 펼치면서 힘을 빼는 동안 영국은 한 발짝 물러나서 내실을 기할 수 있었다.

② 정치의 안정 : 청교도 혁명과 명예혁명으로 일찌감치 입헌 군주제를 정착시키면서 정치가 안정되었다. 일부 시민들의 경제 활동이 자유로워지면서 보다 큰 경제적 이익을 추구하려는 욕구가 커졌다.

③ 풍부한 천연자원과 식민지 개척 : 영국에는 석탄과 철 등의 천연자원이 풍부했다. 그리고 유럽의 다른 나라보다 빨리 식민지 개척에 나서면서 물건 만들 재료를 공급하는 공급 기지와 물건을 내다 팔 수 있는 시장을 확보했다.

④ 인클로저 운동과 도시 노동자 : 영국에서 모직물 산업이 발달하면서 그 재료인 양털의 생산을 늘리기 위해 지주들은 농장의 규모를 키웠다. 이것이 인클로저 운동이다. 땅을 빼앗긴 농민들은 먹고살 길을 찾아 도시 노동자로 변신했다. 산업이 발달하기 전부터 영국은 풍부한 노동력을 확보하고 있었던 셈이다.

2. 열강들이 식민지를 개척한 이유

① 산업 발전과 대량 생산 : 산업 혁명으로 생산력이 높아졌다. 당시 유럽의 여러 나라들은 물건을 생산하는 속도를 소비가 따라가지 못하면서 재고품이 쌓이고 경제 공황으로 이어졌다. 서양의 열강들은 새로운 시장을 개척할 필요성을 느꼈다.

② 노동력과 원료 공급처로서의 식민지 : 서양 열강들은 앞선 무기로 아시아와 아프리카의 낙후한 나라를 공격했다. 강제로 시장을 개방하게 하여 자국의 물건을 팔고, 그 나라의 천연자원을 채굴했다. 또 식민지에 대규모 농장을 세워 현지의 원주민들을 마구 부려먹었다. 뿐만 아니라 짐승을 사냥하듯 아프리카와 아메리카 원주민을 잡아와 노예로 팔기도 했다.

③ 종교 전파와 약점 극복 : 식민지의 원주민들에게 크리스트교를 전파한다는 종교적 이유를 내세워 식민지를 확대하기도 했다. 그리고 러시아와 북유럽의 나라는 겨울이 되면 항구의 바다가 얼어서 배를 띄울 수 없는 약점을 극복하기 위해 식민지를 확대했다.

14

서아시아와 인도의 국민 국가 건설 운동

: 근대화 운동으로 제국주의에 맞서다

- 오스만 제국의 근대화 개혁 및 혁명에 대해 내용과 결과를 순서대로 정리해 봅시다.
- 아랍 민족주의가 성장한 이유와 결과에 대해 알아봅시다.
- 인도에서 세포이의 항쟁이 일어난 이유는 무엇이고, 그 이후의 결과는 어떠했나요?
- 인도 국민 회의의 탄생 과정과 그 이후의 변화, 업적 등에 대해 알아봅시다.

오스만 청년 장교들은 왜 혁명을 일으켰을까?

└오스만 제국의 개혁과 혁명

바로 앞 장의 내용만 놓고 보면 아시아에서는 제국주의 열강의 침탈 때문에 아무런 발전도 하지 못했다고 생각할 수도 있어요. 아니에요. 아시아에서도 제국주의 열강과 싸우면서 국민 국가 건설 운동에 시동을 걸었어요. 오스만 제국, 인도를 먼저 살펴보고 중국을 비롯한 동아시아로 갈게요.

오스만 제국은 한때 유럽을 벌벌 떨게 했던 강대국이었어요. 하지만 16세기 후반의 레판토 해전 이후부터 약해지더니 줄곧 내리막

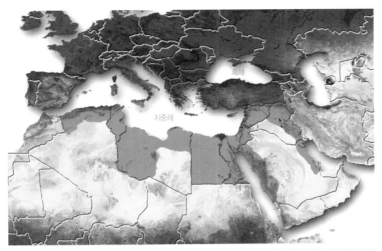

지중해

흑해

18세기 후반부터 19세기 중반까지 오스만 제국의 영토. 소아시아와 아라비아반도 일부, 북아프리카, 발칸반도 대부분이 오스만 제국의 영토였다.

을 타다가 19세기에는 참담할 정도로 약체가 되어 버렸어요. 그런 오스만 제국에 가장 먼저 이빨을 드러낸 나라가 러시아였어요.

18세기에 러시아는 팽창 정책을 추진하고 있었어요. 러시아는 유럽 남동부와 아시아 사이에 있는 흑해를 장악하고, 지중해로 나아가기 위해 오스만 제국을 노렸죠. 결국 두 나라가 전쟁에 돌입했는데, 제1차 러시아 · 튀르크 전쟁이에요.¹⁷⁶⁸ᵉ 오스만 제국은 이 전쟁을 시작으로 19세기 후반까지 러시아와 여섯 번의 러시아 · 튀르크 전쟁을 치른답니다.

제1차 러시아 · 튀르크 전쟁에서 오스만 제국은 크게 패했어요. 러시아는 노골적으로 오스만 제국의 내정에 간섭했어요. 설상가상으로 400여 년간 오스만 제국의 지배를 받아 왔던 그리스가 독립을 선언했어요. 유럽 열강들로서는 또다시 오스만 제국 문제에 간섭할 핑계가 생겼어요. 영국과 프랑스가 그리스 독립을 지원한다며 군대를 보냈고, 호시탐탐 오스만 제국을 노리던 러시아도 다시 군대를 보냈지요. 그리스는 마침내 독립하는 데 성공했어요[1829년].

그리스의 독립이 신호탄이 되었어요. 이어 오스만 제국 영토의 여러 민족이 독립 투쟁을 시작했어요. 얼마 후에는 이집트가 오스만 제국으로부터 독립하겠다고 선언했어요. 오스만 제국이 허용하지 않자 전쟁이 벌어졌는데, 이 전투에서 오스만 제국이 패했어요. 결국 오스만 제국은 이집트의 자치를 허용할 수밖에 없었어요. 사실상 이집트가 독립한 셈이에요.

오스만 제국이 초라해지는 만큼 열강들의 압박은 더 거세졌어요. 영국은 그리스가 독립한 후 오스만 제국을 위협해 통상 조약을 체결하기도 했지요[1838년]. 물론 오스만 제국에 상당히 불리한 불평등 조약이었어요. 영국의 값싼 제품이 오스만 제국에 대량으로 수입되면서 오스만 제국의 경제가 휘청거렸지요. 오스만 제국은 근대화 개혁이 없이는 생존할 수 없다고 판단했어요. 술탄이 직접 나서서 개혁을 지휘하기 시작했어요. 이 개혁이 탄지마트예요[1839년]. 탄지마트는 튀르크어로 '은혜로운 개조[개혁]'라는 뜻이에요.

탄지마트의 핵심 내용은 유럽, 특히 프로이센을 모델로 해 근대화를 이룬다는 거예요. 이를 위해 민족과 종교의 차별을 없애고,

모든 국민에게 보통 교육을 실시하며, 세금 제도도 고쳤지요. 또한 강력한 군대를 육성하기 위해 프로이센처럼 모든 남성을 대상으로 징병제를 도입했어요.

미드하트 파샤

미드하트 파샤라는 총리가 등장하면서 탄지마트는 절정에 이르렀어요. 그는 헌법을 제정해 아시아에서는 가장 먼저 입헌 군주제를 시행했어요. 이 헌법은 그의 이름을 따서 미드하트 헌법이라고 해요.[1876년] 이 헌법에 따라 지방 의회를 설치하고 술탄의 전제 정치도 폐지하려 했어요.

하지만 개혁은 성공하지 못했어요. 첫째, 술탄 압둘 하미드 2세는 입헌 군주제를 원하지 않았어요. 입헌 군주제가 시행되면 술탄의 권력이 약해질 거라 생각한 거죠. 오스만 제국의 보수 세력도 기득권을 잃을까 봐 근대화 개혁에 반대했어요. 이들은 모든 정치를 과거로 돌려놓을 기회만 노리고 있었어요.

압둘 하미드 2세

마침 러시아와의 마지막 전쟁인 제6차 러시아 · 튀르크 전쟁에서 오스만 제국이 참패했어요.[1878년] 그 결과 오스만 제국은 발칸반도에 있는 슬라브족 국가들, 그러니까 세르비아, 루마니아, 몬테네그로 같은 나라의 독립을 모두 허용해야 했어요. 슬라브족의 큰형님인 러시아가 이들의 독립을 지원했거든요. 오스만 제국이 어수선했겠죠? 술탄 압둘 하미드 2세는 이 틈을 타서 헌법을 정지시키고 전제 정치로 복귀했어요. 헌법을 제정하자마자 탄지마트가 끝이 난 셈이지요.

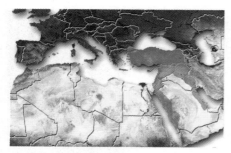
1900년대 초 오스만 제국의 영토

청년 튀르크당 정부는 기독교계 아르메니아인을 탄압하고 학살했다.

어느덧 오스만 제국은 사람으로 치면 중병에 걸린 환자와 비슷하게 돼 버렸어요. 당시 유럽 열강들은 오스만 제국을 '유럽의 병자'라 불렀어요. 이런 상황에 오스만 제국의 젊은이들, 특히 청년 장교들이 분노했어요. 이 청년 장교들이 청년 튀르크당이란 정치 조직을 만들고 술탄에게 "헌법을 부활시키고 열강들의 간섭을 막으려고 노력해 달라."고 요구했어요. 술탄이 이를 거절하자 청년 튀르크당은 혁명을 일으켜 그를 끌어내렸어요. 이것이 청년 튀르크당 혁명이에요.[1908년].

권력을 잡은 청년 튀르크당은 근대화 개혁을 다시 시작했어요. 헌법과 의회를 부활시켰고, 산업을 적극 육성했지요. 열강들에 대해서도 배척 운동을 펴 나갔어요. 하지만 다소 극단적인 튀르크 민족주의를 내세웠던 점은 문제였어요. 이들이 아랍 민족을 탄압하자 아랍 지역에 아랍 민족주의가 등장했거든요.

오스만 제국은 얼마 후 제1차 세계 대전에서 독일과 같은 편에서서 연합국과 싸워요. 이때에도 청년 튀르크당이 집권하고 있었는데, 아마도 극단적인 튀르크 민족주의를 실현해 과거의 영광을 재현하려고 그랬던 것 같아요. 결국 이 전쟁이 끝난 후 청년 튀르크당은 해체된답니다.

수에즈 운하가 이집트의 소유가 되지 못한 까닭은?
└이집트 및 아프리카의 근대화 운동과 민족 운동

시선을 잠시 아프리카 북부로 돌려 볼까요? 오스만 제국의 지배를 받았던 이집트의 역사를 살펴보기 위해서예요.

이집트는 16세기 초부터 오스만 제국의 지배를 받았어요. 그러다 18세기 말 프랑스의 나폴레옹이 이집트를 침략했어요. 하지만 프랑스는 19세기 초 영국에 밀려 이집트에서 철수할 수밖에 없었어요. 이때 이집트의 무함마드 알리란 인물이 크게 활약했어요. 그는 오스만 제국이 임명한 총독이었는데, 이미 이집트의 독립을 염두에 두고 있었답니다.

무함마드 알리는 권력을 잡은 후 이집트의 근대화를 본격적으로 추진했어요. 서양의 제도를 적극 받아들여 군대와 행정 기구를 개혁했고, 적극적으로 산업을 육성했어요. 또 교육 제도까지 서양식으로 바꿔 근대 교육을 실시했지요.

무함마드 알리의 가장 큰 목표가 무엇이었지요? 오스만 제국으로부터 독립하는 거였지요? 무함마드 알리는 그리스가 독립을 선언했을 때는 오스만 제국을 지원했어요. 그 공로를 인정받아 자치권을 얻어 냈죠. 그것도 모자라 나중에는 오스만 제국과 전쟁을 치르고, 마침내 승리해 독립을 쟁취했어요.

그런데 문제가 생겼어요. 이 전쟁 때 영국의 도움을 많이 받았는

무함마드 알리

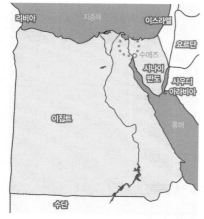

수에즈 운하 위치

데, 그 후로 영국 등 유럽 열강의 간섭이 심해진 거예요. 사실 이 무렵부터 이집트는 여러 방면에서 유럽, 그중에서도 영국과 프랑스의 도움을 많이 받기 시작했어요. 왜 그랬을까요? 근대화 개혁에 필요한 자금이 부족했기 때문이에요. 철도를 깔고 전신을 설치하려면 막대한 돈이 필요해요. 이집트는 그 자금을 영국과 프랑스로부터 빌렸어요. 경제적으로 의존하다 보면 아무래도 간섭을 받을 수밖에 없겠죠?

이집트가 벌인 대대적인 공사 중에 눈에 띄는 게 있어요. 바로 수에즈 운하의 건설이었어요. 수에즈 운하는 지중해와 홍해를 연결하는, 168킬로미터 거리의 인공 수로예요. 무려 10년에 걸친 공사 끝에 완공했어요[1869년].

수에즈 운하가 개통되기 전까지만 해도 유럽에서 인도에 가려면 아프리카 남단까지 갔다가 이어 북쪽으로 항해해야 했어요. 아프리카 대륙을 빙 돌아서 가야 했던 거죠. 하지만 수에즈 운하가 개통되자 곧바로 지중해에서 홍해로 넘어갈 수 있었고, 그 결과 항해 거리가 6,400㎞ 정도 줄었어요. 항해 시간도 3분의 1로 줄었지요.

수에즈 운하는 현재까지도 세계에서 가장 긴 운하예요. 이 막대한 공사를 벌이는 데 천문학적인 액수의 돈이 들어갔어요. 공사비가 부족해지자 이집트는 영국과 프랑스에 수

하늘에서 내려다본 수에즈 운하

에즈 운하 주식을 팔았어요. 나중에는 영국이 프랑스의 주식을 사들여 독차지했죠. 이러니 영국의 내정 간섭이 갈수록 심해질 수밖에 없었어요.

이에 아라비 파샤라는 인물을 중심으로 한 군부가 앞장서 "이집트는 이집트인에게!"라고 외치며 봉기했어요[1881년]. 하지만 영국은 군대를 투입해 봉기를 진압했어요. 이어 다시는 이집트가 저항하지 못하도록 보호국으로 삼았지요. 이집트가 영국의 식민지가 된 거예요[1914년].

아프리카의 다른 지역을 살펴볼까요? 곳곳에서 열강의 침략에 맞서 끈질기게 저항했는데, 대표적인 사례를 들려줄게요.

이집트 남쪽의 수단은 영국과 이집트 양쪽의 지배를 받았는데, 이에 맞서 마흐디 운동을 벌였어요[1881년]. 마흐디 운동은 초기 이슬람 정신으로 돌아가서 외세를 몰아내자는 반외세 운동이자 민족 운동이었어요. 마흐디는 구세주란 뜻인데, 이 운동을 이끌었던 무함

무함마드 아흐마드

마흐디 운동이 벌어지던 중 영국군에 대항하는 수단 민중을 묘사한 그림

메넬리크 2세

마드 아흐마드란 인물이 스스로를 마흐디라 불렀기에 이런 이름이 붙었어요. 이 운동은 15년 만에 실패로 끝났지만 마흐디 운동의 정신을 바탕으로 수단이 근대 국가로 발전하는 기회가 되었답니다.

아프리카 동부의 에티오피아는 아프리카 국가로서는 드물게 유럽 국가와 전쟁을 벌여 승리했어요. 에티오피아의 왕 메넬리크 2세가 그 주인공이에요. 메넬리크 2세는 근대 교육을 실시하고 도로, 교량과 같은 사회 기반 시설을 늘렸으며 군대를 강화하는 등 근대화에 앞장섰어요. 바로 그때 이탈리아가 에티오피아를 식민지로 선포했어요. 메넬리크 2세는 분노했고, 결국 두 나라가 전쟁을 벌였어요. 이것이 아도와 전투예요 1896년. 이 전투에서 에티오피아는 이탈리아를 크게 격파했어요. 덕분에 아프리카의 모든 나라 중에서 에티오피아만이 제1차 세계 대전 무렵까지 독립을 지킬 수 있었답니다.

아프리카 북부의 알제리에서는 민중들이 프랑스의 침략에 맞서 무려 30년 동안 저항했어요. 리비아에서도 이탈리아 침략에 맞서 싸웠지요. 탄자니아와 나미비아에서는 독일에 맞서 싸웠어요. 물론 모든 저항은 실패로 끝났어요. 그러나 이 저항이 의미가 없는 것은 아니었어요. 이 투쟁 과정에서 "우리는 아프리카인이다."라는 동질감과 민족의식이 성장했거든요.

아랍 민족이 오스만 제국의 술탄을 반대한 까닭은?
└ 아라비아 국민 국가 건설 운동과 이란 혁명

이번에는 서아시아의 아라비아반도로 가 볼게요. 이 지역은 이슬람교가 탄생한 곳이지만 오스만 제국이 이슬람 세계의 중심이 된 이후로 큰 주목을 받지 못했어요. 그러다 오스만 제국의 세력이 약해지면서 18세기 중반부터 다시 주목을 받았어요. 바로 이곳에서 이슬람 개혁 운동이 시작되었거든요.

이븐 압둘 와하브라는 개혁가는 "사회가 부패하고 타락했다. 유럽 열강들에 맞서고 이슬람교가 다시 부흥하려면 정통 칼리프 시대의 순수했던 이슬람 정신으로 돌아가 《쿠란》에 따라야 한다."라고 주장했어요. 이 운동을 그의 이름을 따서 와하브 운동이라고 해요.^{1740년}.

와하브 운동가들은 형식이 중요하지 않으니 이슬람 사원을 많이 지을 필요도 없다고 했어요. 오로지 《쿠란》의 이슬람 계율을 지키며 살아야 한다고 했지요. 이들은 오스만 제국에 대해서도 이슬람 세계의 지배자 노릇을 한다며 비판했어요. 그 결과 신앙 운동으로 출발한 와하브 운동은 오스만 제국에 저항하는 아랍 민족주의 운동으로 이어졌어요.

와하브 운동의 든든한 후원자도 있었어요. 바로 아라비아반도의 사우드 가문이었지요. 사우드 가문이 얼마 후 세운 나라가 사우디

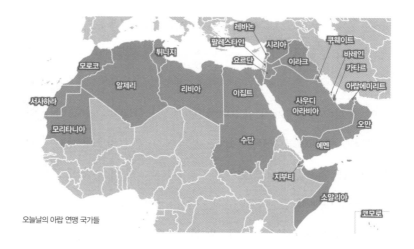

오늘날의 아랍 연맹 국가들

왕국이에요. 사우디 왕국은 와하브 운동의 이념을 건국 이념으로 삼았어요. 이 사우디 왕국이 나중에 사우디아라비아 왕국으로 발전하지요. 사우디아라비아가 아랍* 민족주의와 와하브 운동의 영향을 받아 탄생했다는 사실을 알 수 있겠죠?

이후 아랍 민족주의는 아랍 문화를 부흥시키자는 목소리로 이어졌어요. 19세기 초 시리아, 레바논 등 아랍 지역에서는 아랍 고전 문화를 다시 연구하고 되살리는 부흥 운동이 일어났어요. 마치 유럽의 르네상스를 연상케 하는 대목이지요. 이 과정에서 오늘날의 아랍어가 확립되었답니다.

아랍 지역에서 약간 동쪽으로 가면 오늘날의 이란이 있어요. 과거에는 페르시아라 불렸던 곳이지요. 이곳의 역사는 어떻게 변했을까요?

• 아랍 이슬람교가 국교이고 아랍어를 쓰는 나라들로, 북아프리카와 중동 지역에 분포해 있다. 이들은 아랍 연맹을 결성하고 있는데, 이슬람교를 국교로 하는 이란은 아랍 연맹에서 제외되어 있다. 이란은 독특한 페르시아 문화를 향유하고 있고, 대부분의 이슬람 국가들이 수니파인 것과 달리 시아파가 주를 이루며, 아랍어를 쓰지 않기 때문이다.

16세기 초 이란 지역에는 사파비 왕조가 건국되었어요. 사파비 왕조는 이슬람 시아파를 대표하는 나라였어요. 한때 수니파의 중심지였던 바그다드를 정복하기도 했지요. 하지만 사파비 왕조는 18세기 중반에 멸망하고 말았어요. 이후 50여 년 동안 이란은 상당히 혼란스러웠어요. 18세기 말 튀르크족 혈통이 나타나 카자르 왕조를 세웠어요^{1794년}.

1804년부터 1813년까지 이어진 이란과 러시아의 전쟁을 묘사한 그림

카자르 왕조는 곧 모든 혼란을 끝내고 이란 전역을 재통일했어요. 업적이 대단하죠? 하지만 카자르 왕조 또한 19세기 이후 열강의 간섭을 피할 수는 없었어요. 이 무렵 팽창 정책을 추진하던 러시아와, 그 러시아를 막으려는 영국이 이란에서 충돌했어요. 러시아가 남하하려고 이란을 침략하자 영국도 이란으로 뛰어든 거예요. 두 열강이 이란에서 경쟁하는 동안 카자르 왕조는 이권을 많이 잃었어요.

카자르 왕조도 반짝 근대화 개혁을 추진했어요. 하지만 성공하지 못했고, 오히려 열강들의 눈치를 더 봐야 하는 상황이 돼 버렸어요. 19세기 말에는 영국 상인에게 이란에서 담배를 독점으로 팔 수 있는 권리도 줬어요. 이 거래로 왕은 많은 돈을 벌었을 수 있어요. 하지만 담배를 재배하거나 판매하는 이란 민중은 어떻게 되겠어요?

이란의 담배 경작자와 담배 상인이 힘을 합쳐 담배 불매 운동을 벌이기 시작했어요^{1890년}. 여기에 이슬람 성직자와 개혁 세력까지 가세했어요. 그러자 담배 불매 운동은 곧 외세와, 외세에 의존하는 카자르 왕조에 대한 저항 운동으로 발전했어요. 그 결과 영국 상인으로부터 담배 독점권을 되찾아 올 수 있었어요. 이 운동 때 이슬람 성직자들의 역할이 상당히 컸어요. 그 때문에 이후 이란에서는 성직자의 영향력이 크게 강화되었지요.

이후 영국은 "담배 불매 운동으로 우리가 큰 피해를 봤으니 배상금을 달라."라고 요구했어요. 돈이 없는 이란 정부는 거액의 차관을 들여올 수밖에 없었지요. 그래서 열강들의 간섭은 더욱 심해졌어요. 또다시 개혁 세력들이 뭉쳤어요. 이들은 민중 봉기를 일으켜 의회를 구성하고 입헌 군주제 헌법을 만들었지요. 이 사건이 이란 입헌 혁명이에요.^{1906년}

하지만 이 혁명은 성공하지 못했어요. 영국과 러시아가 이란의 근대화를 바라지 않았기 때문이지요. 카자르 왕조 또한 기득권을 잃지 않으려고 혁명 세력을 탄압했어요. 이러니 혁명은 좌절되고 말았어요. 뿐만 아니라 이때 이란은 영토의 많은 부분을 영국과 러시아에 빼앗겼답니다. 20세기 초, 이란의 운명도 암울해 보이지요?

인도의 면직물 산업은 왜 몰락했을까?
└세포이의 항쟁과 영국의 인도 병합

인도로 가 볼까요? 인도 민중도 힘겨운 시절을 보내고 있었어요.

17세기부터 쭉 살펴볼까요?

영국은 17세기 초, 인도 무굴 제국에 동인도 회사를 설치했어요.[1600년] 2년 후에는 네덜란드도 인도에 동인도 회사를 세웠지요. 두 나라는 경쟁 대신 타협을 선택했어요. 네덜란드가 동남아시아의 도서 지역을 차지하는 대신 인도에서 손을 떼고, 영국은 네덜란드의 동남아시아 식민지에 간섭하지 않기로 한 거예요.

17세기 중반 영국에 또 다른 경쟁국이 생겼어요. 프랑스가 동인도 회사를 세우면서 인도로 들어온 거예요. 영국과 프랑스는 전 세계에서 식민지 경쟁을 벌이고 있었어요. 그러니 인도에서의 경쟁도 아주 치열했지요.

18세기로 접어들 무렵부터 무굴 제국은 쇠퇴하기 시작했어요. 아우랑제브 황제가 이슬람 정통주의를 앞세우며 다른 종교를 탄압한 게 원인이었어요. 무굴 제국에 내란이 끊이지 않자 이 틈을 노려 영국과 프랑스가 세력을 확대하기 시작했어요. 두 나라는 특히 벵골을 차지하려고 혈안이 돼 있었어요. 벵골은 인도 전체 무역의 3분의 2를 차지하는 경제 중심지였거든요. 게다가 화약을 만들 때 쓰는 광물질인 초석도 많이 나왔어요.

영국과 프랑스의 주도권 다툼은 갈수록 심해졌어요. 벵골의 태수^{총독}는 영국이 인도 경제를 망치고 있다고 생각했어요. 그래서 프랑스 동인도 회사와 손을 잡고 영국에 맞섰어요. 양쪽은 콜카타 북

벵골 위치. 무굴 제국의 무역 중심지이고 자원이 풍부해서 영국을 비롯한 유럽 열강들이 먹잇감으로 노렸다.

플라시 전투를 묘사한 그림들

서쪽의 플라시 평원에서 전투를 치렀어요. 이것이 플라시 전투예요.[1757년]

이 전투는 영국의 승리로 끝났어요. 그 결과 프랑스는 인도를 떠났고 영국은 벵골은 물론 인도를 독차지하게 됐어요. 이후 상황은 불을 보듯 빤해요. 영국은 벵골에서 막대한 세금을 거뒀고, 인도 경제는 더욱 더 망가졌죠.

무굴 제국 전성기 때 인도의 면직물은 최고의 수출품이었어요. 품질이 상당히 좋아 유럽에서도 큰 인기를 누렸죠. 하지만 일일이 손으로 만들어야 해서 상당히 비쌌어요. 이런 상황에서 공장에서 대량 생산돼 저렴한 영국산 면직물이 대거 수입됐어요. 그러니 인도의 면직물 산업이 몰락할 수밖에 없죠. 나아가 영국은 인도에서 면직물의 재료인 면화를 아주 헐값에 사서 자기들의 면직물 산업을 발전시켰어요. 인도를 영국의 제품 판매처이자 원료 공급처로 삼은 거예요.

인도의 경제만 파괴된 게 아니에요. 인도의 전통문화와 종교까지도 모두 위태로워졌어요.

인도에는 예로부터 수많은 인종과 민족이 살아왔어요. 그들은 서로 어울리면서도 각자의 독자적인 문화를 지키고 있었어요. 영국은 그런 인도의 전통을 존중하지 않았어요. 영국에서 건너온 선교사들은 인도인들을 크리스트교로 개종시키려고 했어요. 게다가 인도의 이슬람교도와 힌두교도의 분열을 부추겼어요. 인도인이 내분을 일으켜서 단합하지 못하면 식민 지배가 더 수월하니까요.

하지만 이런 식의 분열 정책은 반발을 부르기 마련이에요. 영국에 대한 인도인들의 반발심이 갈수록 커졌어요. 급기야 19세기 중반에는 인도의 모든 계층이 참여한 대형 저항 운동이 일어났어요. 그것이 바로 세포이의 항쟁이에요.[1857년]

세포이는 영국 동인도 회사가 고용한 인도인 용병을 가리키는 말이에요. 세포이들에 대한 영국의 대우는 썩 좋지 않았어요. 사실 세포이들도 영국이 마음에 들지 않았어요. 인도의 전통과 종교를 깡그리 무시하잖아요? 그래도 생계 때문에 따르는 척할 수밖에 없었어요.

세포이는 영국 동인도 회사에 고용된 인도인 용병이었다. 세포이는 처음에 좋은 대우를 받았기 때문에 인도의 상위층이 지원할 만큼 인기가 좋았다. 하지만 갈수록 대우가 나빠지자 민족 감정과 맞물려 영국에 대한 불만을 키워 나갔다.

그러던 중 세포이들에게 신식 총이 보급되었어요. 물론 총에 넣는 탄약 봉지도 같이 줬어요. 입으로 탄약 봉지를 뜯고 탄약을 꺼내 총에 장전하면 되는 거예요. 이 탄약 봉지의 겉면에는 기름이 칠해져 있었어요. 물에 젖으면 탄약을 쓸 수 없으니까요. 문제는, 이 기름이 돼지기름이나 쇠기름일 거라는 소문이 돌기 시작한 거예요.

세포이들은 대부분 힌두교도이거나 이슬람교도였어요. 힌두교에서는 소를 신성시하기 때문에 입으로 쇠기름이 묻은 탄약 봉지를 뜯는다는 것은 상상도 못할 일이에요. 마찬가지로 돼지를 꺼리는 이슬람교도들도 탄약 봉지를 입에 댈 수 없었지요. 세포이들이 반발하자 영국은 반란으로 규정하고 주동자를 처벌했어요. 이 조치가 세포이들을 분노하게 했어요. 결국 세포이들이 봉기했어요.

이렇게 해서 시작된 세포이의 항쟁은 곧 북인도 전역으로 확산되었어요. 모든 인도 사람이 참여한 반영 민족 운동이 된 거예요. 이 항쟁은 2년 동안 이어졌어요. 무굴 제국의 황제까지도 이 항쟁을 지지했지요. 하지만 세포이의 항쟁은 조직적이지 못했어요. 투쟁 방향을 놓고 내부 분열도 생겼어요. 그 틈을 타서 영국 군대가 세포이의 항쟁을 진압해 버렸지요. 영국은 이어 이 항쟁에 대한 책임을 묻는다며 무굴 제국의 황제를 끌어내렸어요. 이로써 무굴 제국은 멸망하고 말았어요[1858년].

영국은 동인도 회사만으로는 인도의 식민 통치가 어렵다는 사실을 깨달았어요. 결국 영국에서 총독을 파견해 인도를 직접 통치하기 시작했어요. 그러다가 19세기 후반에는 영국령 인도 제국을 세워 영국 왕이 인도의 황제를 겸하기 시작했어요[1877년]. 영국령 인도 제국이 탄생한 건데, 사실상 인도가 영국의 식민지가 된 거죠.

영국은 왜 벵골을 분할하려 했을까?
└인도 국민 회의의 반영 운동

인도 제국은 겉보기에만 그럴듯한 제국이었어요. 이미 말한 대로 영국 왕[여왕]이 통치하는 식민지가 된 거예요. 당연히 인도인들은 영국의 침략에 저항하기 시작했어요.

이 저항은 인도 지식인과 종교 지도자들이 주도해 이루어졌어요. 사실 이들은 이미 19세기 전반부터 개혁 운동을 시작했어요. 처참한 현실을 극복하기 위해서는 개혁이 가장 시급하다고 여겼거든요.

죽은 남편을 따라 미망인이 불길 속으로 뛰어들어 함께 죽는 힌두교의 사티 풍습을 묘사한 그림

이때 일어난 힌두교 개혁 운동을 브라모 사마지 운동이라고 해요. 힌두교의 잘못된 풍속을 바로잡아 인도 전통 문화를 정비하는 것이 목표였어요. 개혁가들은 태어날 때부터 신분이 정해지는 카스트 제도를 폐지하고, 우상 숭배를 멀리하며, 남편이 죽으면 아내도 따라 죽는 악습을 철폐하자는 계몽 운동을 활발하게 벌였어요.

1885년 인도 국민 회의 창립 멤버들

영국이 무굴 제국을 멸망시키고 직접 식민 통치를 하자 반영 투쟁이 거세졌다고 했죠? 놀란 영국 정부는 교묘하게 여론을 조종해 인도인을 달래려고 했어요. 인도인의 민족의식을 인정하는 척하면서 실제로는 탄압하는 방식으로 식민 통치를 하려 했지요. 이런 목적으로 영국의 도움을 받아 만들어진 기구가 인도 국민 회의예요[1885년].

인도 국민 회의는 중상류층 인도인들로 구성되었어요. 겉으로는 인도의 편을 들었지만 실제로는 영국에 우호적인 여론을 만드는 데 앞장섰어요. 인도의 독립을 요구하지도 않았어요. 오히려 영국의 지배를 받아들이고, 그 안에서 자치를 하자는 주장을 폈지요.

하지만 시간이 흐르면서 영국의 식민 통치가 더욱 확고해졌고, 이에 반발해 인도인의 민족의식이 성장했어요. 인도 국민 회의도 점차 영국을 비판하면서 민족 운동을 벌이기 시작했어요. 훗날 간디가 이 인도 국민 회의를 이끌면서 인도의 독립운동을 주도하는 기관으로 성장하지요.

인도 국민 회의가 인도인의 대표적인 독립운동 기구로 성장할 수 있었던 계기는 벵골 분할령이었어요[1905년].

벵골은 인도의 경제 중심지라고 했지요? 그래서 다른 지역보다 영국의 착취가 더 심했어요. 강제로 사람들을 동원해 노동을 시키는가 하면 이미 죽은 사람에게도 세금을 물렸어요. 식량난까지 겹치면서 1,000만 명이 목숨을 잃기도 했답니다. 그러니 영국의 식민 통치에 강하게 반발한 곳이 바로 벵골이었어요. 영국으로서는 어떻게든 벵골의 힘을 약하게 만들 필요가 있었지요. 영국은 이 지역의 종교 갈등을 이용하기로 했어요.

벵골 서부에는 힌두교도가 많이 살았어요. 동부에는 이슬람교도가 많았지요. 영국은 두 종교가 대립한다는 점을 구실로 벵골을 동벵골과 서벵골로 나누겠다고 발표했어요. 이것이 벵골 분할령이에요.

힌두교와 이슬람교 모두에게 자유로운 종교 활동을 보장해 주고, 갈등을 없애 줌으로써 행정적으로도 편리하도록 하겠다는 것이 영국이 밝힌 벵골 분할의 이유였어요. 물론 목적은 다른 데 있었지요. 분할하면 아무래도 반영 독립 투쟁이 약해질 거예요. 바로 그 점을 노렸던 거예요.

이때 인도 국민 회의가 나섰어요. 인도 국민 회의는 콜카타에서 대회를 갖고 영국 제품 불매, 국산품 애용^{스와데시}, 자치 획득^{스와라지}, 민족 교육 등 4대 강령을 채택했어요. 이 4대 강령은 이후 인도 독립 운동의 방법이자 목표가 되지요.

인도 국민 회의가 주도한 인도인의 투쟁은 강력했어요. 힌두교와 갈등을 벌이던 이슬람교 신도까지도 이 투쟁에 적극 참여했을 정도예요. 이 투쟁은 무려 5년 넘게 계속되었어요. 그 사이에 벵골 분할 반대 운동은 인도 전역으로 확산되었어요. 종교와 계층, 인종을 가리지 않은 인도의 민족 운동이 일어난 거예요.

인도인의 투쟁에 영국은 결국 무릎을 꿇었어요. 마침내 벵골 분할령을 취소하고 명목상으로나마 인도의 자치를 인정한 거예요^{1911년}. 인도의 민족 운동이 성공을 거둔 셈이지요.

타이가 식민지가 되지 않을 수 있었던 비결은?
└ 동남아시아의 국민 국가 건설 운동

동남아시아에도 18세기 후반 이후 열강들이 몰려들었어요. 그 결과 시암^{타이}을 뺀 나머지 나라가 모두 열강들의 식민지가 되었지

동남아시아의 나라들

요. 그 상황을 간략하게 살펴볼까요?

　인도에서 밀려난 프랑스는 베트남을 차지했어요. 프랑스는 이어 베트남을 거점으로 삼아 라오스, 캄보디아 등 인도차이나반도의 대부분을 식민지로 만들었지요. 영국은 인도에 이어 인도차이나반도의 미얀마와 말레이반도를 차지했어요. 네덜란드는 인도네시아를 식민지로 만들었고, 필리핀은 미국의 식민지가 되었지요. 태평양의 도서 지역°은 미국, 영국, 독일이 나누어 가졌어요.

　유럽 열강이 동남아시아를 식민지로 삼은 까닭은 뭘까요? 일단 이 지역이 유럽에서 동아시아로 가는 길목이었어요. 이 길을 확보해야 중국으로 수월하게 진출할 수 있죠. 또 동남아시아는 제품의 원료나 향신료가 풍부해서 아주 헐값에 공급받을 수 있어요. 이 때

● 도서 지역 크고 작은 섬들이 바다에 흩어져 있는 지역

문에 동남아시아에서는 주로 커피, 사탕수수, 고무와 같은 특정 작물만 생산하는 플랜테이션 농업이 발전한 거예요.

플랜테이션 농장의 노동 조건은 상당히 열악했어요. 자와의 커피 농장을 예로 들면, 자와인들은 이 농장에서 거의 노예와 다름없는 강제 노동을 했어요. 자와인들은 쌀을 재배하면서 따로 이 커피 농장에서 1년에 120일 이상 의무적으로 일해야 했지요. 이런 강제 노동에 항의해 자와인들이 봉기했지만 진압되고 말았어요. 사실 동남아시아 전역에서 유럽 열강의 식민 지배에 맞서 봉기가 일어났는데, 거의 모두가 실패했어요.

동남아시아의 지식인들은 힘을 키워야 열강에 맞설 수 있다는 사실을 깨달았어요. 낡은 풍습을 없애고 문맹을 퇴치하며 근대 사상을 불어넣는 계몽 운동, 서양 문물과 제도를 받아들이고 산업을 발전시키는 근대 개혁, 서양 열강의 지배에 맞서 국민 국가를 건설하려는 민족 운동이 동시에 벌어졌어요. 나라별로 살펴볼까요?

베트남에서는 프랑스의 침략에 맞서 여러 운동을 벌였어요. 19세기 말에 유학자와 지식인들, 관료들은 왕을 지키는 '근왕 운동^간^{뿌옹 운동}'을 전개했어요. 하지만 왕이 프랑스에 체포되면서 이 운동도 약해졌지요. 그러자 판보이쩌우를 중심으로 한 지식인들은 베트남 유신회를 만들어 민족 운동을 이어 나갔어요^{1904년}. 판보이쩌우는 청년을 일본에 유학시켜 근대 문물을 배우게 하자는 동유 운동도 벌였어요. 동유는 베트남의 동쪽에 있는 일본에 유학을 보내자는 뜻

베트남 민족 운동의 지도자 판보이쩌우

인도네시아의 여성 민족 운동가 카르티니

필리핀의 국민 계몽 운동가 호세 리살

호세 리살의 뒤를 이어 필리핀의 독립운동을 이끈 에밀리오 아기날도

이에요. 판보이쩌우는 중국에서 신해혁명이 일어난 것에 영향을 받아 베트남 광복회를 조직해 무장 투쟁을 전개했답니다[1911년].

인도네시아에서는 서양에서 근대 교육을 받은 지식인과 상인들이 이슬람 동맹을 만들어 민족 운동을 주도했어요. 이슬람 동맹은 서양 상인들이 인도네시아 경제를 장악하는 것을 막고 민족 산업을 육성하는 데 힘을 기울였어요. 또한 네덜란드에 대해서는 인도네시아의 자치를 요구했지요. 나아가 유럽 선교사들의 크리스트교 전도를 막기도 했어요. 인도네시아의 민족 운동가로는 카르티니가 유명해요. 카르티니는 여성으로 귀족 가문 출신이었지만 민중과 함께하면서 서민과 여성의 지위를 개선하는 데 많은 노력을 했어요. 또한 근대식 여학교를 세워 여성 교육에 힘을 썼답니다.

필리핀에서는 호세 리살이 만든 필리핀 연맹이 국민 계몽 운동과 함께 에스파냐로부터의 독립 투쟁을 시작했어요[1892년]. 하지만 얼마 후 호세 리살은 처형되고 말았어요. 그의 뒤를 이어 아기날도가 민족 운동을 지속했어요. 아기날도는 미국의 지원을 받아 에스파냐로부터의 독립을 선언하고 아시아 최초의 공화국을 건설하기도 했어요[1899년]. 하지만 이 공화국은 지속되지 못했어요. 에스파냐에 승리한 미국이 필리핀을 공격해 식민지로 삼았거든요.

유일하게 식민지가 되지 않은 타이는 왕실이 주도해 근대화 개혁에 나섰어요. 타이의 짜끄리 왕조는 서양 문물과 제도를 적극 받아들이고, 열강들에게는 영토의 일부분을 떼어 주는 등 실리적인 외교를 펼쳤어요. 마침 영국과 프랑스는 타이를 가운데 끼고 나란히 식민지들을 갖고 있었어요. 두 열강은 충돌을 피하기 위해 타이를 건드리지 않았지요. 이런 지리적 이점도 타이가 독립을 유지하는 데 큰 도움이 되었어요.

★ 단원 정리 노트 ★

1. 오스만 제국의 발전과 쇠퇴

기원과 명칭

- 한때 오스만 튀르크 또는 튀르크 제국 등으로 불렸다. 하지만 지금은 오스만 제국이라

  고 부르는 것이 일반적이다.

- 오스만 제국이란 명칭은 유목 민족인 튀르크족 일파의 족장 이름에서 비롯되었다.

오스만 제국의 건국과 발전

- 셀주크 튀르크의 지배를 받던 오스만 튀르크가 1299년 소아시아 지역에 오스만 제국

  을 건설한다.

- 무라트 1세(재위 1359~1389년)가 발칸반도로 세력을 확장하고 비잔티움 제국으로

  부터 조공을 받으면서 술탄 지위를 갖게 된다.

- 티무르에게 패하고 내부 분열이 일어나 한때 주춤했으나, 메흐메트 2세가 국력을 회복

  하고 비잔티움 제국을 정복한다(1453년).

- 술레이만 1세(재위 1520~1566년)에 이르러 오스만 제국은 아라비아반도 일부와 소

  아시아, 발칸반도와 동유럽 일부, 북아프리카까지 거대한 영토를 가진 최강대국으로

  전성기를 누린다.

- 술레이만 1세가 죽은 뒤 국력이 기울던 중 1571년 유럽 연합군과 맞붙은 레판토 전투

  에서 패하며 급격하게 약해지기 시작한다.

- 레판토 전투 이후 오스만 제국은 극심한 내부 분열이 이어지면서 국력이 쇠퇴한다.

- 흑해를 거쳐 지중해로 진출하려는 러시아가 오스만 제국을 공격하면서 6번에 걸친 러시아·튀르크 전쟁을 치른다. 이 와중에 그리스와 발칸반도의 슬라브족 국가들이 하나둘 오스만 제국으로부터 독립한다. 오스만 제국의 힘이 약해지자 영국까지 오스만 제국을 위협하여 불평등 통상 조약을 체결한다(1768~1878년).

- 국운이 기우는 가운데 탄지마트(1839년)를 전개하고 미드하트 헌법(1876년)을 제정하는 등의 근대화 노력을 기울이지만, 모두 실패한다.

- 오스만 제국의 청년 장교들이 청년 튀르크당을 조직하고 혁명을 일으켜 술탄을 끌어내린다(1908년).

2. 서아시아와 인도의 대표적인 국민 국가 건설 운동

오스만 제국	탄지마트 운동, 미드하트 헌법, 청년 튀르크당 혁명
아랍	와하브 운동, 아랍 문화 부흥 운동
이집트	무함마드 알리가 주도한 근대화 운동
이란	담배 불매 운동, 입헌 혁명
인도	세포이의 항쟁, 인도 국민 회의의 반영 운동 전개

15

동아시아의
국민 국가 건설 운동

: 열강을 어떻게 극복할 것인가?

* 아편 전쟁이 일어나게 된 원인은 무엇이고, 그 결과는 어땠는지 설명해 보세요.
* 다양한 중국의 근대화 운동에 대해 이야기해 보세요.
* 일본의 메이지 유신에 대해 생각해 보고, 중국 근대화 운동과의 차이점을 설명해 보세요.
* 조선의 근대화 운동에 대해 설명해 보세요.

영국은 왜 중국에 아편을 팔았을까?
└아편을 매개로 한 삼각 무역

이번 장에서는 한국^{조선}, 중국^청, 일본 등 동아시아 세 나라의 국민 국가 건설 과정을 살펴볼 거예요. 개괄적인 내용만 미리 이야기하자면 동아시아 3국 모두 개항이란 과정을 거친 뒤 근대화 개혁을 진행했어요. 청은 영국, 일본은 미국에 의해 개항됐고 조선은 일본에 의해 개항됐죠. 개항은 외국과 교류하기 위한 통로를 연다는 것을 뜻해요.

먼저 중국의 역사를 살펴보고, 미국에 개항한 뒤에 제국주의로 치달은 일본에 대해 이야기할 거예요. 마지막에는 조선의 근대화 과정에 대해서도 언급할 거랍니다. 자, 그럼 중국부터 시작해 볼까요?

청은 강희제, 옹정제, 건륭제가 통치한 17세기 중반부터 18세기 후반까지가 최고의 전성기였어요. 그러다 건륭제가 사망하면서 기울기 시작했어요. 우선 강력한 황제가 사라지자 그동안 숨을 죽여 왔던 관리들이 슬금슬금 나쁜 짓을 시작했어요. 세금을 중간에서 가로채거나 힘없는 농민을 수탈하는 부정부패가 심해졌지요. 게다가 인구는 많이 늘었는데 토지가 너무 부족했어요. 정부가 이 문제를 해결하지 못하니 농민들은 살기가 더 힘들어졌고, 결국 곳곳에서 농민 반란이 일어났죠.

중국 내부가 참으로 어수선하지요? 사실 더 큰 문제는 따로 있었어요. 그 문제는 내부가 아니라 외부에서 발생했지요.

청은 일찌감치 외국과의 무역을 허용했어요. 청은 원래 외국 상인과의 무역을 허용했거든요. 하지만 부작용이 나타나자 18세기 중반 이후에는 모든 항구를 폐쇄하고 광저우에서만 무역을 허용했어요. 해외 무역을 할 수 있는 자격도 정부의 특허를 받은 상인인 공행에게만 주었죠.

청 정부가 개입하니 영국 동인도 회사는 어쩔 수 없이 공행으로부터 차와 비단, 도자기를 사 갔어요. 그 대신 영국은 청에 면직물을 수출했어요. 모든 무역 대금은 은으로 결제했지요. 이 무역의 결

아편을 실어 나르는 영국 동인도 회사의
상선을 그린 영국 화가 허긴스의 그림

과, 영국은 매년 큰 적자를 기록했어요. 이유는 간단해요. 중국의 차는 영국에서 아주 인기가 좋았기 때문에 영국 상인들이 수입하지 않을 수 없었어요. 반면 영국 면직물은 청에서 거의 팔리지 않았어요. 중국 사람들이 면으로 된 옷을 좋아하지 않았기 때문이에요.

영국은 자유 무역이 해법이라고 생각했어요. 하지만 청은 "우리는 물자가 풍부하니 그럴 생각이 없다."라고 딱 잘라 거절했어요. 이 때문에 영국이 보유한 막대한 은이 중국으로 흘러들어 갔어요.

이 무역을 보면 영국과 청이 일대일로 진행하고 있지요? 이런 무역을 편무역이라고 해요. 영국은 이 방식으로는 안 되겠다고 생각했는지 19세기부터는 인도를 끌어들여 삼각 무역으로 전환했어요. 영국-인도-청을 연결해 무역을 함으로써 무역 적자를 만회하겠다는 계획이었지요. 이 삼각 무역이 어떻게 이루어졌는지 볼까요?

영국은 대량 생산한 면직물을 인도에 팔았어요. 그 돈으로는 인도 아편을 샀어요. 그 아편을 중국에 가서 몰래 팔았어요. 영국-인도-청 세 나라가 얽혀 있기에 삼각 무역이라고 하는 거예요.

아편은 중독이 되면 헤어나기 어려운 마약이에요. 영국도 그 사실을 잘 알고 있었기에 자기 나라에서는 아편을 팔지 않았지요. 청에서는 관리에게 뇌물을 주면서까지 몰래 팔았어요. 그래야 아편

중독자가 늘어날 테고, 영국은 아편 무역으로 더 많은 돈을 벌 테니까요. 아편을 많이 팔면 막대한 양의 은을 거둬들일 수 있죠.

아편을 폐기하고 있는 임칙서를 묘사한 그림

바로 이 대목에서도 제국주의 열강의 속성을 알 수 있어요. "우리만 잘 먹고 잘살면 나머지 나라의 민중은 어떻게 되어도 상관없다."라는 식이지요. 열강들의 도덕성은 이처럼 이중적이었고, 심지어 비열하기까지 했답니다.

국민이 망가지고 있는데 내버려 두면 정부라 할 수 있을까요? 청 정부는 아편 문제를 해결하라며 강직한 관리인 임칙서를 광저우에 보냈어요. 임칙서는 영국 상인들로부터 아편을 모두 몰수해서 없애 버렸어요. 이 아편을 모두 없애는 데만 며칠이 걸렸다니 얼마나 많은 양의 아편이 청에 들어와 있었는지 짐작할 수 있겠지요?

청 정부의 대처가 옳았다고 생각하세요? 아니면 도를 넘었다고 생각하나요? 청 정부로서는 당연한 조치라고 생각했겠죠. 영국 정부도 그랬을까요?

치외 법권은 왜 불평등 조약일까?
└아편 전쟁의 발발과 중국의 개항

청 정부의 관점에서 아편 폐기 사건을 보자면 크게 문제가 없어

광저우성을 공격하는 영국 군대

요. 자국민의 안전을 위해 당연한 조치를 취했을 뿐이에요. 그대로 두었다가는 중국 전체가 아편 소굴이 될 테니까요. 하지만 영국 정부는 오히려 큰소리를 쳤어요. 청 정부가 없애 버린 아편을 배상하라는 거예요. 청 정부는 영국 정부의 요구를 들어주지 않았어요.

그러자 영국 정부는 청과 전쟁을 할 것이냐를 놓고 고민하기 시작했어요. 청이 비록 영국보다 약하다고는 하나 1,000년 넘게 동아시아의 일인자 자리를 지켜 온 대국이기 때문이지요. 영국이 전쟁을 일으켰다가 자칫 청에 패할 수도 있잖아요?

전쟁을 벌일 것이냐 말 것이냐……. 영국 의회에서 토론이 벌어졌어요. 긴 논쟁이 마침내 끝났어요. 청과의 무역을 확대하려면 전쟁을 피할 수 없다는 결론이 나왔지요. 이 결정에 따라 영국 함대가 청을 침략했어요. 이것이 바로 제1차 아편 전쟁이에요1840년.

영국의 걱정과 달리 두 나라의 군사력 격차는 너무 컸어요. 청은 아편 전쟁이 터지고 2년 만에 항복하고 말았어요. 전쟁에서 승리한 영국은 청을 강요해 난징 조약을 체결했어요1842년. 이 조약에 따라 청은 홍콩을 영국에 할양했어요. 할양은 떼어서 넘겨준다는 뜻이에요. 홍콩을 영국에게 빼앗긴 거죠. 청은 또 상하이를 포함해 5개 항구를 개항했고 공행 제도도 폐지했어요. 무역이 자유화된 거지요.

뿐만 아니라 청은 치외 법권도 인정해야 했어요. 치외 법권은 영국인이 청에서 범죄를 저질러도 청이 아닌 영국에서 재판을 받을 권리를 뜻해요. 이제 중국에서 영국인이 범죄를 저질러도 청 정부는 아무런 처벌을 할 수 없게 되었어요. 청은 또 영국에게 최혜국 대우도 약속했어요. 최혜국 대우란 항상 최고의 대우를 해 준다는 뜻이에요. 청이 나중에 다른 나라와 국제 조약을 체결할 때 새로운 내용을 추가하면 자동적으로 영국에게도 이 내용을 적용하는 거지요.

난징 조약의 내용이 청에 상당히 불리하지요? 그래서 이런 조약을 불평등 조약이라고 불러요. 제국주의 국가들이 아시아 및 아프리카의 여러 나라와 체결한 모든 조약이 불평등 조약이었어요.

영국이 길을 터놓자 다른 열강들도 너도나도 중국으로 달려갔어요. 미국, 프랑스, 스웨덴, 노르웨이, 러시아가 잇달아 중국과 조약을 체결했지요. 결국 청은 영국뿐 아니라 서양 전체에 문호를 개방하게 되었어요.

난징 조약이 체결되었으니 영국은 중국과의 무역에서 많은 돈을 벌었을까요? 아니에요. 여전히 영국은 중국과의 무역에서 적자를 기록했어요. 그러자 영국은 청을 더 압박했어요. "중국 내륙 지방을 외국인도 여행할 수 있게 해 달라. 또 중국 북부 지방도 개방하고, 크리스트교 포교 활동을 마음대로 하게 해 달라."라고 요구했어요. 청은 거절했지요.

이런 상황에서 영국 국기를 단 선박 애로호가 청의 단속에 걸렸

제2차 아편 전쟁 때 중국인을 공격하는 영국과 프랑스 군대

주롱반도 위치

난징 조약을 통해 중국으로부터 홍콩을 넘겨받은 영국은 베이징 조약을 통해 주롱반도를 얻었다. 영국은 1997년에 홍콩을 중국에 반환했다. 오늘날 홍콩은 노란색으로 표시된 부분으로 확대되어 있다.

어요. 청의 관리는 밀수에 가담한 애로호의 선원들을 체포하고 영국 국기를 끌어내렸어요. 이것이 바로 애로호 사건이에요[1856년].

영국으로선 청을 공격할 좋은 구실이 생겼어요. 영국은 이 사건을 핑계로 1년 후 프랑스와 연합군을 구성해 청을 공격했어요. 이것이 제2차 아편 전쟁이지요[1857년]. 이 전쟁에 미국과 러시아까지 가세했어요. 청이 네 나라와 싸워 이기는 것은 거의 불가능에 가깝지요. 1년 만에 청은 항복했고, 네 나라와 톈진 조약을 체결했어요[1858년]. 이 조약에 따라 청은 외국 공사가 베이징에 주둔하는 걸 허용해야 했고, 크리스트교의 자유로운 포교 활동을 보장해야 했지요. 또 10개 항구를 추가로 개항하는 내용도 담았어요.

청이 열강들에게 연신 얻어터지고 있지요? 이 때문인지 정부 안에서도 톈진 조약이 너무 가혹하다는 비판이 나왔어요. 청은 톈진 조약을 곧바로 시행하지 않았지요. 그러자 왜 조약을 빨리 이행하지 않느냐며 또다시 영국과 프랑스 연합군이 청을 침략했어요. 영국과 프랑스 연합군은 황실의 정원인 원명원을 불사르고 문화재를 약탈하는 만행을 저질렀어요. 결국 청은 또다시 항복할 수밖에 없었고, 추가로 베이징 조약을 체결했어요[1860년].

이 베이징 조약에 따라 영국은 주룽반도를 얻었어요. 러시아는 사건을 중재해 주었다는 대가로 연해주를 가져갔지요.

태평천국 운동에 여성 참여자가 많았던 까닭은?
└태평천국 운동과 양무운동

제1차 아편 전쟁에서 패한 청은 큰 충격을 받았어요. 비로소 중국의 근대화가 필요하다는 사실을 절실히 깨달았죠. 이후 여러 분야에서 중국을 개혁하자는 운동이 일어났어요. 이런 근대화 운동의 결과로 나중에는 중화민국이 수립되죠. 시간 순서대로 하나씩 살펴볼게요.

아편 전쟁에서 패한 중국은 영국에 막대한 전쟁 배상금을 물어야 했어요. 청 정부가 배상금을 어떻게 마련했겠어요? 세금을 크게 올리는 수밖에 없었지요. 개항 이후 외국 상품이 물밀듯이 들어오면서 물가가 치솟았어요. 그런 데다 세금까지 크게 올랐으니 농민들은 이중 삼중의 고통을 겪을 수밖에 없어요. 이러니 전국에서 크고 작은 반란이 일어나는 게 이상한 일이 아니에요. 이런 반란 중에 특히 눈길을 끄는 것이 태평천국 운동이었어요.

배상제회라는 종교 단체가 있었어요. 하늘의 신인 상제[옥황상제]를

태평천국 운동을 이끈 홍수전

받드는 모임이란 뜻이에요. 이 종교 단체를 만든 인물이 홍수전인데, 그는 자신이 예수 그리스도의 동생이라고 선전했어요. 배상제회가 크리스트교의 영향을 받았다는 사실을 알 수 있겠지요? 홍수전은 '멸만흥한'을 내걸고 봉기한 후 태평천국을 건설했어요[1851년]. 멸만흥한은 만주족을 몰아내고 한족의 나라를 세우자는 뜻이에요. 태평천국 운동이 청을 배격했다는 사실을 알 수 있겠지요?

태평천국은 우선 천조전무라는 토지 개혁을 약속했어요. 천조전무는 모든 가정에게 토지를 나눠 주되, 가족의 수가 많으면 토지를 더 주고, 수가 적으면 토지를 덜 주는 방식이었어요. 모든 농민은 평등하다는 원칙에서 나온 개혁안이지요. 농민들에게 큰 지지를 받았겠죠?

태평천국은 남녀차별, 신분차별도 없앴어요. 토지를 분배할 때나 과거 시험에 응시할 때도 남녀에게 같은 기회를 주겠다고 했어요. 중국 여성들이 어렸을 때 발을 천으로 묶어 작게 만드는 전족이란 악습도 폐지했어요. 이런 남녀평등 이념에 공감한 많은 여성이 태평천국 운동에 동참했지요.

제국주의 열강들은 처음에 태평천국 운동이 크리스트교에 의한 근대화 운동이라고 생각했어요. 그러니 말리지 않았죠. 하지만 제2차 아편 전쟁 이후 태평천국 운동에서 외세를 몰아내자는 구호가 터져 나왔어요. 열강은 더 이상 태평천국 운동을 내버려 둬서는 안 되겠다고 생각했어요. 마침 태평천국 지도부가 분열하면서 태평천

태평천국의 근거지였던 쑤저우를 점령한 청군

국 운동의 기세도 꺾이고 있었어요.

이 틈을 타서 증국번, 이홍장 등 지방 관료들은 지주 및 신사들과 함께 향용이라는 의용군을 조직해 태평천국 운동을 진압하기 시작했어요. 여기에 열강의 군대까지 청 정부를 지원했어요. 이들 모두를 상대해서 태평천국 군대가 이길 수는 없죠. 결국 태평천국 군대는 전투에서 패했고 14년 동안 계속되었던 태평천국 운동도 끝이 나고 말았어요[1864년].

태평천국 운동이 끝났다고 해서 중국 민중의 저항이 끝난 것은 아니었어요. 대표적인 민중 저항 운동이 또 일어났는데, 바로 의화단 운동이에요[1899년]. 이 무렵 중국의 역사는 사건이 발생한 순서대로 이해하는 게 좋아요. 그래야 덜 복잡하게 느껴지거든요. 그러니 의화단 운동에 대해서는 조금 있다가 다시 다룰 거예요. 다만 태평천

증국번

이홍장

국 운동이 멸만흥한을 외친 반면 의화단 운동은 부청멸양을 주장했다는 점은 알아 두세요. 부청멸양은 청을 부강하게 하고 서양을 멸망시킨다는 뜻이랍니다. 두 운동의 이념이 약간 다르지요?

다시 태평천국 운동이 끝난 이후의 중국으로 돌아갈게요.

태평천국 운동을 진압한 일등 공신은 증국번과 이홍장이었어요. 그 과정에서 그들은 깨달음을 하나 얻었어요. 바로 "서양의 무기와 군대를 직접 겪어 보니 아편 전쟁에서 중국이 패한 것이 당연하다."라는 것이었지요.

그들은 청이 발전하려면 우수한 서양의 과학 기술을 받아들여야 한다고 생각했어요. 이렇게 해서 태평천국 운동이 진행되는 동안 한인 중심의 근대화 운동이 시작되었어요. 증국번이나 이홍장이 모두 만주족이 아니라 한인이었거든요. 이 운동이 바로 양무운동이에요1861년.

양무운동은 서양의 과학 기술을 받아들여 강한 군대를 만들고 산업을 육성하자는 것이었어요. 이를 통해 청의 부국강병을 이루겠다는 거지요. 이에 따라 양무운동 세력은 무기를 만드는 군수 공장과 군함을 만드는 조선소를 세웠으며 근대식 군대도 양성하려 했어요. 근대 학교를 세우고 외국에 유학생을 보내 서양의 과학 기술을 받아들이려 했어요. 이 개혁이 성공할까요? 그러면 중국이 크게 달라질 것 같죠?

캉유웨이는 왜 변법자강 운동을 추진했을까?
└변법자강 운동과 의화단 운동

양무운동을 주도한 사람들이 누구였죠? 주로 한인 지식인들이었어요. 그들은 이 개혁이 성공할 것이며, 실제로 성공적이라고 믿었어요. 하지만 그들만의 착각이었어요. 이 운동은 애초에 한계가 많았어요.

첫째, 양무운동을 주도한 세력은 '중체서용'을 주장했어요. 중국의 제도와 문화는 그대로 유지하되 서양의 기술과 기계만 이용한다는 뜻이지요. 이 말에는 중국의 제도가 서양의 제도보다 우월하다는 자만심이 담겨 있어요. 본래 개혁을 하려면 원점에서 출발해 고칠 것을 찾아야 해요. 의식이나 제도는 그대로 두고 기술만 받아들이겠다는 자세로는 개혁에 성공할 수 없지요. 둘째, 이 개혁은 중앙 정부가 아닌 지방의 관료들이 제각각 추진했어요. 중국 전체가 일사분란하게 근대화 개혁을 추진한 게 아니에요. 그러니 주먹구구식의 개혁일 수밖에 없었죠. 게다가 보수파들은 개혁에 반대했어요.

이런 개혁이 성공할 수 있을까요? 아니에요. 양무운동은 청일 전쟁이 일어날 때까지 30년 넘게 계속되었지만 큰 성과는 없었어요. 양무운동의 결과는 이어진 청일 전쟁에서 확인됐어요. 천하의 중심이라던 청이 섬나라 일본에 크게 패한 거예요. 그제야 청 정부는 그토록 오랫동안 근대화 운동을 추진했지만 아무런 결실을 맺지

난징의 기기창. 근대 무기인 대포와 기관
총이 보인다.

못했으며 양무운동이 결국에는 실패했다는 사실을 깨달았지요[1894년].

청일 전쟁에서 패한 후 청은 랴오둥반도와 펑후 제도, 타이완을 일본에 빼앗겼어요. 이후 러시아, 영국, 독일, 프랑스도 중국 영토를 빼앗아 갔어요. 본격적으로 열강들이 중국을 분할하기 시작한 거예요. 중국인들 사이에 이러다 중국 자체가 열강들에게 공중분해가 되는 것 아니냐는 위기감이 커졌어요. 단순히 나라가 약해지는 수준을 넘어 멸망한다는 공포심이 확산했어요. 그러자 일부 지식인들이 다시 개혁에 나섰어요. 그들은 "위기를 극복하려면 중체서용을 넘어 더 과감한 개혁이 필요하다."라고 주장했어요. 대표적인 인물이 캉유웨이와 량치차오였지요.

이들은 일본을 눈여겨봤어요. 일본은 청보다 앞서 메이지 유신을 단행하면서 모든 제도를 바꾸었어요. 그 덕분에 군사 강국이 되었고 청일 전쟁에서도 승리할 수 있었지요? 캉유웨이와 량치차오는 일본의 메이지 유신을 본받아 중국도 입헌 군주제를 시행하고 나머지 제도를 모두 개혁해야 한다고 주장했어요.

청의 황제도 이들을 지지했어요. 이윽고 대대적인 개혁이 시작되었어요. 근대적 의회를 설립하고 입헌 군주제를 도입했어요. 과거제를 폐지하고 근대 교육을 실시했으며 상공업을 적극 육성했어요. 유럽 군대를 모방해 신식 군대도 양성했지요. 이 개혁을 변법 자강 운동이라고 해요[1898년]. 법과 제도를 바꿔 부국강병을 이룩한다 는 뜻이지요.

하지만 이 개혁도 성공하지 못했어요. 당시 서태후를 비롯한 청 정부의 보수파가 끝까지 방해했거든요. 결국 변법자강 운동은 100 일 만에 실패로 끝나고 말았어요. 캉유웨이와 량치차오는 보수파 를 피해 해외로 나갈 수밖에 없었지요.

중국의 상황이 꽤나 안 좋죠? 모든 개혁은 실패하고 열강들의 경 제 침탈은 더 심해졌어요. 특히 개항장이 가까이 있는 산둥성에서 서양인들의 횡포가 심했어요. 산둥성의 농민들은 비밀 결사인 의 화단을 만들고 의화단 운동을 시작했어요[1899년]. 의화단 운동은 부청 멸양을 외쳤다고 했지요?

의화단은 서양에서 온 선교사나 교회, 철도, 전선 같은 것을 주로 습격했어요. 이런 시설들을 침략의 상징으로 여 겼거든요. 의화단은 이어 베이징으로 진격해 열강의 공관 을 공격했어요. 그러자 열강들은 청 정부에 의화단 운동을 진압하라고 명령했어요. 하지만 청 정부를 이끈 보수파의 서태후는 오히려 열강에 선전 포고를 했어요. 의화단 운동 이 전쟁에 큰 도움이 될 거라고 생각했던 거예요.

사태가 커지자 영국을 비롯해 8개국 열강 연합군이 곧 바로 군대를 보냈어요. 열강의 군대는 의화단을 진압한 후

청과 중화민국의 정치가이자 사상가인 캉 유웨이. 변법자강 운동을 주도했다.

의화단의 무사들

자국민을 보호하겠다며 베이징을 점령해 버렸어요. 청이 또다시 패한 거예요. 이번에도 청은 조약에 서명할 수밖에 없었어요. 이것이 신축조약^{베이징 의정서}이에요^{1901년}. 이 조약에 따라 열강은 청의 수도 베이징에 군대를 주둔시킬 수 있게 되었어요. 물론 막대한 배상금도 뜯어냈지요.

위안스카이가 청 왕조를 멸망시킨 이유는?
└신해혁명과 중화민국의 수립

청이 점점 깊은 수렁으로 빠지는 것 같았어요. 이대로 청이 망하는 것일까요?

청 정부가 살 길을 찾기 위해 다시 개혁에 나섰어요. 근대식 군대인 신군을 만들고 근대식 교육을 실시했지요. 황실도 의회를 만들고 헌법을 제정해야 한다는 데 동의했어요. 하지만 실제로 의회가 개설되고 헌법이 만들어질 것 같지는 않았어요. 황실이 자기네의 기득권을 완전히 내려놓아야 하는데 그게 쉽겠어요?

게다가 열강들에게 주어야 할 배상금을 마련한다며 농민에겐 더 많은 세금을 뜯어 갔어요. 개혁은 물 건너갔고, 열강 군대는 수도인 베이징에 주둔해 있고……. 이제 청 왕조가 할 수 있는 일이 뭐가 있을까요? 청의 지식인들도 청 왕조가 열강의 침략을 막아 낼 수 없다는 결론을 내렸어요. 그들은 혁명을 일으켜 청 왕조를 끌어내리고 새로운 정부를 세우기로 했어요. 이 혁명 운동의 중심에 민족 지도자 쑨원이 있었어요.

중화민국 임시 대총통 때의 쑨원

쑨원은 가난한 농부의 아들로 태어났어요. 쑨원은 하와이에서 유학을 했고 귀국한 후에는 홍콩에서 의과 대학을 다녔어요. 대학을 졸업한 후에는 의사로 개업을 했지요. 얼핏 보면 개인적으로 성공한 삶처럼 보이지요? 하지만 쑨원은 이미 대학에 다닐 때부터 혁명가의 길을 걷기 시작했어요.

청일 전쟁이 터질 무렵 쑨원은 하와이에서 흥중회라는 혁명 단체를 만들었어요1894년. 1년 후 광저우에서 봉기했지만 실패하는 바람에 다시 하와이로 달아나야 했죠. 그 후 쑨원은 영국, 미국 등을 돌아다니다가 일본 도쿄로 갔어요. 그곳에서 중국 유학생을 비롯한 혁명 세력을 끌어 모아 중국 동맹회를 만들었지요1905년.

중국 동맹회는 쑨원이 주장한 삼민주의를 혁명 이념으로 삼았어요. 삼민주의는 민족주의, 민권주의, 민생주의를 가리켜요. 민족주의는 만주족 왕조를 몰아내 한족 정부를 세우자는 뜻이었고, 민권주의는 공화정을 수립하자는 뜻이었어요. 민생주의는 토지를 국유화해 모든 국민에게 분배하자는 취지였지요. 이 삼민주의는 태평천국의 이념을 계승한 거라고 해요.

중국 동맹회는 여러 차례 중국에서의 봉기를 지휘했어요. 하지만 모두 실패하고 말았지요. 그러나 결정적인 기회는 꼭 오기 마련이에요. 마침 중국 민중 사이에는 서양 열강에 빼앗긴 이권을 되찾아 오자는 운동이 불고 있었어요. 중국 민중들은 자발적으로 성금을 내 철도를 건설하려 했어요. 청 정부는 이 철도를 나라의 것으로 만드는 국유화 조치를 취했어요. 이 철도의 운영 수익을 국가 재정으로 삼거나 철도를 담보로 외국 자본을 유치하려는 속셈이었죠.

중국 민중들은 "철도 레일을 지키자."라며 폭동을 일으켰어요. 중국 안에 있던 혁명 세력이 이 기회를 이용해 우창에서 무장 봉기를 했어요. 우창 봉기 소식을 접한 다른 성의 혁명 세력들도 봉기에 동참했어요. 이어 중국 동맹회와 혁명 세력은 청 왕조로부터 독립한다고 선언했어요. 이것이 바로 신해혁명이에요[1911년].

해외에 있던 쑨원은 즉시 귀국했어요. 혁명 세력은 쑨원을 임시 대총통으로 추대했어요. 이어 쑨원은 정식으로 중화민국의 수립을 선포했어요. 중국에 첫 공화정 정부가 탄생한 거예요[1912년].

청 왕조는 위안스카이에게 권력을 위임하면서 혁명 세력을 진압하라고 했어요. 그런데 웬일인지 위안스카이는 군대를 출동시키고도 혁명 세력을 공격하지 않았어요. 쑨원은 대총통 자리에 연연하지 않았고 공화정 정부를 지키는 게 더 중요했어요. 그 때문에 쑨원은 위안스카이에게 대총통 자리를 줄 테니 청 왕조를 멸망시키자고 제안했죠. 이 제안을 받아들인 위안스카이는 오던 길을 돌아가 청의 황제를 끌어내렸어요. 이로써 청 왕조는 300여 년 만에 멸망했어요[1912년].

위안스카이는 정식으로 중화민국의 초대 총통에 올랐어요. 이후 위안스카이는 돌변했어요. 자신을 대총통 자리에 오르게 해 준 혁명 세력을 탄압하기 시작했어요. 쑨원이 이에 맞서 국민당을 결성했지만 탄압은 더 심해졌어요. 결국 쑨원은 다시 해외로 망명을 떠나야 했어요.

위안스카이는 3년 후 사망했어요. 그러자 전국에 있던 군벌들이 일제히 세력 다툼을 벌이기 시작했어요. 중화민국 정부가 있었지만 한동안 이런 무정부 상태가 이어졌어요. 게다가 열강의 침탈은 더욱 심해졌어요. 20세기를 맞는 중국인들의 심경이 상당히 착잡했겠지요?

청 왕조를 멸망시키고 중화민국 초대 총통에 오른 위안스카이

일본인들이 돈가스를 먹기 시작한 이유는?
└ 일본의 개항과 메이지 유신

일본도 이 무렵 급박하게 돌아갔어요. 중국이 문호를 개방한 후 열강들이 그곳으로 몰려들었는데, 미국도 그중 하나였어요. 미국 상선들은 중간에 연료를 보급하고 식량을 해결할 기지가 필요했어요. 미국은 일본이 중간 보급지로 적합하다고 생각했어요.

미국의 페리 제독은 4척의 함선을 이끌고 일본으로 갔어요. 페리 함대는 일본에 개항과 통상을 요구하며 시위를 벌였어요[1853년]. 에도 막부는 개항이 두려웠지만 다른 선택권이 없었어요. 개항을 거절했다가는 중국처럼 박살이 날 테니까요. 결국 이듬해에 일본은 개항하고 미일 화친 조약을 체결했어요[1854년]. 두 나라는 4년 후에 미일 수호 통상 조약도 체결했어요[1858년]. 화친 조약은 우호적 관계를 맺는 것, 수호 통상 조약은 자유로운 무역을 허용하는 것이랍니다.

이 조약을 체결하면서 일본은 요코하마, 나가사키 등의 항구를 개항했어요. 미국에서 수입한 상품에 관세를 매길 때는 반드시 미국과 협의하기로 했어요. 또 미국의 치외 법권과 최혜국 대우도 인정했어요. 중국이 그랬던 것처럼 일본 또한 불평등 조약을 체결한 거예요. 이어 영국, 네덜란드, 러시아, 프랑스가 잇달아 일본에 진출했어요. 서양의 상품이 쏟아져 들어오니 물가가 치솟았고, 일본 경제는 큰 타격을 받았죠. 백성들의 고통도 더욱 커졌어요.

일본에서는 개항과 그에 따른 부작용의 책임을 놓고 큰 논쟁이 붙었어요. 다이묘[영주]와 무사들은 에도 막부가 외교를 잘못했기 때문이라며 존왕양이 운동을 벌였어요. 존왕양이는 왕을 받들고 외세를 반대한다는 뜻이에요. 이윽고 지방의 무사들은 "에도 막부를 타도하고 왕을 중심으로 한 새로운 정부를 만들자."라며 본격적으로 막부 타도 운동을 벌였어요.

마침 에도 막부의 쇼군이 바뀌었어요. 이 기회를 노려 막부 반대 세력은 새로 등극한 어린 쇼군으로부터 권력을 빼앗았어요. 이렇게 해서 에도 막부는 역사 속으로 사라졌어요[1867년].

에도 막부가 내놓은 권력은 왕에게 돌아갔어요. 당시 왕의 이름이 메이지라서 이 정부를 메이지 정부라고 해요. 메이지 정부는 강력한 중앙 집권 국가, 즉 국민 국가를 건설하기 위한 개혁에 돌입했어요. 이 개혁을 메이지 유신이라고 해요[1868년]. 그 내용을 볼까요?

우선 봉건제와 신분제부터 폐지했어요. 이제 다이묘는 지방을 지배할 수 없고, 무사들은 칼을 차고 다닐 수 없게 됐어요. 일부 귀족을 제외한 나머지 모든 사람은 평등한 신분이 되었죠. 메이지 정부는 상공업을 적극 육성하고 서양 문물을 받아들였어요. 이때 전국적으로 공장과 철도가 속속 건설되었어요. 그 결과 근대 산업이 발전할 수 있는 토대를 갖추게 되었어요. 근대식 학교를 세워 근대 교육도 시행했어요. 초등학교에 해당하는 소학교 교육을 의무 교육으로 바꿔 모든 아이들이 기본적인 교육을 받도록 한 것도 이때랍니다.

메이지 정부는 서양을 따라잡겠다는 의욕이 아주 강했어요. 모든 남성이 일정한 나이가 되면 국방의 의무를 지는 징병제도 이때 도입했지요. 서양인에 비해 체격이 작은 일본 사람들의 약점을 극복하기 위해 고기와 우유를 많이 먹도록 장려했어요. 돈가스[포크커틀릿]와 같은 음식이 유행하기 시작한 게 이 무렵부터랍니다.

에도 막부의 15대 쇼군 도쿠가와 도부요시가 메이지 일왕에게 정권을 이양한다는 선언을 하는 모습을 담은 그림

메이지 일왕

이와쿠라 사절단. 1871년부터 1873년까지 유럽과 미국 등지를 돌며 선진 문물을 접했다. 사절단 대표인 특명전권대사 이와쿠라 도오미(가운데)의 이름을 땄다.

중국 정부와 일본의 메이지 정부가 가장 다른 점은 서양의 제도와 문물, 기술을 바라보는 태도였어요. 중국 양무운동을 이끌었던 한인 관료들은 중체서용을 주장하며 서양의 제도는 받아들이려 하지 않았지요? 메이지 정부는 달랐어요. 부국강병을 위해 적극 서양의 기술을 도입했을 뿐 아니라 사절단을 서양에 보내 선진 문물과 제도를 배워 오도록 했지요.

메이지 정부는 여러 차례 유학생과 관료를 서양에 파견했어요. 그중 가장 규모가 큰 것이 이와쿠라를 단장으로 한 이와쿠라 사절단이었어요^{1871년}. 이 사절단은 총 48명으로 구성되었는데, 당시 핵심 관료의 절반 이상이 포함되었어요. 이와쿠라 사절단은 약 2년 동안 미국과 영국, 프랑스 등을 다녔어요. 이 기간 동안 사절단이 배운 서양의 제도와 문물은 일본의 근대화를 앞당기는 중요한 기반이 되었어요. 뿐만 아니라 사절단에 동행했던 유학생과 관료들은 대부분 정계로 진출해 일본 지도층 인사가 되었어요. 그러니 일본의 근대화 속도가 더욱 빨라질 수 있었지요.

일본이 많이 달라지는 것 같지요? 그렇지만 내부를 들여다보면 삐걱거리는 소리가 들렸어요. 서양의 제도와 기술을 받아들이면서도 민주주의와 관련한 제도는 거의 받아들이지 않은 거예요. 이에 진보적 지식인들은 국민에게 참정권을 주고 국회를 열어야 한다고 주장했어요. 메이지 정부는 이를 받아들였을까요? 아니에요. 정부에 비판적인 지식인들을 탄압했어요. 그러면서 자기들 입맛에 맞는 것만 선택해 왕 중심의 헌법을 만들었답니다.

19세기 말, 메이지 정부는 동아시아에서 가장 먼저 헌법을 제정해 공포했어요. 일본 제국 헌법이라 부르는 이 헌법에는 "천황은 신성불가침의 존재다."라고 규정되어 있어요. 또한 "의회와 재판소를 두되 왕의 지휘를 받으며, 왕은 군대뿐 아니라 모든 권력을 가진다."라는 조항도 있어요. 국민의 기본권을 보장하는 일반 헌법과 달리 메이지 헌법은 왕의 권리를 위해 국민의 기본권을 모두 제한했어요. 정말 이상한 헌법이죠? 그래도 어쨌든 헌법을 제정하고 공포한 이듬해에 일본 제국 의회가 열렸어요. 이로써 일본에서도 입헌 군주제가 시행되었어요.

일본은 왜 운요호 사건을 일으켰을까?
└일본의 조선 침략과 청일 전쟁

메이지 유신을 성공적으로 마무리한 일본은 이어 시선을 밖으로 돌렸어요. 유럽 열강들이 그랬던 것처럼 일본도 대외 팽창 정책을 추진하기 시작한 거예요.

일본은 북쪽의 홋카이도를 침략했어요. 그곳에 있던 원주민 아

홋카이도와 오키나와(류큐 왕국)

운요호 사건을 묘사한 일본의 그림

이누족을 몰아내고 일본인을 이주시켰지요. 그 다음에는 남쪽의 류큐 왕국^{오늘날의 오키나와}을 쳤어요. 이 두 지역은 이후 일본 영토가 되었답니다.

일본의 그다음 목표는 조선이었어요. 일본은 군함 운요호를 보내 강화도에 불법 침입했어요. 일본은 마실 물을 구하기 위해 강화도 주변에 왔다는 핑계를 댔지만 진짜 목적은 조선을 개항시키려는 것이었어요. 일본 병사들은 조선의 해안가를 측량하면서 조선 병사들을 자극했어요. 조선 병사들이 방어 차원에서 일본 병사들을 공격했지요. 일본은 이를 빌미로 함포 사격을 시작했어요. 이어 일본 병사들이 상륙해 조선 병사와 주민에게 큰 피해를 주었지요. 이것이 운요호 사건이에요^{1875년}.

운요호 사건의 피해자는 일본이 아니라 조선이었어요. 그런데도 일본은 "일본이 큰 피해를 입었으니 조선은 책임지고 개항하라."라고 요구했어요. 일본이 미국의 요구에 따를 수밖에 없었듯이 조선도 일본의 요구에 따를 수밖에 없었어요. 이듬해에 조선은 일본과 강화도 조약을 체결했어요^{1876년}. 강화도 조약은 우리가 체결한 첫 근대 조약이자 불평등 조약이었어요. 강화도 조약의 내용을 간략하게 살펴볼까요?

조선은 부산, 인천, 원산 세 항구를 개항했어요. 개항장에 머무는 일본인에 대해서는 치외 법권을 인정했지요. 또한 일본은 조선의 해안을 마음대로 측량할 수 있는 권리를 가져갔어요. 어디서 많이 본 듯한 내용이지요? 맞아요. 일본이 미국에 의해 강제 개항할 때 체결한 미일 수호 통상 조약의 내용이 강화도 조약에 거의 다 들어간 거예요.

조선을 개항시켰지만 일본은 당장 조선을 차지할 수는 없었어요. 조선 정부가 청의 간섭을 받고 있었거든요. 그러니 일본이 조선을 차지하려면 우선 청부터 꺾어야 해요. 마침 청과 겨룰 기회가 생겼어요.

조선에서 동학 농민 운동이 일어났을 때였어요. 청이 이를 진압하기 위해 조선에 군대를 파견했어요. 그러자 일본도 조선에 군대를 파견했어요. 이는 뒤에서 살펴볼 갑신정변 이후에 두 나라가 체결한 톈진 조약에 따른 것이었어요. 당시 톈진 조약을 체결하면서 두 나라는 둘 중 한 나라가 조선에 군대를 파견하면 다른 나라에도 그 사실을 알려 주기로 했거든요.

동학 농민군은 일본과 청이 우리나라의 영토에서 전쟁을 벌이는 것을 막기 위해 스스로 해산했어요. 그러니 일본 군대가 조선에 머물 이유가 없어요. 조선 정부도 일본에게 당장 군대를 철수시키라고 요구했지요. 일본이 이 요구를 들었을까요? 아니에요. 오히려 일본은 청을 공격했어요. 이렇게 해서 청일 전쟁이 시작되었어요.1894년.

협정을 맺고 있는 일본과 청의 관리들을
묘사한 그림

아산만에서 치러진 황해 전투에서 일본은 청의 함대를 격파했어요. 청은 후퇴하기 바빴어요. 일본은 평양 전투에서도 청을 격파하고 내처 압록강을 넘어 만주까지 추격했지요. 결국 청이 항복을 선언했어요. 일본과 청의 대표는 일본 시모노세키에서 전쟁을 끝내기 위한 조약을 체결했어요. 이 시모노세키 조약에 따라 청은 일본에 막대한 배상금뿐 아니라 랴오둥반도와 타이완, 펑후 제도를 빼앗겼지요.

이 청일 전쟁의 결과 중국이 침몰했어요. 수천 년 동안 중국을 중심으로 돌아가던 동아시아의 질서가 무너졌지요. 그 대신 일본이 동아시아의 절대 강자로 떠올랐어요. 경제적으로도 일본은 동아시아의 새로운 강자가 되었어요. 이 무렵 일본의 산업이 빠른 속도로 발전하고 있었거든요.

영국에서 시작된 산업 혁명은 청일 전쟁을 전후로 일본에까지 전파되었어요. 이 또한 동아시아에서 처음 일어난 산업 혁명이었지요. 일본에서도 처음에는 면직물 공업과 같은 경공업이 활기를 띠었어요. 하지만 일본 정부가 대외 팽창 정책을 확대하면서 제철업과 같은 중공업을 적극 육성했고, 그 결과 일본에서는 무기를 만드는 군수 산업이 빠르게 발전했어요.

이런 상황에서 청일 전쟁에서 승리하기까지 했으니 일본에서는 군인들의 세력이 상당히 강해졌어요. 일본 국민도 전쟁을 지지할 정도였지요. 전쟁을 옹호하는 일본 정치인들은 청일 전쟁에 이긴 것을 두고 "새로운 문명이 낡은 문명과 싸워 이겼다."라며 기고만장했어요. 일본 군인들은 "전쟁을 계속해야 한다. 대외 팽창 정책을 더 강화해야 한다."라고 주장했어요. 일본이 제국주의를 닮아 가고 있는 것 같지요?

일본은 조선에 대해서도 본격적으로 내정 간섭을 벌이기 시작했어요. 조선 정부를 강요해 근대화 정책을 수립하도록 했지요. 이 개혁이 갑오개혁이에요. 사실 조선에서는 이미 여러 방식으로 근대화 개혁을 추진하고 있었어요. 굳이 일본이 '도와주지' 않아도 우리 힘으로 근대화를 이룩할 수 있었지요.

도대체 일본은 왜 조선의 근대화 개혁을 강요한 것일까요? 이유는 간단해요. 일본이 정치적·경제적으로 침투하기 쉽게 발판을 잘 깔아 두려는 목적이었지요. 그러니 일본 덕분에 우리나라가 근대화를 이룩했다는 주장은 터무니없어요. 이 점은 확실히 알아 두어야 해요.

일본이 러시아와 전쟁을 벌인 까닭은?
└일본의 제국주의적 침략과 러일 전쟁

메이지 유신 이후 일본은 크게 달라졌어요. 가장 눈에 띄는 점은, 일본이 대외 팽창을 본격화했다는 거예요. 무엇보다 산업 발전을 위해 제품의 원료를 얻고 상품을 내다 팔 시장이 필요했어요. 서양의 제국주의 국가들이 식민지를 확보한 게 이런 이유에서였죠? 맞아요. 일본도 제국주의 열강이 되기를 원했어요. 게다가 봉건제가 폐지되면서 몰락한 무사를 비롯해 메이지 정부에 불만이 많은 내부 세력의 시선을 외부로 돌릴 필요도 있었죠. 이 때문에 대외 팽창 정책을 추진한 거예요.

일본은 타이완을 침략했어요. 그 다음에는 홋카이도를 흡수했고 쿠릴 열도도 차지했죠. 이어 조선을 노렸어요. 운요호를 한반도에 보내 조선이 공격을 하게 한 뒤 이를 빌미로 개항하게 했죠. 이것이 강화도 조약이에요^{1876년}. 일본은 류큐 왕국도 침략해 정복한 뒤 합병해 버렸어요. 이 류큐가 오늘날의 오키나와현이랍니다.

사실 일본은 이 무렵 청을 견제하고 있었어요. 이미 청과는 청일 수호 조규를 체결한 상태였어요^{1871년}. 이 조약을 통해 일본이 청과 대등한 수준이라는 점을 선언한 거죠. 하지만 주변 정리가 돼 있지 않았으니 일단 청과는 싸우지 않았던 거예요. 하지만 이제 조선을 차지하려면 청과의 싸움은 피할 수 없게 됐어요.

조선에서 동학 농민 운동이 일어나자 일본은 속으로 만세를 불렀어요. 참견할 핑계가 생겼으니까요. 일본은 즉각 조선에 군대를 보냈고, 청과 전쟁에 돌입했어요. 이게 청일 전쟁이지요[1894년].

이미 말한 대로 이 전쟁에서 일본이 승리했어요. 일본은 청과 시모노세키 조약을 체결했고, 그 결과 타이완, 랴오둥반도를 할양받았고 막대한 배상금도 뜯어냈어요. 하지만 그런 일본이라고 해도 유럽 열강들을 상대하기에는 아직 벅찼어요. 갑자기 러시아, 프랑스, 독일 등 유럽 열강 세 나라가 시모노세키 조약의 문제점을 지적하며 일본을 위협했어요. 일본은 랴오둥반도를 청에 돌려줘야 했지요. 이 사건이 삼국 간섭이에요[1895년].

랴오둥반도 위치

사실 러시아도 예전부터 랴오둥반도를 노리고 있었어요. 러시아는 일본이 청에 돌려준 랴오둥반도를 차지해 버렸답니다. 게다가 러시아는 조선 정부와도 가까이 지냈어요. 이를테면 조선의 왕이 일본을 피해 러시아 공사관으로 달아나는 아관파천 사건이 일어나기도 했어요.

이러니 러시아에 대한 일본의 적개심이 갈수록 커졌어요. 일본은 러시아가 랴오둥반도에 이어 조선까지 차지하려 한다고 판단했어요. 러시아에 대한 일본의 적개심은 더욱 커졌지요. 일본은 조선을 장악하고 대륙으로 나아가려면 러시아를 제압해야 한다고 생각했어요. 다만 러시아가 청보다 강하니 무턱대고 공격할 수는 없었어요.

러시아의 팽창 정책을 비판한 일본의 그림.
문어발식으로 확장하여 아시아를 집어삼키려는 러시아를 표현했다.

　일본은 러시아의 팽창 정책에 위기감을 느끼고 있는 영국을 끌어들였어요. 영국은 일본이 러시아와 전쟁을 치르면 일본을 지지하겠다고 했어요. 일본은 이런 내용의 영일 동맹을 영국과 체결한 데 이어 미국의 지지도 받아 냈어요. 강대국의 지지를 이끌어 냈으니 든든했겠죠? 일본 함대가 러시아 함대의 본부가 있는 뤼순항을 습격하면서 두 나라 사이에 전쟁이 시작되었어요. 이것이 바로 러일 전쟁이에요[1904년].

　러일 전쟁은 유럽 열강과 아시아 열강의 대결이었어요. 당시에 국제 사회는 러시아의 승리를 점쳤어요. 이 예상은 빗나갔어요. 만주와 한국에서 벌어진 모든 전투에서 일본이 러시아를 꺾었어요. 독일의 황제가 이 전쟁을 지켜보면서 "이젠 아시아를 경계해야 한다."라고 말할 정도였어요.

전쟁이 1년 넘게 진행되는 동안 러시아는 전세를 역전시키지 못했어요. 게다가 러시아 내부적으로는 파업과 반정부 시위가 계속되고 있었어요. 그러니 러시아도 이 전쟁을 빨리 끝내고 싶었어요. 미국의 시어도어 루스벨트 대통령이 중재에 나섰어요. 일본과 러시아가 미국 포츠머스에서 만나 강화 조약을 체결했는데, 포츠머스 조약을 보면 사실상 러시아의 패배였어요.

사할린 위치

일단 일본은 러시아가 중국에서 얻었던 이권들을 대부분 빼앗아 갔어요. 삼국 간섭 때 러시아에 빼앗겼던 중국의 랴오둥반도를 다시 넘겨받았어요. 러시아가 중국을 협박해 만주에 철도를 세울 권리를 얻어 냈는데, 이 권리도 일본이 가져갔지요. 러시아는 또 전쟁 배상금을 내는 대신 사할린을 일본에 넘겨주기로 했어요. 게다가 러시아는 한반도에서 일본의 우월권을 인정했어요. 앞으로 한반도를 일본이 지배하는 데 러시아가 동의했다는 뜻이에요. 일본이 청에 이어 러시아까지 물리침으로써 한국을 식민지로 삼는 데 걸림돌은 모두 사라진 셈이지요.

일본은 곧바로 한국 정부를 협박해 을사늑약을 체결했어요^{1905년}. 이 조약을 체결함으로써 한국^{대한 제국} 정부의 외교권을 빼앗았고, 한국을 보호국으로 만들었지요. 앞에서 말한 대로 이 조약은 국제법상으로도 무효예요. 대한 제국의 황제가 동의하지 않았고, 강압에 의해 체결된 조약이니까요.

을사늑약 이후 전국적으로 일본에 대한 저항 운동이 시작되었어요. 처음에는 유림*이, 나중에는 모든 백성이 참여한 항일 의병 운동이 거세게 일어났지요. 지식인들은 민중의 의식을 깨우는 애국 계몽 운동을 벌였어요. 하지만 일본은 한국을 끝내 식민지로 만들고 말았어요[1910년]. 우리 민족에게는 암울한 역사가 시작된 거지요.

조선이 근대화 운동을 위해 설립한 기구는?
└조선의 근대화 운동 및 국민 국가 건설 운동

마지막으로 조선의 역사를 살펴볼게요. 이 무렵의 자세한 역사는《중학 한국사》에서도 다루겠지만, 세계사의 흐름 속에서 우리 역사를 살펴보는 것도 중요해요. 그래서 개괄적인 내용이나마 알아 둘 필요가 있어요.

조선 또한 개항과 동시에 근대화의 물결 속으로 들어갔어요. 개항하기 전까지는 조선 정부도 청이나 일본과 마찬가지로 통상 요구를 받아들이지 않았어요. 하지만 결국에는 일본에 문호를 개방했어요. 미국에 의해 강제로 개항한 일본이 똑같은 방식으로 무력을 쓰며 조선에 개항을 요구했거든요. 그 결과 조선은 부산, 인천, 원산 등 세 항구의 문을 열어야 했어요. 이게 강화도 조약이에요[1876년]. 물론 이 조약은 이 무렵 아시아의 다른 국가들이 맺은 것과 마찬가

• 유림 유학을 신봉하는 무리

지로 불평등 조약이었답니다.

　개항 이후 권력을 잡은 개화파는 본격적으로 근대 국가를 세우기 위한 대장정에 돌입했어요. 네, 조선에서도 근대화 운동이 본격화한 거예요. 일단 개화파는 근대 문물을 적극 수용하려고 했어요. 개화 정책을 총괄하는 관청을 만들기도 했죠. 그 관청이 바로 통리기무아문이에요. 신식 군대인 별기군이 만들어졌고 인쇄, 화폐 제조, 무기 제조 등을 담당하는 근대 시설도 많이 생겨났어요. 정부는 첨단 문물을 익히기 위해 일본과 청, 미국 등에 사절단을 파견하기도 했죠.

　하지만 이런 개화 정책에서 소외된 사람들도 있었어요. 가령 구식 군대나 도시 빈민이 그런 사람들이죠. 이들을 중심으로 정부의 개화 정책에 대한 반발이 커지면서 임오군란이 일어났어요[1882년]. 정부는 청에 군대 파병을 요청했고, 청의 군대가 한반도에 파견돼 임오군란을 진압했어요. 이후 청의 내정 간섭이 심해졌죠.

　개화파라고 해서 정치 이념이나 목표가 모두 같지는 않아요. 개화파는 크게 둘로 나뉘었어요. 온건 개화파는 청에 의존하려 했어요. 반면 급진 개화파는 온건 개화파의 개혁이 너무 더디다고 비판했어요. 급진 개화파는 청의 간섭을 받는 것도 싫어했어요. 결국 급진 개화파들은 청의 간섭으로부터 완전히 자유로운 국민 국가를 건설하자며 갑신정변을 일으켰어요[1884년]. 하지만 이번에도 청의 군대가 개입하면서 갑신정변은 3일 만에 끝나고 말았어요.

이후 조선은 개항하고 난 뒤 청과 일본이 경험했던 상황을 똑같이 겪었어요. 세상살이가 가장 힘들어진 사람들은 농민이었어요. 세금은 올랐고, 기껏 상품을 만들어 놓으면 값싼 수입 상품 때문에 팔리지 않았어요. 결국 농민들이 정치 개혁과 일본 배척을 내걸고 동학 농민 운동을 일으켰어요.[1894년]

이 동학 농민 운동을 핑계로 일본이 청일 전쟁을 일으켰어요. 청일 전쟁에서 승리한 일본은 조선에 개혁을 강요했어요. 왜 그랬겠어요? 식민 지배를 수월하게 하려는 목적에서였어요. 어쨌든 이렇게 해서 시작된 개혁이 갑오개혁이었어요. 그 다음부터는 정말 급박하게 돌아갔어요. 명성황후가 반발하자 일본은 잔인하게 시해했어요. 을미사변이죠.[1895년] 고종은 러시아 공사관으로 달아났어요.[1896년] 이를 아관 파천이라고 해요. 이 아관 파천을 반대하며 고종에게 환궁하라고 강력하게 요구한 단체가 있었어요. 바로 독립 협회죠.

궁으로 돌아온 고종은 대한 제국의 수립을 선포하고 황제에 즉위했어요.[1897년] 이어 또다시 개혁에 돌입했어요. 이때 광무라는 연호를 사용했기 때문에 이 개혁을 광무개혁이라고 해요.[1897년] 이 개혁의 일환으로 고종은 대한국 국제*를 반포했어요.[1899년] 대한 제국이 세계가 인정하는 자주독립 국가이며 모든 권력은 황제에게 있다는 내용이 여기에 담겼어요.

이 무렵 독립 협회는 일반 서민들도 직접 군중에게 연설하는 만민 공동회를 여는 등 민중 계몽 운동을 활발히 벌였어요. 하지만

* 대한국 국제 1899년 대한 제국이 반포한 한국 최초의 근대적 헌법

보수적인 관료들이 "독립 협회가 왕을 몰아내고 의회를 설치해 입헌 군주제를 시행하려 한다."라고 모함하는 바람에 고종이 강제로 해산시켰어요.

이러한 개혁 노력은 물거품이 되고 말았어요. 일본이 러일 전쟁 이후 을사늑약을 체결해 외교권을 박탈한 데 이어 결국에는 대한 제국을 강제 병합하고 말았거든요[1910년]. 이 기간에도 국내에서는 전국적으로 의병 운동이 일어났고, 지식인들을 중심으로 한 애국 계몽 운동도 활발했어요. 당장은 나라를 빼앗겼지만 이들의 정신은 이후 항일 투쟁으로 이어졌답니다.

★ 단원 정리 노트 ★

1, 중화민국 성립 과정

① 영국의 통상 확대 요구

만주족 왕조인 청에 가장 먼저 눈독을 들인 서양 열강은 영국이었다. 영국은 청과 무역을 하고자 했지만, 청은 일부 지역만 영국에 개항했다. 청과의 무역에 적자가 커지자 영국은 자유 무역을 하자고 요청했지만, 청 정부는 이를 거절했다.

② 제1차 아편 전쟁

영국은 청과의 무역에서 지속적으로 적자를 보았다. 이에 영국은 인도에서 아편을 싸게 사다가 청에 내다 파는 삼각 무역을 시도했다. 청 정부가 마약인 아편을 몰수하여 폐기하자 영국은 이를 배상하라고 요구했고, 청이 거절하자 두 나라 사이에 제1차 아편 전쟁이 일어났다(1840년). 전쟁에서 패한 청은 영국에 홍콩을 할양하고 자유 무역을 허용하며 영국의 치외 법권을 인정하는 등의 불평등 조약인 난징 조약을 체결했다(1842년).

③ 제2차 아편 전쟁

영국이 길을 열자 미국, 프랑스, 스웨덴, 노르웨이, 러시아 등의 서양 열강이 청에 달려들었다. 영국은 청과의 무역에서 적자가 계속되자 중국 내륙으로 진출할 수 있도록 요구했으나, 청은 이를 거부했다. 그러던 중 영국 선박인 애로호의 선원들이 밀수를 하다가 청의 관리들에게 적발되는 애로호 사건이 발생했다(1856년). 영국은 이 일을 빌미로 프랑스와 연합하여 청을 공격하여 제2차 아편 전쟁을 일으켰다(1857년). 여기에 미국과 러시아까지 가세했다. 결국 청은 다시금 항복하고 또다시 불평등 조약인 텐진 조약을 체결했다(1858년). 청이 텐진 조약을 성실히 이행하지 않자, 영국과 프랑스 연합군이 다시 공격하여 베이징 조약을 체결했다(1860년). 베이징 조약으로 영국은 주룽반도를 얻고, 러시아는 중재를 했다는 이유로 연해주를 가져갔다.

④ 양무운동

두 번의 아편 전쟁과 갖은 침략을 당하는 동안 중국인들은 중국도 근대화를 이룩해야 한다는 필요성을 느꼈다. 증국번과 이홍장 등은 중국의 부국강병을 이루기 위해 양무운동을 전개했다(1861년). 그러나 중국의 전통적인 제도와 문화는 그대로 둔 채 서양의 앞선 기술만 받아들이려 했던 양무운동은 큰 결실을 맺지 못한다.

⑤ 청일 전쟁

조선에서 동학 농민 운동이 일어나자 청은 조선에 군대를 파견하고 일본 역시 조선에 군대를 파견한다. 동학 세력은 조선에서 전쟁이 일어나는 것을 막기 위해 스스로 해산했지만, 청과 일본의 군대는 여전히 조선에 남아 세력 다툼을 벌이다 전쟁을 벌인다. 이것이 청일 전쟁이다(1894년). 청은 이 전쟁에서도 패함으로써 동아시아의 패권을 일본에 넘겨준다.

⑥ 변법자강 운동과 의화단 운동

캉유웨이와 량치차오 등은 일본의 메이지 유신을 본받아 제도를 개혁하여 근대화를 이룩하자는 변법자강 운동(1898년)을 벌인다. 하지만 이 역시 청 정부와 보수파의 반대에 부딪쳐 실패하고 만다. 서양 열강의 세력이 점점 커지고 청에 들어온 외국인들의 횡포가 심해지자, 살기 어려워진 산둥성의 농민들이 비밀 결사 조직인 의화단을 조직하여 저항 운동을 벌인다(1899년). 의화단 운동을 계기로 서태후는 서양 열강과의 전쟁을 선포하지만, 8개국의 열강 연합군에 패하고 신축 조약을 맺는다(1901년). 이 조약에 따라 서양 군대가 청의 수도인 베이징에 주둔할 수 있게 되었다.

⑦ 신해혁명과 중화민국 건국

쑨원이 이끄는 흥중회와 중국 동맹회 등의 혁명 단체를 중심으로 저항 운동을 벌이던 중국 민중은 자발적으로 성금을 모아 서양에게 빼앗긴 이권을 되찾자는 운동을 펼쳤다. 청 정부가 중국 민중과는 달리 철도 등의 기반 시설을 국유화하려 하자, 이에 반발한 중국 민중은 무장 봉기를 하고 청 왕조로부터의 독립을 선언한다. 신해혁명이다 (1911년). 해외에 도피해 있던 쑨원이 귀국하고, 혁명 세력은 쑨원을 임시 대총통으로 하는 공화 정부인 중화민국을 수립한다(1912년). 청 왕조는 한족 출신의 군벌인 위안스카이에게 전권을 위임하며 혁명 세력을 진압하라고 명령했지만, 위안스카이는 오히려 쑨원과 결합하여 청 왕조를 무너뜨린다(1912년). 위안스카이는 중화민국의 초대 총통에 오른다. 총통에 오른 위안스카이는 혁명 세력을 탄압하고, 국민당을 결성하여 이에 맞서던 쑨원은 다시 해외로 도피한다.

제1차 아편 전쟁(1840년) → 난징 조약(1842년) → 애로호 사건(1856년) → 제2차 아편 전쟁(1857년) → 톈진 조약(1858년) → 베이징 조약(1860년) → 양무운동(1861년) → 청일 전쟁(1894년) → 변법자강 운동(1898년) → 의화단 운동(1899년) → 신축 조약(1901년) → 신해혁명(1911년) → 중화민국 수립(1912년)

2. 일본의 근대화 과정

① 페리 제독의 시위와 두 번의 미일 조약

1852년 4대의 함선을 이끈 미국의 페리 제독이 일본의 개항과 통상을 요구하며 해상에서 시위를 벌였다. 청이 서양 열강들에게 무너지는 것을 목격한 일본은 결국 미일 화친 조약을 체결하고(1854년), 다시 미일 수호 통상 조약을 체결한다(1858년).

② 메이지 유신

미국에 이어 영국, 네덜란드, 러시아, 프랑스 등이 일본에 잇달아 진출하면서 경제가 어려워지고 국권이 흔들리자 지방의 무사들은 막부 타도 운동을 벌여 쇼군을 끌어내리고 권력이 천황에게 이양된다(1867년). 메이지 천황을 중심으로 한 정부는 메이지 유신을 단행해 강력한 개혁을 추진한다(1868년).

③ 이와쿠라 사절단과 제국 의회

일본은 서양의 앞선 문물을 배우기 위해 이와쿠라 사절단을 미국과 유럽에 파견한다(1871~1873년). 메이지 정부는 천황의 권력을 공고히 하는 헌법을 제정하고 제국 의회(1890년)를 구성함으로써 입헌 군주제에 돌입한다.

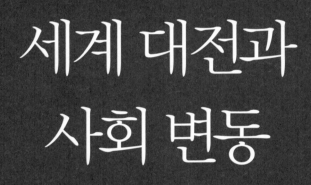

세계 대전과
사회 변동

야만과 반인륜의 시대를 넘다

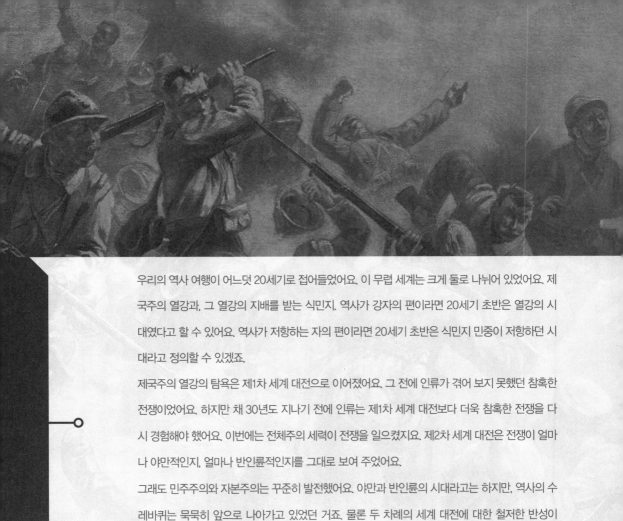

우리의 역사 여행이 어느덧 20세기로 접어들었어요. 이 무렵 세계는 크게 둘로 나뉘어 있었어요. 제국주의 열강과, 그 열강의 지배를 받는 식민지. 역사가 강자의 편이라면 20세기 초반은 열강의 시대였다고 할 수 있어요. 역사가 저항하는 자의 편이라면 20세기 초반은 식민지 민중이 저항하던 시대라고 정의할 수 있겠죠.

제국주의 열강의 탐욕은 제1차 세계 대전으로 이어졌어요. 그 전에 인류가 겪어 보지 못했던 참혹한 전쟁이었어요. 하지만 채 30년도 지나기 전에 인류는 제1차 세계 대전보다 더욱 참혹한 전쟁을 다시 경험해야 했어요. 이번에는 전체주의 세력이 전쟁을 일으켰지요. 제2차 세계 대전은 전쟁이 얼마나 야만적인지, 얼마나 반인륜적인지를 그대로 보여 주었어요.

그래도 민주주의와 자본주의는 꾸준히 발전했어요. 야만과 반인륜의 시대라고는 하지만, 역사의 수레바퀴는 묵묵히 앞으로 나아가고 있었던 거죠. 물론 두 차례의 세계 대전에 대한 철저한 반성이 필요해요. 이번 단원에서는 이 세계 대전을 전후로 한 시기의 역사를 한꺼번에 살펴볼게요. 자, 출발할까요?

역사연표

세계사		한국사
러시아, 피의 일요일 1905년		1905년 을사늑약 체결
		1907년 신민회 설립
		1910년 국권 피탈
제1차 세계 대전 시작 1914년		1914년 대한 광복군 정부 수립
러시아 혁명 1917년		
윌슨의 14개조 평화 원칙 발표 1918년		
중국, 5·4 운동 1919년		1919년 3·1 운동
국제 연맹 성립 1920년		
이탈리아, 무솔리니 정권 장악 1922년		
소비에트 사회주의 연방 공화국 수립		
중국 제1차 국공 합작 1924년		
		1926년 6·10 만세 운동
		1927년 신간회 조직
중국, 국민당 통일 정부 수립 1928년		
대공황 발생 1929년		1929년 광주 학생 항일 운동
일본, 만주 침략(만주 사변) 1931년		
미국, 뉴딜 정책 추진 1933년		
독일, 히틀러 정권 장악		
독일, 라인란트 침공 1936년		
에스파냐 내전 발발		

세계사		한국사
중일 전쟁 1937년		
난징 대학살		
제2차 세계 대전 시작 1939년		
	1940년	한국광복군 결성
태평양 전쟁 시작 1941년		
미드웨이 해전 1942년		
카이로 회담 1943년		
제2차 세계 대전 종결 1945년	1945년	8·15 광복
국제 연합(UN) 창설		
극동 국제 군사 재판 1946년		

16 세계 대전과 국제 질서의 변화

: 인류 역사상 최악의 전쟁 시대

- 제1차 세계 대전이 일어나게 된 배경과 특징에 대해 알아봅시다.
- 러시아 혁명은 왜 일어났는지, 전개 과정은 어떤지 설명해 보세요.
- 제2차 세계 대전이 일어나게 된 배경과 특징에 대해 알아봅시다.
- 제2차 세계 대전 이후 국제 질서를 수립하기 위한 노력을 살펴봅시다.

사라예보 청년은 왜 오스트리아 황태자를 저격했는가?

└제1차 세계 대전의 발발

제1차 세계 대전은 전 세계 59개국 중 33개국이 참전한 전쟁이에요. 인류 역사상 이처럼 대규모로 치러진 전쟁은 그 전에는 없었어요. 이 전쟁이 왜 터진 것일까요?

제1차 세계 대전이 터진 첫째 원인을 꼽으라면 제국주의 열강들의 식민지 확보 경쟁이 과열되었다는 점을 들 수 있어요. 여기에 게르만족과 슬라브족 사이의 민족 대립까지 겹치면서 마침내 '쾅' 하고 터진 거지요. 조금 더 자세히 들여다볼까요?

독일은 프로이센이 중심이 되어 건설한 나라예요. 독일 재상 비스마르크는 무력을 강조했지만 통일 후에는 팽창 정책을 자제했어요. 영국, 프랑스와 같은 다른 열강들의 견제를 피하기 위해서였죠. 이와 별도로 만일의 사태에 대비해 오스트리아·헝가리, 이탈리아와는 3국 동맹을 체결했어요.^{1882년}.

3국 동맹을 풍자한 독일 신문의 만평. 독일 군인이 오스트리아 소년을 끌고 가고, 수탉(프랑스)과 놀고 싶어 하는 이탈리아 어린이를 오스트리아 소년이 억지로 끌고 가는 장면을 통해 3국 동맹을 풍자하고 있다.

오스트리아·헝가리 제국°이 처음 등장하지요? 짧게 설명하고 넘어갈게요.

오스트리아에는 여러 민족이 살고 있었는데, 서로 평화롭게 지내지 못했어요. 오스트리아는 그 민족 중에 마자르족과 타협했어요. 마자르족이 헝가리 왕국을 세워 사실상 자치를 하는 대신 왕은 오스트리아 황제가 겸하는 거였지요. 이렇게 해서 오스트리아·헝가리 제국이 탄생한 거예요. 좀 복잡하죠? 바로 이런 점 때문에 비스마르크가 독일 통일 과정에서 오스트리아를 배제한 거랍니다.

이 무렵 독일은 가장 빠른 속도로 팽창하는 나라였어요. 영국과 프랑스도 독일의 팽창 정책에 대한 대책을 마련해야겠지요? 두 나라는 러시아를 끌어들여 3국 협상을 맺었어요.^{1907년}. 이로써 유럽은 3국 동맹과 3국 협상, 두 편으로 나뉘게 됐죠. 그런데 또 하나의 문제가 생겼어요. 발칸반도에서 게르만족과 슬라브족이 충돌한 거예요. 혼란스럽죠?

● 오스트리아·헝가리 제국 프로이센과의 전쟁에서 패배한 오스트리아가 헝가리와 제휴하여 1866년에 만든 나라. 오스트리아 왕을 국가 지도자로 하지만, 오스트리아와 헝가리 양국에 각각 정부와 국회가 존재했다. 제1차 세계 대전에 패배하면서 해체되었다.

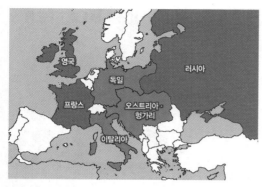

제1차 세계 대전이 일어나기 직전 유럽의
3국 동맹(■)과 3국 협상(■)

발칸반도는 정말 복잡한 지역이었어요. 이 지역에는 슬라브족이 많이 살았어요. 주로 그리스 정교를 믿었죠. 그러다 오스만 제국이 이곳을 지배한 후로 튀르크족이 합류했고, 이슬람교가 전파되었어요.

19세기 후반에는 슬라브족이 오스만 제국으로부터 독립해 여러 나라를 세웠어요. 특히 세르비아는 슬라브족을 통일하겠다며 범슬라브주의*를 외쳤지요. 세르비아의 뒤는 러시아가 든든히 받쳐 주고 있었어요. 러시아도 슬라브족이니까요.

이 무렵 오스만 제국은 이미 이빨 빠진 호랑이였어요. 그러니 슬라브족의 가장 큰 적은 오스트리아 · 헝가리 제국이었어요. 오스트리아 · 헝가리 제국이 범게르만주의를 외치며 슬라브족을 지배하려 했거든요. 점점 게르만족이 최고라는 범게르만주의와 슬라브족의 통일 국가를 건설하려는 범슬라브주의의 갈등이 커졌어요. 당장이라도 초대형 전쟁이 터질 것 같죠. 유럽인들은 발칸반도를 '유럽의 화약고'라 불렀어요.

얼마 후 오스트리아 · 헝가리 제국이 슬라브족 국가인 보스니아 헤르체고비나를 합병했어요 1908년. 슬라브족이 상당히 화가 났겠지요? 실제로 세르비아의 과격파들이 큰일을 저지르고 말았어요. 군대를 시찰하기 위해 보스니아의 수도 사라예보를 방문한 오스트리

• 범슬라브주의 유럽 각지에 흩어져 있는 슬라브족이 같은 민족임을 깨닫고 문화적 · 정치적으로 결속해야 한다는 생각과 그 생각을 실현하고자 한 운동이다. 제정 러시아 시대에 황제(차르) 밑으로 모든 슬라브족을 통합하려는 시도가 있었고, 제1차 세계 대전 직전에는 러시아의 지원 아래 발칸반도의 슬라브족을 통합하려는 움직임이 있었다. 이때 오스트리아 · 헝가리 제국을 중심으로 한 범게르만주의와 충돌하게 된다. '범(汎)'은 '모든 것을 아우르는', '널리', '전체'라는 의미다.

아·헝가리 제국의 황태자 부부를 암살한 거예요. 이를 사라예보 사건이라고 해요. 범인은 범슬라브주의를 따르는 세르비아의 과격파였어요. 세르비아 정부가 "범인이 단독으로 한 짓이다. 우리 정부와는 관계가 없다."라고 해명했지만 오스트리아·헝가리 제국은 책임을 묻겠다며 세르비아에 전쟁을 선포했어요.

오스트리아·헝가리의 황태자 부부가 총격을 당한 직후 범인을 검거하는 장면을 찍은 사진

다급해진 세르비아는 러시아에 도움을 요청했어요. 러시아는 세르비아를 돕기로 했어요. 그러자 오스트리아·헝가리 제국은 동맹국이자 같은 게르만 국가인 독일에 도움을 요청했어요. 독일도 당연히 오스트리아·헝가리 제국을 돕겠다고 나섰어요. 러시아는 프랑스, 영국과 3국 협상을 맺었지요? 그러니 프랑스와 영국도 러시아를 지원하기로 했어요. 열강들은 서로가 서로에 대해 선전 포고를 했어요. 그 결과 한 달여 만에 유럽의 모든 열강이 참전하는 세계 대전이 발생한 거랍니다. 최초 전투는 독일이 일으켰어요. 독일 군대가 벨기에를 침공하면서 제1차 세계 대전이 시작되었지요 1914년 8월.

영국 여객선의 침몰에 미국이 격분한 까닭은?
└제1차 세계 대전의 전개와 종결

제1차 세계 대전은 사실상 독일이 전 세계를 상대로 싸운 전쟁이에요. 이탈리아는 1년 후 3국 동맹에서 이탈해 연합국˙으로 돌아섰어요. 오스트리아·헝가리 제국은 군사력이 약해 별 도움이 되지 않았죠. 오스만 제국과 불가리아가 과거의 영광을 되찾겠다며 독일과 동맹을 맺기는 했어요. 하지만 이 나라들도 연합국을 괴롭힐 정도로 강하지는 않았어요.

벨기에 위치

독일은 "가급적 빠른 시일 내에 전쟁을 끝낸다."라는 전략을 세웠어요. 이 전략에 따라 독일은 서쪽으로 진격해 순식간에 벨기에를 정복한 뒤 프랑스로 향했어요. 왜 서쪽을 노린 걸까요? 동쪽의 러시아가 군대를 배치하기까지 시간이 걸릴 거라 판단했기 때문이에요. 서부 전선에서 얼른 승리한 후 동부 전선에서 러시아와 싸운다는 거죠.

하지만 독일은 프랑스를 정복하지 못했어요. 영국이 프랑스를 도왔거든요. 엎친 데 덮친 격으로 러시아도 일찍 진격해 왔어요. 이제 전쟁을 빨리 끝내는 것은 불가능해졌어요. 네, 전쟁이 장기전으로 돌입한 거예요.

이전의 전쟁에서는 병사들이 적진을 향해 달려드는 돌격전이 많

˙ 연합국 제1차 세계 대전 때 3국 협상 편에 선 나라들을 이르는 말
cf 동맹국 : 제1차 세계 대전 때 3국 동맹 편에 선 나라들을 이르는 말

앉어요. 이런 모습은 제1차 세계 대전 때 크게
바뀌었어요. 기관총이 쉴 새 없이 총알을 쏟아
내는데 어떻게 돌격전을 벌이겠어요? 이 때문
에 양쪽의 병사들은 깊은 도랑처럼 생긴 참호
를 파고 그 안에서 싸웠어요. 이런 식의 전투를
참호전이라고 해요.

참호에서 기관총을 쏘는 독일군

참호전이 계속되자 양쪽 모두 앞으로 나아가
지 못했어요. 멀리 떨어져서 상대방 참호를 향
해 포격만 가하니 희생자만 늘어났죠. 베르됭
전투에서는 10개월 동안 60만 명 이상의 병사
가 죽었어요. 솜강 전투에서는 이보다 더 많은
100만 명 이상이 죽거나 다쳤지요. 베르됭 전투
와 솜강 전투는 제1차 세계 대전 중 최악의 전
투로 꼽힌답니다.

베르됭 전투를 묘사한 그림

땅 위에서 참호전이 지루하게 계속되는 동안 바다에선 해상 전쟁
이 벌어졌어요. 영국은 독일로 들어가는 물자를 차단하려고 해상을
봉쇄했고, 독일은 이에 맞서 자체 개발한 잠수함 U보트를 투입했
죠. U보트는 연합국 군함은 물론 상선과 여객선까지 닥치는 대로
공격해 침몰시켰어요. 이게 '무제한 잠수함 작전'이에요.

이 공격으로 침몰한 선박 중에 영국 여객선 루시타니아호가 있
었어요. 1,200명의 탑승객이 모두 사망했지요^{1915년 5월}. 이 사건 이

독일 U보트의 공격으로 침몰하는 루시타
니아호를 묘사한 그림

후 중립을 지키던 미국이 제1차 세계 대전에 참
전하겠다고 선언했어요. 원래 미국은 다른 나라
에서 벌어진 일에 참견하지 않는다는 것을 외교
의 기본 정책으로 삼고 있었어요. 영국 여객선이
독일의 공격을 받아 침몰했는데 왜 미국이 참전
한 것일까요? 사망자 중 128명이 미국인이었기
때문이에요.

이 사건 이후 미국은 독일에 '무제한 잠수함 작전'을 포기하라
고 경고했는데, 독일은 오히려 "작전은 계속 진행한다."라고 선언
했어요. 그러자 미국도 독일을 응징하겠다며 참전을 선언한 거예
요^{1917년 4월}.

미국은 이 무렵 산업과 자본주의가 고도로 발달한 강대국으로 성
장해 있었어요. 그런 미국이 합류했으니 연합국의 군사력이 크게
보강됐겠죠? 하지만 연합국의 전력에 금이 가는 사건도 있었어요.
러시아 혁명으로 정권을 잡은 공산 정부가 독일과 조약을 맺고 전
쟁에서 손을 뗀 거예요^{1917년 10월}. 그래도 미국이 합류했기 때문에 결
과적으로는 연합국의 전력이 더 보강되었다고 할 수 있지요. 러시
아 혁명 이야기는 조금만 기다려 주세요.

제1차 세계 대전이 터지고 만으로 4년째. 그러니까 1918년부터
연합국이 본격적으로 독일과 동맹국들을 몰아붙였어요. 독일은 마
지막으로 총공세를 퍼부었지만 별 성과를 거두지 못했어요. 오히

려 그해 여름부터는 연합국이 거의 모든 전투에서
승리를 거두었지요.

독일이 총격을 퍼붓는 최전선에서 프랑스
군인들을 위해 도넛을 굽는 여성 구세군들

누가 봐도 동맹국의 패배가 확실했어요. 결국 불
가리아, 오스만 제국, 오스트리아·헝가리 제국이
잇달아 연합군에 항복했어요. 독일도 이 분위기를
감지했어요. 독일 킬 항구에서 일어난 반란을 계기
로 혁명이 일어났고, 마침내 공화국을 수립했어요.
공화국 정부는 즉각 연합국에 항복을 선언했어요. 이렇게 해서 제
1차 세계 대전이 마침내 끝났답니다[1918년 11월].

제1차 세계 대전의 결과를 종합해 볼까요?

첫째, 59개국 중 33개국이 참전할 만큼 전 세계 국가들이 총력
전을 벌였어요. 전쟁터가 아닌 후방 지역인 공장에서 무기, 기계,
식량, 옷 등을 만드는 데 모든 국민이 동원되었기에 총력전이란 표
현을 쓰는 거예요. 세계 인구의 50% 이상이 제1차 세계 대전에 참
전한 셈이 돼요.

둘째, 제1차 세계 대전은 첨단 과학 기술과 대량 생산 체제가 전
쟁에 악용되면 얼마나 처참한 결과가 나오는지를 잘 보여 주었어
요. 탱크, 전투기, 잠수함, 독가스 등 신무기가 모두 제1차 세계 대
전 때 등장했어요. 희생자의 정확한 숫자를 파악하기는 불가능해
요. 대략 군인과 민간인을 모두 합쳐 900만~1,000만 명이 사망했
고, 이와 별도로 2,200만 명 정도가 부상한 걸로 추정되고 있지요.

한국에 민족 자결주의가 적용되지 않은 까닭은?
└베르사유 체제와 제1차 세계 대전 이후의 변화

전쟁이 끝났으니 향후 국제 질서를 논의해야 할 필요가 있겠지요? 연합국으로 참전했던 27개국의 대표가 프랑스 파리에 모였어요. 이것이 파리 강화 회의예요[1919년 1월]. 파리 강화 회의는 무려 5개월 동안 지속되었어요.

이 파리 강화 회의에서 미국 윌슨 대통령이 제시한 14개조 원칙이 채택되었어요. 14개조 원칙은 윌슨 대통령이 전쟁이 끝나기 1년 전에 미국 의회에서 발표한 평화 원칙이에요. 총 14개 조항으로 되어 있어서 이런 이름이 붙었지요. 전쟁을 공식적으로 끝내기 위해 체결하는 조약을 강화 조약이라고 하는데, 윌슨은 강화 조약의 내용을 모두 공개하고 비밀 외교를 금지하자고 제안했어요. 또 여러 국가가 참여해 국제 연맹을 창설하자는 제안도 이 14개조 원칙에 담았지요.

그 밖에도 여러 조항이 있지만 14개조 원칙에서 가장 눈에 띄고 주목을 많이 받은 내용은 민족 자결주의였어요. 민족 자결주의는 모든 민족이 자유롭게 자기 민족의 미래를 결정할 수 있고, 스스로 독립 국가를 건설할 수 있어야 한다는 이념이에요. 윌슨은 이 민족 자결주의를 적극 옹호하고, 또 강조했어요. 민족 자결주의는 잠시 후 다시 설명할게요.

파리 강화 조약이 논의되기 시작한 지 5개월이 지났
어요. 연합국은 독일과 베르사유에서 강화 조약을 체결
했는데, 이를 베르사유 조약이라고 해요. 또 이 베르사
유 조약에 따라 만들어진 국제 질서를 베르사유 체제
라고 하지요.

알자스 지방과 로렌 지방 위치

베르사유 조약은 승전국에 훨씬 유리했고, 독일에겐
상당히 불리했어요. 독일이 전쟁을 일으켰으니 책임을
지는 것은 당연하지만 영국과 프랑스 등이 독일에 복
수한다는 느낌이 들 정도였어요. 이 조약에 따라 독일
은 해외에서 얻은 식민지는 물론 프랑스로부터 얻은 알
자스-로렌 지방도 내놓아야 했어요. 330억 달러의 전
쟁 배상금도 물어야 했어요. 지금 돈으로 약 4조 원이
되는데, 지금으로부터 100년 전이니까 실제로는 수십
조 원에 가까운 액수이지요.

전쟁 배상금으로 빚더미에 짓눌리게 된
독일의 상황을 풍자한 당시의 만화

이뿐만이 아니었어요. 독일은 영토의 북쪽 일부를 덴마크, 서쪽
일부를 벨기에, 동쪽 일부를 폴란드에 넘겨야 했어요. 그 결과 독일
은 영토의 13%, 인구의 10% 정도를 잃었지요. 독일은 군대 보유도
제한됐어요. 육군 병력은 10만 명을 넘을 수 없었고, 잠수함이나 전
투기 같은 신무기는 아예 갖지 못하도록 했죠. 독일인들은 베르사
유 조약이 가혹하다며 '베르사유의 명령'이라고 비꼬았어요. 하지
만 연합국은 독일인의 사정을 봐줄 생각이 전혀 없었어요.

이어 연합국은 오스트리아·헝가리 제국, 불가리아, 오스만 제국들과도 잇달아 강화 조약을 체결했어요. 이들 나라 또한 대부분 영토가 축소되었어요. 그 결과 동맹국에 속한 여러 민족이 민족 자결주의에 따라 독립을 얻어 민주 공화국을 건설했답니다. 구체적인 내용을 볼까요?

오스트리아·헝가리 제국은 오스트리아와 헝가리로 쪼개졌고, 일부 지역을 잃었어요. 이 과정에서 헝가리와 체코슬로바키아가 독립했어요. 세르비아는 보스니아, 크로아티아 등을 빼앗아 유고슬라비아를 건국했지요. 불가리아는 그대로 유지됐어요.

오스만 제국은 영토의 대부분을 잃고 터키 공화국으로 새롭게 출발했는데, 이에 대해서는 조금 뒤에 다룰 거예요. 독일과 러시아가 반씩 나눠 지배하던 폴란드도 무려 120여 년 만에 독립을 쟁취했지요. 러시아의 지배를 받았던 발트 3국, 그러니까 라트비아, 에스토니아, 리투아니아도 이때 독립을 얻었고 북유럽의 핀란드도 마찬가지로 독립을 얻었답니다.

연합국들은 국제 분쟁을 평화적으로 해결하기 위한 새로운 국제 기구를 만들었어요. 바로 국제 연맹이지요.^{1920년}

국제 연맹 또한 미국 윌슨 대통령이 제안한 14개조 원칙에 포함되어 있었어요. 하지만 이 국제 연맹은 국제기구로서의 역할을 제대로 하지 못했어요. 우선 강대국인 미국이 빠졌어요. 뿐만 아니라 국제 연맹에 소속된 군대도 없었어요. 그러니 국제 분쟁이 터지더라도 국제 연맹은 문제를 해결하거나 제재를 가할 방법이 전혀 없었지요. 결국 국제 연맹은 시간이 갈수록 있으나 마나 한 국제기구가 된답니다.

여러 나라들이 모여 다시는 제1차 세계 대전과 같은 참혹한 전쟁을 피하기 위해 결코 전쟁을 치르지 않겠다고 선언하기도 했어요. 이를 전쟁을 치르지 않는다는 뜻의 부전 조약이라고 해요. 이 또한 선언에 그쳤을 뿐이에요. 국제 연맹과 마찬가지로 부전 조약에는 문제를 해결하거나 제재를 가할 수단이 전혀 없었거든요.

소비에트와 의회가 다른 점은 무엇일까?
└ 러시아 혁명의 배경과 2월 혁명

제1차 세계 대전에 대해서는 이 정도로 끝낼게요. 이번엔 러시아로 갈 거예요. 제1차 세계 대전 도중에 러시아에서 일어난 혁명 이야기를 하기 위해서예요.

러시아는 19세기까지만 해도 여전히 황제^{차르}가 전제 정치*를 하는 나라였어요. 다른 유럽 국가들은 산업화가 꾸준히 진행되고 있었지만 러시아는 여전히 농업 중심의 경제에서 벗어나지 못하고 있었지요. 농민은 여전히 농노 신분이었고, 노동자 계급은 좀처럼 세력을 키우지 못했어요. 당연히 민주주의와는 거리가 멀었어요.

* 전제 정치 의회나 법률에 제약을 받지 않고 개인이 국가 권력을 장악하여 실시하는 정치

러시아의 사회주의 혁명을 이끈 블라디
미르 레닌

20세기를 맞았지만 러시아의 정치 체제는 크게 달라지지 않았어
요. 그나마 산업화가 조금씩 진행되면서 노동자 계급이 성장한 게
다르다면 다른 점이에요. 여전히 서유럽의 국가들과 달리 황제의
전제 정치가 이루어지고 있었어요. 그러면서도 러시아는 팽창 정
책을 버리지 못해 오스만 제국을 수차례 침략했어요. 열강의 속성
은 버리지 못하는 거지요.

이러니 노동자나 농민 모두가 먹고살기 힘들었어요. 일부 지식
인들은 나름대로 돌파구를 찾기 위해 사회주의 사상을 받아들여 전
파하기 시작했어요. 이런 사회주의자 중에 대표적인 인물이 레닌
이었어요. 레닌은 자유주의자들과 함께하면서도 사회주의 혁명을
준비하기 시작했어요.

피의 일요일 사건 당시를 묘사한 그림

이 무렵 러시아 내부 상황은 아주 어수선했어요.
당장 생활에 필요한 물자가 너무 부족했어요. 특히
일본과 러일 전쟁이 터지자 물자 부족은 더 심해졌
고, 민중의 생활은 무척 어려워졌어요. 이에 수도인
상트페테르부르크에서 자유주의자와 노동자들이 정
부의 개혁을 요구하며 시위를 벌였어요. 평화적인
시위였는데 군대가 총을 쏘았어요. 이 발포로 수백
명이 죽거나 다쳤지요. 이것이 '피의 일요일' 사건이
에요.[1905년]

이 사건으로 민심이 싸늘해졌어요. 국민의 저항도

더 거세졌지요. 이러니 제아무리 전제 군주
라 해도 물러설 수밖에 없었어요. 러시아 황
제 니콜라이 2세는 "의회를 설치하고 참정권
을 더 확대하겠다."라고 선언했어요. 하지만
이 약속은 지켜지지 않았어요. 제1차 세계 대
전이 터졌거든요.

거리로 나선 러시아의 노동자와 시민들

전쟁이 터지자 니콜라이 2세는 모든 개혁을 중단했어요. 전쟁을
핑계로 반대 세력을 모두 제거하려 혈안이 되었어요. 그렇잖아도
식량이나 생활필수품이 턱없이 부족했는데 전쟁에 쓴다며 인력과
물자를 마구 차출했어요. 러시아 경제는 엉망진창이 되어 버렸고,
민중의 생활은 더 나빠졌으며, 민심은 완전히 황제에 등을 돌렸어
요. 게다가 전쟁터에 나간 수많은 젊은이들이 주검이 되어 돌아왔
어요. 러시아 민중들은 "제국주의 전쟁에 왜 러시아 젊은이들이 죽
어야 하나."라며 반발했어요.

결국 노동자들이 들고 일어났어요. 노동자들은 식량을 배급할 것
과 전쟁을 중단할 것을 요구하면서 파업을 벌였어요. 자유주의자들
이 가세해 황제의 전제 정치를 타도하자고 외쳤어요. 파업과 봉기
가 잇달았지요. 전쟁터로 갔다가 돌아온 군인들까지 여기에 가세
했어요. 나중에는 정부 군대까지 동참했어요.

사태가 걷잡을 수 없이 커지자 니콜라이 2세는 항복할 수밖에 없
었어요. 이로써 러시아에서 제정이 무너졌어요. 승리한 노동자와

군인들은 곧 소비에트를 구성해 임시 정부를 세웠지요. 이것이 러시아 혁명의 1탄 격인 2월 혁명이에요^{1917월 2월}. 의회는 정치인이 법을 만드는 곳이죠? 소비에트는 노동자·군인·농민의 대표자 회의를 뜻하는 러시아어랍니다.

참고로 어떤 달력을 쓰느냐에 따라 날짜 계산법이 달라져요. 러시아 달력으로는 2월인데, 유럽이나 미국이 쓰는 달력으로는 3월이 되지요. 그래서 2월 혁명을 3월 혁명, 곧 있을 10월 혁명을 11월 혁명이라고도 한답니다.

러시아 민중들은 임시 정부가 제1차 세계 대전에서 손을 떼고 낙후된 러시아의 정치와 경제를 개혁해 주기를 원했어요. 하지만 임시 정부는 연합국과의 약속을 깰 수 없다며 전쟁을 지속했어요. 러시아 민중들은 이런 임시 정부에 실망했어요. 민중의 이런 정서를 파고든 인물이 있었어요. 앞에서 이야기했던 사회주의자 레닌이었어요. 그의 등장으로 러시아는 또다시 혁명의 소용돌이에 휩싸인답니다.

소련이 신경제 정책을 추진한 까닭은?
└10월 혁명과 사회주의 국가의 탄생

레닌은 임시 정부를 규탄하기 시작했어요. 사실 그는 얼마 전까지만 해도 정부의 탄압을 피해 외국으로 망명을 떠났어요. 임시 정부가 들어서자 사회주의 혁명을 위해 러시아로 돌아온 거였어요.

볼셰비키의 10월 혁명을 묘사한 그림

당시 소련의 사회주의자들은 두 파벌로 나뉘어 있었어요. 하나가 다수파를 뜻하는 볼셰비키이고 또 하나가 소수파를 뜻하는 멘셰비키였지요. 레닌은 볼셰비키를 이끄는 지도자였어요. 레닌은 대중을 상대로 선전 활동에 나섰어요. 레닌은 "모든 권력은 소비에트로."라는 구호를 외쳤어요. 노동자와 군인, 농민 등이 권력을 가져야 한다는 뜻이에요.

그런 민중에게 레닌은 평화와 빵^{식량}, 토지를 주겠다고 약속했어요. 권력자들의 횡포에 오랜 세월 시달려 온 러시아 민중들은 레닌의 연설에 빠져들었어요. 점점 레닌과 볼셰비키를 지지하는 민중이 늘었어요. 마침내 레닌과 볼셰비키가 다시 혁명을 일으켰어요. 제1차 러시아 혁명이 일어나고 딱 8개월 만이었어요. 이 혁명이 바로 10월 혁명이에요^{1917년 10월}.

혁명에 성공한 레닌은 소비에트 혁명 정부를 세운 뒤 의회를 해산하고 공산당 일당 독재를 선언했어요. 공산당 일당 독재란, 공산당만 통치할 수 있다는 뜻이에요. 다른 정당의 정치 활동은 허용되지 않아요. 이로써 세계 최초로 사회주의 국가가 탄생했답니다.

레닌은 모스크바에 국제 공산당 연합 조직인 코민테른을 만들었어요[1919년]. 코민테른은 전 세계의 반제국주의 투쟁을 지원했어요. 코민테른 덕분에 전 세계에 사회주의 정당이 만들어졌어요. 동아시아의 경우 중국에 가장 먼저 공산당이 만들어졌고, 이어 일본, 한국으로 퍼졌지요. 영국과 프랑스에서는 공산당은 아니지만 사회주의 계열의 정당이 정권을 잡기도 했답니다.

이처럼 사회주의를 퍼뜨리기 위해 레닌이 만든 또 다른 것이 국제 레닌 학교였어요. 이 학교에서는 전 세계의 사회주의자를 교육시켰는데, 우리나라의 박헌영, 베트남의 호찌민이 이곳을 다녀갔다고 해요. 이후 사회주의자와 단체들은 농촌과 공장에서 소작 쟁의와 노동 쟁의를 주도했지요.

레닌은 독일과 평화 조약을 체결하고 제1차 세계 대전에서 손을 뗐어요. 이어 사회주의 개혁을 시작했어요. 우선 토지와 공장 등 산업 시설을 모두 국유화했어요. 그 대신 민중에게는 생활필수품과 집을 배급했어요. 언뜻 보기엔 평등해 보이지요? 하지만 문제가 생겼어요. 일을 열심히 하나 적게 하나 배급량이 같기 때문에 열심히 일할 이유가 없어진 거예요. 그러다 보니 생산량이 추락하고 경제난이 시작되었어요.

이 문제를 어찌 해결해야 할까요? 레닌은 자본주의 요소를 일부 받아들이기로 했어요. 소규모의 장사를 허용하고 경제 규제를 줄인 거예요. 이를 신경제 정책NEP, New Economic Policy이라고 해요[1921년]. 경제 사정이 조금은 나아지는 듯했지만 크게 개선되지는 않았어요.

경제만 문제가 아니었어요. 정치적으로도 러시아는 안정되지 못했어요. 러시아 여러 지역에서 소비에트 정부에 반대하는 저항 운동이 계속되고 있었거든요. 레닌은 군대를 동원해 이 모든 세력을 진압했어요. 이어 각각의 영토에 소비에트 정부를 세우도록 했어요. 이어 여러 나라의 소비에트 정부가 모여 연방을 결성했어요. 그것이 소비에트 사회주의 공화국 연방, 즉 소련이랍니다[1922년].

소련의 집단 농장인 콜호스에 수용된 러시아 농민들. 1920년대의 사진이다.

레닌의 뒤를 이어 소련의 일인자가 된 인물은 스탈린이에요. 스탈린은 반대 세력을 모조리 제거하고 공포 정치를 했어요. 모든 농민을 '콜호스'라는 집단 농장에 집어넣었고, 산업은 중공업 중심으로만 발전시켰지요. 이때부터 소련에서는 국민의 자유가 제한되고 공산당 독재 체제가 극도로 강화된답니다. 모든 농민과 노동자가 평등하고 자유롭다는 세상은 영원히 볼 수 없게 되었지요.

콜호스에 수용된 농민들이 생활하던 공동 주택

간디가 물레를 돌려 옷을 만들어 입은 까닭은?
└중국과 인도의 민족 운동

자, 다시 시계를 돌려 민족 자결주의가 발표된 1919년으로 돌아갈게요. 앞에서 살펴본 대로 민족 자결주의에 따라 여러 나라가 독립을 얻었죠? 그런데 이상한 점이 있어요. 민족 자결주의가 모든 나라에 똑같이 적용되지 않았다는 거예요. 제1차 세계 대전 패전국의 식민지에만 적용됐어요.

무슨 말이냐 하면, 승전국인 연합국의 식민지에는 이 민족 자결주의를 적용하지 않았어요. 영국, 프랑스, 미국 등은 자기들의 식민지를 독립시킬 생각이 전혀 없었던 거예요. 사실 아시아와 아프리카의 식민지 국가 중에는 제1차 세계 대전에 참전하면 독립을 시켜 주겠다는 열강들의 거짓 약속을 믿었다가 낭패를 당한 사례도 있었어요. 바로 이런 점 때문에 파리 강화 회의가 승전국의 이익에만 집착했다는 평가를 받았지요.

그렇다고 하더라도 이 민족 자결주의는 아시아·아프리카 식민지 민족들에게 큰 자극제가 되었어요. 우리나라를 포함해 중국, 인도 등 여러 나라에서 독립운동과 민족 운동이 활발하게 전개되었어요. 먼저 우리나라와 중국, 인도의 민족 운동을 살펴보고, 이어서 나머지 아시아와 아프리카 지역의 민족 운동을 살펴볼게요.

가장 먼저 우리나라부터 볼까요? 민족 자결주의의 영향을 받아

3·1 운동이 일어났어요. 이 운동은 비록 실패했지만 이후 중국 상하이에 대한민국 임시 정부가 들어섰지요.

중국에서는 3·1 운동이 일어나고 얼마 후에 5·4 운동이 일어났어요. 이 운동 또한 3·1 운동과 마찬가지로 일본을 반대하는 반제국주의 운동이었어요. 3·1 운동의 영향을 받아 5·4 운동이 일어났다는 평가도 있답니다. 참고로 알아 두세요. 5·4 운동이 일어나게 된 과정을 살펴볼까요?

신해혁명 이후 들어선 중화민국은 제대로 정부 역할을 하지 못했어요. 각 지역별로 세력을 장악한 군벌들이 정부 명령을 따르지 않았거든요. 이들 가운데 상당수의 군벌이 일본에 협력하고 있었어요. 그래도 지식인들은 굴하지 않고 중국 사회를 개혁하겠다며 신문화 운동을 추진했어요. 같은 나라의 국민인데 처신이 너무 다르죠?

일본은 제1차 세계 대전에 연합국의 일원으로 참전했어요. 일본은 독일에 선전 포고를 하면서 독일이 중국으로부터 빼앗은 자오저우만과 산둥반도의 이권을 빼앗았어요. 일본은 이를 공식화한 21개조 요구라는 문서를 중국 정부에 내밀었어요. 일본의 협박이 워낙 강하니 중국 정부는 이를 받아들일 수밖에 없었어요.

파리 강화 회의에서 중국은 21개조 요구를 폐지해야 한다고 주장했지만 받아들여지지 않았어요. 독일이 가지고 있던 중국 내 이권을 일본에 넘겨주라는 거지요. 중국 민중들은 강하게 반발했어

1933년 〈타임〉지의 표지를 장식한 장제스의 사진

요. 즉각 일본과, 일본에 협력하는 군벌을 반대하는 운동이 일어났지요. 이것이 바로 5·4 운동이에요[1919년].

이 5·4 운동 이후 중국에서는 일본 제국주의와 군벌 모두를 타도해야 한다는 목소리가 높아졌어요. 여기에 뜻을 같이한 쑨원의 국민당과 중국 공산당이 힘을 합쳐 국민 혁명을 이루기로 했어요. 이것이 바로 제1차 국공 합작*이에요[1924년].

하지만 이 합작은 오래가지 못했어요. 쑨원이 죽고 난 후 쑨원의 뒤를 이은 장제스가 공산당을 너무 싫어했기 때문이에요. 장제스는 군벌 세력을 제거하기 위해 일단은 공산당과 협력했어요. 하지만 어느 정도 목표를 이루자 공산당도 제거해 버렸지요. 이로써 국민당과 공산당은 갈라섰고, 장제스는 국민당만으로 통일 정부를 세웠어요[1928년].

다음은 인도의 상황을 볼게요. 제1차 세계 대전이 터지자 영국은 인도가 참전하면 전쟁이 끝난 후 자치권을 주겠다고 약속했어요. 이 약속을 믿고 인도가 전쟁에 뛰어들었지요. 하지만 영국은 약속을 지키지 않았어요.

인도 국민 회의를 이끄는 간디를 중심으로 저항 운동이 시작되었어요. 인도인들은 저항을 하면서도 절대 폭력을 쓰지 않는 비폭력·불복종 운동을 벌였어요. 대표적인 것이 영국 상품 불매 운동, 세금을 내지 않는 납세 거부 운동 등이었지요.

간디는 영국 면직물이 인도의 면직물 산업을 위기에 빠뜨리자

* 국공 합작 중국의 국민당과 공산당이 혁명을 이루고 일본에 대항하기 위해 협력한 일.

"우리가 직접 물레를 돌려 옷을 만들어 입자."라며 저항 운동을 했어요. 또 영국이 소금에 세금을 부과하자 인도인이 직접 소금을 만들자며 해안 지방까지 320㎞를 걷는 시위를 벌이기도 했지요.

물레를 돌리는 마하트마 간디

간디의 뒤를 이어 네루가 민족 운동을 지속적으로 전개했어요. 네루는 간디와 달리 무력 투쟁을 했지요. 그 결과 영국도 두 손을 들 수밖에 없었어요. 인도는 결국 각 주의 자치권을 얻어 내는 데 성공한답니다[1935년].

이집트의 독립을 왜 조건부 독립이라고 부를까?
└ 동남 · 서아시아와 아프리카의 민족 운동

동남아시아에서도 민족 운동이 활발하게 전개되었어요. 먼저 베트남을 볼까요?

프랑스의 식민지였던 베트남도 인도처럼 제1차 세계 대전 때 프랑스를 도왔어요. 물론 전쟁이 끝나면 독립시켜 준다는 약속이 있었지요. 하지만 프랑스도 영국과 마찬가지로 이 약속을 지키지 않았어요. 이때 오늘날까지도 베트남의 영웅으로 추앙받는 호찌민이 등장해 베트남 공산당을 결성해 맞섰어요. 베트남과 프랑스의 대결은 제2차 세계 대전 후에도 다시 펼쳐진답니다.

호찌민

무스타파 케말

인도네시아는 네덜란드의 식민지였어요. 인도네시아에서도 독립 영웅 수카르노가 등장했어요. 수카르노는 인도네시아 국민당을 이끌면서 이슬람 동맹과 힘을 합쳐 독립운동을 벌였어요. 인도네시아는 수많은 섬으로 되어 있어 국민의 단결이 쉽지 않아요. 그래서 수카르노는 "인도네시아로 하나가 되자."라는 구호를 외쳤답니다.

드물게 독립을 쟁취한 사례도 있어요. 미국의 지배를 받던 필리핀이 대표적이에요. 필리핀도 다른 동남아시아 국가들처럼 독립운동을 벌였어요. 미국은 처음에는 필리핀의 자치를 인정했다가 나중에는 미국 의회에서 필리핀의 독립을 승인했어요[1934년]. 유일하게 동남아시아에서 식민지로 전락하지 않았던 타이는 제1차 세계 대전 이후 근대화에 성공하기도 했어요. 입헌 군주제를 도입하고 국명을 시암에서 타이로 바꾸었지요[1939년].

서아시아로 가 볼게요. 제1차 세계 대전 때 패전국이 된 오스만 제국은 어떻게 됐을까요? 이미 말한 대로 많은 영토를 잃었어요. 정치적으로도 어수선했죠. 오스만 제국에 최대 위기가 찾아온 셈이에요. 바로 이때 무스타파 케말이란 인물이 등장해 혁명을 일으켰어요. 그는 술탄 제도를 폐지하고 자신이 대통령에 올랐어요. 오스만 제국이 공화국으로 바뀐 거예요. 이 나라가 오늘날의 터키랍니다[1922년].

대통령에 취임한 무스타파 케말은 대대적인 개혁을 시작했어요. 개혁은 크게 두 방향으로 진행되었어요. 하나는 서양 열강들과 맺었던 불평등 조약의 내용을 고치는 것이었고, 또 하나는 터키의 낡은 풍습을 없애고 근대화하는 것이었지요.

무스타파 케말은 여성에게도 참정권을 주었어요. 이슬람권에서 여성의 얼굴을 가리기 위해 착용하는 베일을 쓰지 못하도록 하기도 했지요. 무스타파 케말은 터키에서 '조국의 아버지'라 불린답니다.

오스만 제국의 영토였던 지역은 어떻게 변했을까요? 사실 이 지역의 아랍인들은 전쟁이 끝나면 독립시켜 주겠다는 영국과 프랑스의 약속을 철석같이 믿고 연합국을 위해 싸웠어요. 하지만 돌아온 것은 약속 위반이었죠. 이 때문에 이 지역에서도 민족 운동이 일어났어요. 그 결과 팔레스타인, 요르단, 이라크, 레바논, 시리아 등이 독립했죠. 다만 영국과 프랑스의 위임 통치˚를 받았어요.

끝으로 아프리카 지역을 볼게요.

독일의 식민지가 다른 열강에 넘어간 것을 빼면 아프리카의 사정은 크게 달라지지 않았어요. 다만 아프리카 북부의 이집트는 좀 달라요. 이집트는 영국의 지배를 받았으니까요. 이미 말한 대로 승전국의 식민지는 독립을 얻지 못했거든요.

이집트에서는 와프드당을 중심으로 반영 운동을 줄기차게 벌였고, 그 결과 조건부 독립을 얻어 낼 수 있었답니다¹⁹²²ᶜ. 왜 조건부 독립이냐고요? 영국은 독립을 허용하는 대가로 수에즈 운하를 영국이 계속 관리할 것과 영국 군대를 이집트에 주둔시킬 것을 요구했어요. 이 조건을 들어주는 대가로 독립을 했으니 조건부 독립이

• 위임 통치 국제 연맹의 위임을 받은 선진국이 정치적으로 혼란스러운 지역과 국가를 일정 기간 동안 통치하는 정치 형태. 영국과 프랑스가 독일과 오스만 제국의 식민지 국가를 위임 통치했다.

지요.

　이와 별도로 아프리카의 민족 지도자들은 아프리카의 단합과 통일을 논의하기 시작했어요. 이들은 프랑스 파리에서 이를 위한 제1차 범아프리카 회의를 열었어요1919년. 이 범아프리카 회의는 이후로도 지속적으로 열렸어요. 이 회의를 주도한 인물의 상당수가 훗날 독립을 쟁취한 후 대통령이나 국가 지도자에 오른답니다. 그러니 범아프리카 회의는 미래의 아프리카 지도자들의 회의라고 할 수 있어요.

미국 공황에 세계가 휘청거린 까닭은?
└대공황의 발생과 미국 뉴딜 정책

　1920년대로 접어들면서 세계가 평화를 되찾았어요. 미국에서 생산과 소비가 모두 폭발적으로 늘어났고, 유럽 경제도 점차 나아지고 있었어요. 자본주의가 안정적으로 발전하자 기업들은 생산을 늘려 나갔어요.

　1920년대 후반이 되자 경제 조짐이 나빠졌어요. 먼저 소비가 줄었어요. 팔리지 않은 제품이 공장 창고에 잔뜩 쌓였죠. 네, 불황이 시작된 거예요. 자본주의 경제 체제에서 불황은 가끔 발생하지만 이번에는 좀 심각했어요.

결국 미국에서 일이 터졌어요. 주식 시장에서 주가가 하향 곡선을 그리더니 1929년 10월 29일에는 모든 주식이 폭락했어요. 이날은 목요일이었어요. 그래서 이 날을 '암흑의 목요일'이라 부르지요.

부작용이 너무나 컸어요. 수천 개의 기업이 문을 닫았고 하루아침에 직장을 잃은 실업자들이 길거리에 넘쳐났어요. 기업에 돈을 빌려준 은행도 잇달아 무너졌어요. 농촌도 상황은 비슷했어요. 땅을 담보로 돈을 빌려 주식에 투자했던 농민들은 길거리로 쫓겨나게 되었어요.

일자리를 잃은 노동자들이 시카고의 유명한 갱단 보스 알 카포네가 운영하는 급식 시설에 모여 있다.

미국 공황은 이렇게 해서 시작되었어요. 공황이 계속되는 4년 동안 미국에서는 국민 4명당 1명 꼴로 직장을 잃었어요. 농민들도 평소 수입의 60%밖에 벌지 못했지요. 공업 생산량도 절반 이상 뚝 떨어

파산한 미국 연방 은행 밖의 성난 군중

졌어요. 문제는, 미국 공황의 파장이 유럽을 비롯해 전 세계로 퍼졌다는 점이에요. 이미 자본주의 체제가 발달한 상태라 세계 경제는 긴밀하게 연결돼 있었어요. 게다가 미국은 많은 나라들이 의존하고 있는 최고의 경제 대국이었어요. 그러니 미국 공황의 여파로 딱 1년 만에 전 세계에서 똑같은 경제 위기가 시작됐어요. 이것이 바로 대공황이랍니다[1930년].

공황을 그대로 두었다가는 경제가 완전히 바닥으로 떨어질 거예

프랭클린 루스벨트

요. 그러니 각국 정부는 공황을 해결하기 위해 머리를 짜내야 했어요. 가장 먼저 공황이 발생한 미국은 어땠을까요?

미국에서는 프랭클린 루스벨트 대통령이 뉴딜 정책을 추진했어요.1933년. 이 뉴딜 정책을 통해 미국 경제 전반을 개혁하기로 했어요. 우선 정부가 분야별로 제품이 너무 많이 생산되지 않도록 직접 관리했어요. 심지어 살아 있는 가축을 죽이면서까지 생산량을 조절했지요.

사실 뉴딜 정책은 그 전까지 보지 못하던 경제 정책이었어요. 이전까지는 대부분의 국가들이 경제에 개입하지 않고 내버려 두는 자유방임 정책을 따랐어요. 문제가 생겨도 '보이지 않는 손'이 해결해 줄 거라 믿었으니까요. 하지만 상황이 달라졌어요. 정부가 내버려 두면 미국이 폭삭 망할 수도 있다고 생각한 것이지요. 그러니 정부가 직접 생산량을 조절한 거예요.

미국 정부는 더욱 적극적으로 경제에 개입했어요. 실업자들을 구제하기 위해 테네시강 유역 개발 공사와 같은 대규모 공공사업을 벌였어요. 이런 공공사업을 통해 일자리를 늘렸죠. 또 튼튼한 은행과 부실한 은행을 가려내 부실한 은행은 문을 닫게 했어요. 사회 보장 제도를 실시해 실업자에게는 긴급 자금을 지원했고, 노인에게는 연금을 주었어요. 노동 관련 법률도 정비해 최저 임금 제도를 도입하는 등 노동자의 권리를 강화했지요. 이런 제도가 정착되면 시민들은 경제적으로 훨씬 여유가 생길 거예요. 그렇게 되면 소비에 더

미국은 공공사업을 확대해 일자리를 창출함으로써 대공황을 극복하려 했다. 뉴딜 정책의 일환인 공공사업을 묘사한 그림

많은 돈을 쓸 수도 있지요.

뉴딜 정책은 성공했을까요? 학자마다 평가는 다르지만 대체로 성공했다는 평이 많아요. 뉴딜 정책이 시행된 이후 미국 경제가 조금씩 회복되었거든요. 루스벨트 또한 미국 국민의 신임을 얻어 미국에서 유일하게 네 번이나 대통령을 지냈답니다.

유럽 국가들은 대공황의 위기를 어떻게 극복했을까요? 국가마다 처한 상황이 달라 대처법이 조금씩 달라요.

식민지를 많이 확보하고 있는 영국과 프랑스는 식민지를 활용했어요. 지나치게 많이 생산된 제품은 식민지에 가져다 팔고, 제품 원료는 싸게 구입하며, 식민지의 물자와 인력을 가져다 쓰는 것이지요. 자국과 식민지를 하나처럼 묶은 블록 경제*를 시행한 거예요. 물론 식민지 경제 사정은 더 나빠지겠지만 영국과 프랑스는 식민지의 사정을 봐줄 여유가 없었어요. 두 나라는 이와 함께 수입품에 높은 관세를 부과해 국내 기업과 산업을 보호하는 보호 무역 정책을 시행했어요.

* 블록 경제 몇몇 나라가 마치 하나의 나라처럼 경제적으로 협력하는 경제 체제. 블록을 형성한 나라들끼리는 관세 없이 자유롭게 교역하고, 블록을 형성하지 않은 나라에 대해서는 배타적으로 무역 장벽을 쌓아 자기네의 경쟁력과 이익을 높이고자 한다.

독일이나 이탈리아 같은 나라는 식민지를 많이 확보하지 못했어요. 그러니 영국과 프랑스처럼 식민지를 활용할 수도 없지요. 이런 나라들은 딱히 대공황 위기를 극복할 방법이 없었어요. 그러니 그 어떤 나라보다 혼란스러웠지요. 일본도 마찬가지였어요. 물론 일본은 한국을 식민지로 지배하고 있었으니 한국의 쌀을 헐값에 사들이고 일본의 공산품을 강제로 파는 방식을 추진했어요. 하지만 식민지 한 곳만으로는 대공황 위기를 극복하기가 어려웠어요. 일본은 식민지를 더 늘려야 한다고 생각했어요.

독일, 이탈리아, 일본은 대공황을 극복하기 위해 극단적인 방법을 선택했어요. 바로 전쟁이지요. 제2차 세계 대전의 조짐이 바로 이 대공황에서부터 보이는 거예요. 제2차 세계 대전에 대해 살펴보기 전에 이 세 나라 이야기부터 해야 할 것 같아요.

파시즘과 나치즘이 국민의 지지를 받은 까닭은?
└ 전체주의의 등장

가장 먼저 이탈리아에 국민을 선동하는 정치인이 등장했어요. 바로 무솔리니이지요. 무솔리니는 "이탈리아를 전 세계가 가장 두려워하는 강대국으로 만들겠다."라며 국민을 선동했어요.

무솔리니는 "국가가 가장 중요하며 국가를 떠나서는 인간의 존

재 가치가 없다. 국민이 국가를 만드는 게
아니라 국가가 국민을 창조하는 것이다."라
고 주장했어요. 무솔리니는 나아가 "국가의
이익을 위해서는 개인의 자유를 희생해야
하며, 그런 용기를 가진 국민이 고귀한 존재
다."라고 했어요.

로마로 행진하던 때의 무솔리니

　국민의 기본권 따위는 안중에도 없는 것
같지요? 이처럼 국가나 민족을 앞세워 개인
의 자유와 평등 같은 기본권을 억압하며 개인의 사생활까지 모두
통제하는 이념을 전체주의라고 해요. 그중에서 무솔리니의 전체주
의 사상을 파시즘이라고 한답니다.

　1920년대 초반 무솔리니와 파시즘 세력[파시스트]은 로마로 행진했어
요. 그들의 행동에 놀란 왕은 무솔리니를 수상으로 임명할 수밖에
없었어요[1922년]. 이후 무솔리니는 권력을 장악하고 파시스트당의 일
당 독재 체제를 수립했어요. 이들이 이처럼 신속하게 권력을 잡았
다는 것은, 그만큼 이탈리아가 혼란스러웠다는 뜻이기도 해요.

　독일도 비슷한 상황이었어요. 베르사유 조약을 이행하느라 힘겨
웠는데, 대공황까지 들이닥치니 경제가 추락하고 말았어요. 독일
에서는 히틀러가 이끄는 나치스가 국민의 지지를 받았어요. 히틀
러는 "아리아인, 그중에서 게르만 혈통의 독일인이 역사상 가장 우
월한 인종이다."라며 다른 민족, 특히 유대인을 집중 공격했어요.

무솔리니와 히틀러

1937년 뉘른베르크에서 열린 나치스 집
회에 모인 군중과 군인들

실제로 히틀러는 제2차 세계 대전 중 인종 차별 정책에 따라 유대인을 집단 학살했지요.

히틀러는 자유주의 사상도 극도로 싫어했어요. 히틀러는 "의회 민주주의와 싸우고 권위와 명령의 필요성을 깨달아야 한다. 우리 민족을 의회의 어리석음에서 구하겠다."라고도 했답니다. 나치스는 1930년대 초반 총선거에서 승리하면서 집권당이 되었어요. 히틀러는 수상에 올랐지요[1933년]. 권력을 잡은 히틀러는 무솔리니가 그랬던 것처럼 나치스 일당 독재 체제를 수립하고, 총통에 올랐어요. 자신을 반대하는 적을 제거하기 위한 악명 높은 비밀경찰 게슈타포도 만들었어요. 히틀러는 이후 본격적으로 전쟁 준비를 시작했어요. 독일 군대의 무장을 금지한 베르사유 조약을 탈퇴한 게 그 증거죠[1933년 10월].

일본은 어땠을까요?

일본은 제1차 세계 대전의 승전국이었기 때문에 경제가 대체로 좋았어요. 정치 분야에서도 미약하기는 하지만 여러 정당이 들어서면서 정당 정치가 자리 잡는 것처럼 보였어요. 제1차 세계 대전 이전부터 1920년대 중반까지 진행된 일본의 정치 발전을 천황의 연호를 따서 다이쇼 민주주의라고 한답니다.

그랬던 일본이 흔들리기 시작했어요. 민심도 좋지 않았어요. 그런 와중에 일본 간토^{관동} 지방에 대지진이 일어나 10만여 명이 사망했어요^{1923년}. 일본 정부는 한국인이 식수에 독을 탄다며 일본인의 불만을 한국으로 돌렸어요. 이성을 잃은 일본인들은 한국인을 상대로 테러를 저질렀지요. 약 6,000명의 한국인이 이때 목숨을 잃었어요.

공황이 시작된 후 일본에서는 군부 세력, 그러니까 군인들이 권력을 차지한 후 군국주의를 강화했어요. 이렇게 해서 일본에서도 독일, 이탈리아와 마찬가지로 전체주의 세력이 정부를 장악했어요.

파시즘, 나치즘, 군국주의로 무장한 세 나라의 전체주의 정권은 "국가와 민족의 번영을 위해서는 민주주의가 아니라 군사력을 강화해 영토를 넓혀야 한다."라고도 주장했어요. 연일 언론 매체에 이런 내용의 선전과 선동을 내보내면서 국민을 세뇌시켰어요. 민주주의가 후퇴하고 있지요? 당시 세 나라의 국민은 이런 사실을 알아차리지 못했어요. 전체주의 정권이 국가를 부흥시키면 자신들의 삶도 좋아질 거라 생각했거든요. 실제로 이 전체주의 정권은 평범한 중산층과 자본가뿐 아니라 노동자와 농민의 적극적인 지지를 받는답니다. 사회주의자들만 전체주의 정권을 비판했지요.

세 나라의 전체주의 정권은 군대를 증강시켰어요. 왜 그랬겠어요? 침략 전쟁을 일으키기 위해서였어요. 세 나라 중에서 가장 먼저 전쟁을 일으킨 나라는 일본이었어요. 일본은 1930년대 초반 만주를 침략했어요. 이 사건을 만주 사변이라고 하지요^{1931년 9월}.

빌헬름 2세로 상징되는 군국주의자가 쏜 대포가 지구를 한 바퀴 돌아 그의 뒤통수를 향하고 있다. 군국주의는 결국 스스로를 파멸시킬 것이라는 의미를 담은 그림이다.

중일 전쟁 당시 난징에 입성하는 일본군

만주를 점령한 일본은 그곳에 허수아비 정부를 세웠어요. 그 나라가 만주국이에요. 국제 연맹이 이를 비판하자 일본은 국제 연맹을 탈퇴해 버렸어요.1933년 3월. 이어 일본은 중국 본토를 노렸어요. 결국 중국을 침략했지요. 이것이 중일 전쟁이에요.1937년 7월.

이탈리아도 실력 행사에 나섰어요. 이탈리아는 제1차 세계 대전 이전에 아프리카의 에티오피아를 정복하려다 실패한 적이 있어요. 그 에티오피아를 이탈리아가 다시 침략했어요. 이번에는 성공했어요. 무솔리니는 에티오피아를 정복한 후에 "로마 제국이 부활했다."라고 선포했답니다.1936년.

헤밍웨이는 왜 에스파냐에서 총을 들었을까?
└에스파냐 내전과 제2차 세계 대전 발발

독일 이야기를 하기 전에 에스파냐로 가 볼까요? 그곳에서 내전이 벌어지는데, 전체주의 국가들이 단결하는 계기가 되었거든요. 에스파냐 내전은 제2차 세계 대전이 벌어지기 전에 터진 미니 세계 대전이라고 할 수 있어요.

1930년대 초 에스파냐에 공화 정부가 들어섰어요[1931년]. 하지만 이 정부는 국민보다는 귀족을 더 옹호하려 들었어요. 그러자 자유주의자와 사회주의자가 연합해 싸웠어요. 이들은 선거에서 승리해 새 정부를 세웠어요. 그 정부가 인민 전선 정부예요[1936년 2월].

인민 전선 정부는 토지 개혁을 포함한 대대적인 개혁에 돌입했어요. 보수주의자와 군부는 그 개혁이 마음에 들지 않았어요. 결국 프랑코가 군부를 이끌고 인민 전선 정부에 반대하며 쿠데타를 일으켰어요. 이렇게 해서 터진 전쟁이 에스파냐 내전이에요[1936년 7월].

전체주의 세력은 자유주의와 사회주의 모두를 싫어했어요. 특히 사회주의라면 치를 떨 정도였지요. 바로 이 때문에 히틀러와 무솔리니는 에스파냐 내전에 개입해 프랑코를 지원했어요. 에스파냐 내전 덕분에 만난 두 사람은 베를린·로마 추축 협정을 체결했어요[1936년 10월]. 추축은 중심이 된다는 뜻이에요. 그러니 이 협정은 "베를린과 로마가 세계의 중심이 되자."라는 동맹이 되는 거지요.

한 달 후 독일은 일본과 방공 협정을 체결했어요[1936년 11월]. 방공 협정은 함께 소련과 같은 공산주의를 막자는 협정이었어요. 이 방공 협정에 이탈리아가 가세했어요[1937년 11월]. 이렇게 해서 독일, 이탈리아, 일본의 동맹이 만들어지게 되었지요.

프랑코의 얼굴이 새겨진 에스파냐의 주화. 1957년경 발행된 것이다.

이탈리아 공군에 의해 폭격을 당하는 바르셀로나

어니스트 헤밍웨이

　전체주의 국가들이 똘똘 뭉치고 있는 동안 미국, 영국, 프랑스 등 강대국들은 뭘 하고 있었을까요? 미국과 영국은 처음부터 에스파냐 내전에 간섭하지 않겠다고 선언했어요. 프랑스는 초기에 잠시 인민 전선 정부를 도왔지만 곧 발을 뺐지요. 소련이 유일하게 인민 전선 정부에 무기를 지원했지만, 이 정도로는 독일과 이탈리아의 지원을 얻은 프랑코의 군대를 이길 수는 없었어요.

　안타까운 소식이 전 세계에 알려졌어요. 그러자 인민 전선 정부를 지지하는 전 세계의 젊은이들이 에스파냐로 몰려들었어요. 그 젊은이들은 민간 의용군을 조직해 프랑코의 군대와 맞서 싸웠어요. 자기 나라의 전쟁은 아니지만 민주주의를 지키려는 의로운 싸움을 한 것이지요. 미국의 유명한 소설가 헤밍웨이도 이 전쟁에 참전했어요. 그는 나중에 에스파냐 내전을 배경으로 한 소설《누구를 위하여 종은 울리나》를 썼답니다.

　에스파냐 내전은 무려 4년 동안 계속되었어요. 결국에는 인민 전선 정부가 패했지요. 프랑코는 에스파냐의 수도 마드리드를 점령했고[1939년 1월], 이어 에스파냐의 통령에 올랐어요[1939년 8월]. 이로써 에스파냐에도 전체주의 정권이 들어섰어요.

　이제 독일의 이야기를 할게요. 일본은 아시아에서 중국을 노렸고, 이탈리아는 아프리카의 에티오피아를 노렸어요. 독일은 어디를 노렸을까요?

　독일이 가장 먼저 침략한 곳은 오스트리아였어요. 오스트리아와

제2차 세계 대전 발발 무렵의 유럽

독일이 같은 게르만족이기 때문에 하나로 합쳐야 한다는 이유를 내세웠지요. 독일은 오스트리아를 곧바로 병합했어요[1938년 3월].

사실 영국과 프랑스는 독일의 이런 침략 행위를 알고도 묵인했어요. 오히려 달래려고 애를 썼지요. 독일의 요구를 어느 정도 들어주면 대형 전쟁을 일으키지는 않을 거라고 판단한 거지요. 하지만 이는 아주 잘못된 판단이었어요.

오스트리아를 얻자 독일은 더 많은 요구를 하기 시작했어요. 독일은 체코슬로바키아도 병합하겠다고 했어요. 오스트리아를 병합할 때와 같은 이유를 댔지요. 체코슬로바키아의 여러 지방에 독일인이 많다는 거예요. 영국과 프랑스가 어물쩍하는 사이에 독일은 체코슬로바키아 전체를 점령했어요[1939년 3월].

전체주의 국가들이 여기에서 만족했을까요? 아니었어요. 세력을 더 넓히려고 했지요. 그 결과는 다 알고 있는 대로예요. 제2차 세계 대전이 터졌어요.

독일은 제1차 세계 대전 때도 동부 전선에서 러시아 군대와 싸우느라 애를 먹었어요. 그로부터 수십 년이 흘렀으니 소련의 군사력은 훨씬 강해졌을 거예요. 여전히 소련은 상대하기에 벅찬 나라였지요. 히틀러는 우선 소련부터 설득해 서로 침략하지 말자는 불가침 조약을 체결했어요[1939년 8월].

소련을 달래 놓았으니 더 이상 독일에 방해가 될 국가는 없다고 히틀러는 생각했어요. 독일 군대가 곧바로 동쪽의 폴란드로 진격했지요. 그러자 영국과 프랑스가 독일에 선전 포고를 했어요. 이로써 제2차 세계 대전이 터졌지요[1939년 9월].

히틀러, 소련을 침공하다
└제2차 세계 대전의 전개와 종결

제2차 세계 대전은 제1차 세계 대전과 달리 유럽을 넘어 전 세계에서 진행되었어요. 그래서 전투가 발생한 시간 순서대로 알아 두는 게 좋아요.

독일은 2주 만에 폴란드를 정복했어요. 폴란드의 일부는 소련이 가져갔지요. 불가침 조약을 맺었으니 두 나라는 싸우지 않았어요. 사회주의 국가와 전체주의 국가가 힘이 약한 폴란드를 나눠 가진 셈이에요. 게다가 소련은 폴란드 말고도 핀란드까지 강제로 정복해 버렸어요. 국제 연맹은 소련의 침략을 비난하며 회원국 자격을 박탈했지요.

독일은 이어 북쪽과 서쪽으로 진격했어요. 가장 먼저 덴마크와 노르웨이가 독일에게 점령되었어요¹⁹⁴⁰년 4월. 독일은 바로 다음 달에 벨기에, 네덜란드, 룩셈부르크를 손에 넣었어요¹⁹⁴⁰년 5월. 또 그 다음 달에는 프랑스가 독일의 침략에 대비해 쌓아 놓은 요새인 마지노선을 뚫고 프랑스로 진격했어요. 독일은 순식간에 프랑스 파리를 점령해 버렸어요¹⁹⁴⁰년 6월. 제1차 세계 대전 때는 지루한 참호전이 계속되었는데, 제2차 세계 대전 때는 상황이 많이 다르지요?

독일은 거침이 없었어요. 이어 영국을 제압하기 위해 영국 본토의 공군 기지를 폭격하기 시작했어요¹⁹⁴⁰년 7월. 이 폭격이 큰 효과를

독일 공군에 의해 폭격당한 런던 시내. 소방관들이 불을 끄고 있다.

소련군을 향해 수류탄을 던지는 독일 병사

독일의 공격을 피해 피난을 가는 소련 레닌그라드의 시민들

거두지 못하자 이번에는 민간인이 살고 있는 런던과 주요 도시를 폭격했어요.^{1940년 9월} 그러나 영국은 무너지지 않았어요. 영국의 수상 처칠은 끝까지 독일과 싸울 것이라고 선언했어요. 결국 독일은 영국을 꺾지 못했어요.

독일은 동유럽과 지중해 일대에서도 잇달아 승리를 거두었어요. 헝가리, 루마니아, 불가리아를 모두 정복했어요. 이탈리아가 그리스를 침략했다가 위기에 처하자 독일이 재빨리 지원에 나섰어요. 독일은 이참에 그리스도 정복했어요.^{1940년 10월} 이어 독일과 이탈리아는 지중해를 건너 북아프리카까지 침략했지요.

제2차 세계 대전 초기에는 이처럼 독일의 기세가 하늘을 찔렀어요. 프랑스마저 정복되었으니 연합국은 제대로 대처하지도 못했지요. 하지만 영국은 건재했어요. 이 때문에 조기에 전쟁을 끝내려는 히틀러의 계획은 실패로 돌아갔어요. 전쟁이 꽤 길어질 것 같았어요.

히틀러는 전쟁에 필요한 식량이나 군수 물자, 석유가 필요했어요. 또한 언젠가는 소련을 반드시 꺾어야 한다고도 생각했어요. 이 두 가지를 한꺼번에 해결할 방법을 찾았어요. 바로 소련을 정복하는 거예요. 소련과는 불가침 조약을 체결했지만, 그 조약은 깨 버리면 그만이지요. 독일은 주저하지 않고 소련을 침공했어요.^{1941년 6월}

이 무렵 태평양에서는 일본이 일으킨 또 다른 전쟁이 시작되었어요. 바로 태평양 전쟁인데, 제2차 세계 대전 중에 포함된 전쟁이라고 보면 됩니다.

일본은 중국과 전쟁을 벌이고 있었지요? 그 전쟁이 길어지자 군수 물자가 많이 부족해졌어요. 일본은 물자를 확보하기 위해 동남아시아로 진출했어요. 프랑스가 독일에 점령되었으니 그 틈을 노려 프랑스가 지배하던 인도차이나반도를 얻으려는 거였지요. 이 목표는 이루었어요. 그러나 문제가 생겼어요. 미국이 "당장 인도차이나반도에서 철수하라."라고 요구한 거예요.

일본이 미국의 경고를 받아들였을까요? 아니에요. 일본은 오히려 미국을 치기로 했어요. 일본은 새벽을 틈타 미국 태평양 함대가 있는 하와이 진주만 기지를 공격했어요^{1941년 12월}.

이 진주만 폭격은 선전 포고도 하지 않은 기습 공격이었어요. 때문에 미국의 피해가 매우 컸어요. 죽거나 다친 병사만 3,000명이 넘었고, 180여 대의 항공기와 8척의 전함이 폭파되었지요.

사실 제2차 세계 대전 초기까지만 해도 미국은 참전하지 않았어요. 이 또한 외국의 일에는 간섭하지 않겠다는 먼로주의에 따른 것이지요. 하지만 이 진주만 습격으로 미국이 큰 피해를

일본 공군에 의해 공격당하는 미국의 전함들

입었으니 더 이상 가만히 있을 수 없게 되었어요. 미국은 바로 다음 날 일본에 선전 포고를 했어요. 이렇게 해서 태평양 전쟁이 시작된 거예요.[1941년 12월]

제2차 세계 대전이 터진 지 햇수로 4년째로 접어든 1942년. 그 사이에 미국이 참전했으니 연합군의 전력이 크게 보강되었어요. 게다가 연합군의 조직력도 어느 정도 강화되었지요. 그 결과 드디어 연합군이 전세를 역전시켰어요. 유럽, 아프리카, 태평양에서 연합군의 승전 소식이 들려오기 시작했어요.

우선 태평양 전쟁에서 미국이 잇달아 일본을 격파했어요. 미국은 오스트레일리아 북동부의 산호해에서 일본을 격파하고[1942년 5월], 이어 하와이 북서쪽 미드웨이섬 주변에서 치른 미드웨이 해전에서도 일본을 또다시 물리쳤지요.[1942년 6월]

독일이 소련을 침공한 사실을 기억하지요? 여러 전투가 치러졌는데, 그중 스탈린그라드[현재의 볼고그라드]에서도 전투가 벌어졌어요.[1942년 7월] 이 전투에 히틀러는 600여 대의 전투기를 투입해 스탈린그라드를 폭격했어요. 그 바람에 4만 명 이상이 목숨을 잃었지요. 이 전투는 6개월 이상 계속되었는데 소련이 승리한답니다.

이 스탈린그라드 전투가 독일에겐 치명적이었어요. 이 전투를 계기로 독일의 기세가 확 꺾였거든요. 실제로 얼마 지나지 않아 아프리카에서도 연합군의 승전보가 들려왔어요. 미국과 영국을 중심으로 한 연합군이 독일의 최강 부대를 격파한 거예요.[1942년 11월]

1943년의 해가 밝았어요. 연합군 진영은 활기로 넘쳐났어요. 이때부터 본격적으로 연합군이 독일, 이탈리아, 일본을 압박하기 시작했어요. 소련이 스탈린그라드 전투에서 최종적으로 승리한 게 이 무렵이지요[1943년 2월].

전쟁을 일으킨 세 나라는 위기에 처했어요. 가장 먼저 항복한 나라는 이탈리아였어요. 아프리카를 되찾은 연합군이 그대로 지중해를 건너 이탈리아로 진격해 무솔리니 정권을 무너뜨렸거든요[1943년 9월]. 독재자 무솔리니는 나중에 달아나다 붙잡혀 국민의 손에 처형되었답니다.

롬멜이 이끄는 독일의 아프리카 전차 부대는 최강의 화력을 자랑했지만, 결국 연합군의 공격에 무너졌다.

또다시 해가 바뀌어 1944년이 되었어요. 전세가 기울었지만 독일과 일본은 항복하지 않고 끝까지 저항했어요. 이에 연합군은 프랑스 노르망디 해안으로 상륙해 독일로 진군하는 노르망디

노르망디 상륙 작전을 펼치는 연합군

상륙 작전을 감행했어요[1944년 6월]. 이 작전은 대성공이었어요. 연합군은 곧바로 독일군을 몰아내 프랑스를 해방시켰어요[1944년 8월].

연합군은 멈추지 않고 독일로 향했어요. 그 사이에 해가 바뀌어 1945년이 되었어요. 프랑스로부터 진격한 연합군이 먼저 독일에 진입했고, 이어 동쪽의 소련 군대가 독일로 진격해 베를린을 포위했어요. 연합군이 베를린을 향해 진격한다는 소식을 들은 히틀러는

일본 나가사키에 투하된 원자폭탄이 폭발
하면서 형성된 핵구름

자살했고, 독일은 마침내 항복했어요.^{1945년 5월}

이제 일본만 남았어요. 미국은 태평양 일대의 섬들을 하나씩 되찾았어요. 소련도 태평양 전쟁에 참전한다고 선언했지요. 그러나 일본은 항복하지 않고 끝까지 저항했어요. 결국 미국은 히로시마와 나가사키에 원자 폭탄을 떨어뜨렸어요. 일본도 더 이상 저항할 수 없었어요. 마침내 일본도 항복했지요. 이로써 제2차 세계 대전이 끝이 났어요.^{1945년 8월}

대서양 헌장에 따라 만들어진 국제기구는?
└전쟁의 종결 및 새 국제 질서의 수립

제2차 세계 대전 때는 수많은 사람들이 희생되었어요. 인류 역사상 가장 피해가 컸던 전쟁이죠. 군인과 민간인을 합쳐 5,400만 명 정도가 희생된 것으로 추산되고 있어요. 제1차 세계 대전과 비교하면 두 배가 넘는 희생자가 발생한 거예요. 산업 시설이 완전히 파괴되고 많은 도시들이 잿더미로 변했죠.

제2차 세계 대전 때는 반인륜적 범죄도 많았어요. 뒤에서 다시 다루겠지만 유대인 학살이나 난징 대학살, 생체 실험 같은 게 대표적이죠. 전 세계가 극도로 혼란스러우니 전후 처리를 위한 국제 사회의 고심도 커졌어요.

제1차 세계 대전이 끝난 후에 파리 강화 회의가 열렸지요? 파리 강화 회의에서 국제 평화의 원칙으로 삼은 것이 미국 윌슨 대통령이 제안한 14개조 원칙이었어요. 제2차 세계 대전 이후의 국제 질서를 논의할 때도 미국의 영향력이 컸답니다.

런던 거리에 있는 처칠(오른쪽)과 루스벨트의 동상

제2차 세계 대전 때는 좀 더 일찍 전후 처리와 새로운 국제 질서를 수립하기 위한 논의가 시작되었어요. 전쟁이 진행 중일 때 미국의 루스벨트 대통령과 영국의 처칠 총리가 만나 전후의 국제 평화 원칙을 마련했어요. 이것이 대서양 헌장이에요1941년 8월.

이 대서양 헌장에서 미국과 영국은 "강탈된 주권과 자치가 회복될 것을 희망한다."라고 밝혔어요. 또 "침략의 위협이 있는 나라의 무장을 해제하고 영원히 지속될 안전 보장 제도를 만든다."라고도 선언했어요. 이 대서양 헌정은 제2차 세계 대전 이후의 국제 질서를 수립하는 데 꼭 필요한 평화 원칙이라고 할 수 있어요.

전쟁이 막바지로 치달으면서 이 대서양 헌장의 평화 원칙을 바탕으로 여러 국제 회담이 열렸어요. 제1차 세계 대전 때와 달리 제2차 세계 대전 때는 전쟁이 끝나기 전에 전후 질서에 대한 논의가 활발하게 이루어졌던 거예요.

우선 이집트 카이로에서 미국, 영국, 중국의 정상이 만났어요.

카이로 회담에서 만난 장제스와 루스벨트, 처칠

이것이 카이로 회담이에요[1943년 11월]. 이 카이로 회담에서는 일본을 응징하고 한국의 독립을 보장하기로 결정했어요. 카이로 회담은 한국의 독립이 국제적으로 논의된 첫 회담이랍니다.

같은 달에 이란 테헤란에서도 회담이 열렸어요[1943년 11월]. 이 테헤란 회담에서는 연합군이 프랑스 노르망디 상륙 작전을 감행해 독일로 진격하자는 결정을 내렸어요.

크림반도의 얄타에서도 회담이 열렸어요[1945년 2월]. 이 얄타 회담에서는 전쟁을 끝낸 후 독일을 어떻게 처리할 것이냐를 논의했어요. 그 결과 미국, 영국, 프랑스, 소련이 독일을 분할 통치하기로 했지요. 소련의 참전도 이 얄타 회담에서 결정되었답니다.

제2차 세계 대전이 끝나기 직전에 미국, 영국, 중국의 정상이 포츠담에서 다시 회담을 가졌어요[1945년 7월]. 이 포츠담 회담은 이전까지의 결정을 확인하는 자리였어요. 그 결과 지금까지 약속한 내용을 그대로 이행하기로 했지요. 물론 한국의 독립을 포함해서요.

이처럼 여러 차례 국제 회담을 통해 전쟁 이후의 국제 질서를 미리 논의했으니 큰 잡음 없이 뒤처리가 진행되었어요.

우선 독일은 미국, 영국, 프랑스, 소련 등 네 국가가 분할해 통치하기로 했어요. 일본은 미군정*의 통치를 받았는데, 샌프란시스코 강화 조약에서 주권을 회복시킨다는 결정이 내려짐에 따라 독립국

● 미군정 '군정'은 전쟁을 통해 점령한 지역에서 승전국의 군대가 주체가 되어 통치를 하는 정치 형태이다. 미군정은 미군 군대가 통치를 하는 것으로, 태평양 전쟁 이후 일본과 6·25 전쟁 이후 한국에서 실시되었다.

으로 재탄생할 수 있었지요[1961년].

제1차 세계 대전이 끝난 후에 국제 연맹이 만들어졌었지요? 하지만 미국, 소련 등 강대국이 참여하지 않는 바람에 있으나 마나 한 국제기구가 되어 버렸어요. 이번에는 달랐어요. 대서양 헌장에서 밝힌 대로 전쟁을 방지하고 평화를 유지하기 위한 실질적인 국제기구를 만들었지요. 그것이 바로 국제 연합[UN]이에요.

국제 연합은 강대국들이 중심이 된 안전 보장 이사회를 두었어요. 또 유엔군을 따로 두어 군사력을 갖췄어요. 유엔군은 지금까지도 국제 분쟁 지역에 파견되어 때로는 무력으로 진압하고 때로는 갈등을 막는 역할을 하고 있답니다.

★ 단원 정리 노트 ★

1. 제1차 세계 대전의 발생 과정

3국 동맹과 3국 협상

게르만족의 통일 국가인 독일이 탄생했다. 독일은 영국과 프랑스를 견제하려고 오스트리아·헝가리 제국, 이탈리아와 3국 동맹을 맺는다. 이에 영국과 프랑스는 러시아를 끌어들여 3국 협상을 체결한다.

⇩

범슬라브주의와 범게르만주의의 충돌

오스만 제국의 지배를 받아 온 발칸반도의 여러 나라에는 오스만 제국이 약해지면서 독립의 기운이 싹텄다. 그 가운데 슬라브족이 중심이 되어 세운 세르비아는 범슬라브주의를 외치며 슬라브족 통일 국가를 만들고자 했다. 발칸반도와 인접한 오스트리아·헝가리 제국은 이에 맞서 범게르만주의를 내세웠다. 슬라브족의 배후에는 러시아가, 게르만족의 배후에는 독일이 있었다.

⇩

사라예보 사건

오스트리아·헝가리 제국은 보스니아를 합병했다. 당연히 보스니아 국민들은 반발했다. 그러던 중 오스트리아·헝가리의 황태자 부부가 보스니아 군대를 시찰하기 위해 방문했다가 범슬라브주의를 따르는 세르비아의 과격파 청년이 쏜 총탄에 사망하는 사건이 발생한다. 즉각 오스트리아·헝가리는 세르비아에 선전 포고를 했다.

3국 동맹과 3국 협상의 대결

세르비아는 러시아에 도움을 요청한다. 그러자 오스트리아 · 헝가리 제국은 독일에 지원을 요청한다. 결국 이 분쟁은 3국 동맹과 3국 협상의 대결로 확대된다.

2. 제1차 세계 대전의 전개 과정과 결과

독일의 벨기에 침공으로 제1차 세계 대전 발발

러시아와 프랑스 사이에 끼어 있는 독일은 먼저 프랑스를 치기로 하고 프랑스와 독일 사이의 벨기에를 점령한 뒤 곧바로 프랑스로 향한다.

⇩

점점 확산되는 세계 대전

독일이 프랑스를 공격하자 영국이 전쟁에 끼어든다. 독일의 동쪽에서는 군대를 정비한 러시아가 공격해 왔다. 오스트리아 · 헝가리, 이탈리아 외에 불가리아와 오스만 제국이 독일 편에 서지만, 이들 나라는 큰 도움이 되지 않았다.

⇩

미국의 참전

미국은 유럽에서 터진 전쟁에 관여하지 않았지만, 독일 잠수함 U보트가 100명 넘는 미국인이 타고 있던 영국 여객선을 침몰시키자 참전하게 된다. 중간에 러시아가 혁명을 겪으며 전쟁에서 물러나지만, 이미 전세는 독일에 불리해진 뒤였다.

⇩

독일 혁명과 동맹국의 항복

독일의 동맹국들이 하나둘 항복을 선언한다. 독일 역시 풍전등화의 상황이었지만, 독일 황제와 군부는 끝까지 버틴다. 참다못한 독일 국민이 혁명을 일으킨다. 제정이 무너지고 독일에 공화정 정부가 들어선다. 공화정 정부는 오래지 않아 연합국에 항복하고, 제1차 세계 대전은 막을 내린다.

⇩

최강대국으로 급부상한 미국과 동맹국 식민지의 독립

미국은 세계 최강대국으로 우뚝 선다. 파리 강화 회의를 통해 채택된 민족 자결주의에 따라 패전국의 식민지들은 독립하게 된다. 승전국들은 여전히 식민지를 유지했을 뿐만 아니라, 전쟁 때 입은 피해를 메우기 위해 식민지를 더욱 착취한다. 하지만 제1차 세계 대전 이후 식민지 국가들에서는 민족의식이 강해지면서 독립운동 역시 더욱 활발해진다.

3. 제2차 세계 대전을 일으킨 독일과 이탈리아, 일본의 사정

세계 대공황과 전체주의의 확산

제1차 세계 대전은 3국 동맹과 3국 협상이라는 양강 구도에 슬라브족과 게르만족의 민족 감정이 도화선이 되어 터진 전쟁이었다. 제2차 세계 대전은 세계 최대의 경제 대국인 미국에서 발생한 경제 공황이 전쟁의 불씨가 되었다. 공황이 전 세계 경제에 악영향을 미치자, 제1차 세계 대전의 승전국인 영국과 프랑스는 식민지를 더욱 쥐어짜면서 근근이 경제를 유지할 수 있었고, 미국은 뉴딜 정책을 통해 조금씩 경제를 회복하고 있었다. 반면에 패전국 이탈리아와 독일은 경제난이 심각해졌고, 국민의 불만이 커지는 가운데 강력한 국가를 약속하는 무솔리니와 히틀러가 등장하면서 군국주의와 전체주의가 확산된다.

제2차 세계 대전의 전초전이었던 에스파냐 내전

1930년대 초 에스파냐에 들어선 공화 정부는 국민 편에 서기보다는 귀족을 옹호했다. 자유주의자와 사회주의자들은 선거를 통해 인민 전선 정부를 세운다. 인민 전선 정부의 대대적인 개혁에 반기를 든 보수주의자와 군부 세력을 등에 업은 프랑코가 쿠데타를 일으키고, 이로써 에스파냐 내전이 시작된다(1936년).

독일과 이탈리아는 에스파냐의 쿠데타 군부 세력을 지원하고, 소련을 비롯한 영국, 프랑스 등이 인민 전선 정부를 도왔지만, 결국 내전은 쿠데타 군부 세력의 승리로 끝난다(1939년 1월). 같은 해에 독일은 소련과 불가침 조약을 맺고(1939년 8월), 곧바로 폴란드를 침공한다. 이에 영국과 프랑스는 독일에 선전 포고를 한다. 이로써 제2차 세계 대전이 시작된다(1939년 9월).

이탈리아

추축국이었던 이탈리아는 제1차 세계 대전 때 입장을 바꾸어 연합국에 가담하여 승전국에 포함되었지만, 전쟁이 끝난 뒤 얻은 것이 별로 없었다. 세계 대공황으로 살기가 어려워지자 정부를 비판하는 목소리가 커졌고, 이런 분위기 속에서 무솔리니는 로마 제국의 영광을 되살리겠다고 국민을 선동하며 지지를 얻는다. 무솔리니의 기세에 겁을 먹은 이탈리아 왕은 그를 총리에 임명하고 권력을 넘긴다. 이때부터 이탈리아는 전체주의 국가로 변모한다.

독일

제1차 세계 대전의 전범 국가인 독일은 많은 것을 잃었고 막대한 전쟁 배상금을 물어야 했다. 패전으로 인해 식민지를 모두 잃었기 때문에 영국이나 프랑스처럼 쥐어짤 식민지도 없었다. 이런 상황에서 대공황이 터지자 국민의 원성이 하늘을 찔렀다. 이때 강력한 독일을 재건하겠다며 히틀러와 나치스가 등장했다. 전체주의로 인해 사회는 경직되었지만, 강력한 독일을 원하는 국민들은 그를 지지했고, 정권을 장악한 히틀러는 군사력 강화에 집중한다.

일본

일본은 제1차 세계 대전의 승전국에 속했지만, 동아시아와 태평양 지역에서 세력이 점점 커지자 미국과 영국의 견제를 받기 시작한다. 세계 대공황의 여파는 일본 경제도 뒤흔들었다. 그래서 식민지인 한국을 넘어 중국까지 손에 넣기 위해 중국을 상대로 전쟁을 벌였고 승리했다. 그러던 중 유럽에서 제2차 세계 대전이 터지고 독일이 프랑스를 점령한다. 일본은 독일과 동맹 관계였기 때문에 프랑스의 식민지인 인도차이나반도를 차지하려 했다. 그러자 미국이 압박한다. 일본은 동아시아와 태평양 지역으로 세력을 확장하기 위해서는 미국이라는 걸림돌을 없애야 한다고 생각했다.

4. 제2차 세계 대전의 전후 처리 과정과 결과

제2차 세계 대전의 전후 처리 논의와 결과

- 대서양 헌장(1941년 8월) : 미국과 영국의 정상이 만나 국제 평화 원칙 마련

- 카이로 회담(1943년 11월) : 미국, 영국, 중국의 정상이 만나 일본의 영토 문제를 논의하고 한국의 독립을 보장하기로 결의

- 얄타 회담(1945년 2월) : 미국, 영국, 소련의 정상이 만나 전후 독일의 분할 통치와 소련의 참전 결의

- 포츠담 회담(1945년 7월) : 미국, 영국, 중국의 정상이 만나 이전까지 결의한 내용을 이행할 것을 다짐

- 미국, 영국, 소련이 독일을 분할 통치

- 일본에서 미군정 실시 → 1951년 샌프란시스코 회의에서 일본의 독립국 지위 회복

- 국제 연합(UN) 창설

제2차 세계 대전이 우리에게 남긴 것

제2차 세계 대전은 전 세계적인 경제난이 주요한 원인이었다. 삶이 점점 힘들어지는 상황에서 이탈리아와 독일, 일본의 국민은 전체주의와 제국주의, 군국주의를 내세운 권력자에게 선동되고 세뇌되어 힘을 실어 주었다. 개개인의 힘든 상황이 역사의 큰 비극을 만들어 낼 수도 있다는 점을 보여 준다. 역사를 통해 우리 자신을 돌아보아야 하는 이유이다.

17

민주주의의 확산

: 주권은 언제나 국민에게 있다

- 제1차 세계 대전 이후 탄생한 독립국들에 대해 이야기해 보세요.
- 전 세계에서 참정권이 확대되는 과정을 설명해 보세요.
- 미국에서 자본주의가 빨리 발전할 수 있었던 이유를 설명해 보세요.
- 국제 노동 기구는 왜 만들었으며 어떤 역할을 하고 있는지 이야기해 보세요.

가장 먼저 여성에 투표권을 준 나라는?

└민주주의 발전과 참정권의 확대

두 차례의 세계 대전을 치르는 동안 세계는 많이 달라졌어요. 대략 1910년대부터 1940년대까지 정치와 경제 분야에서 달라진 점을 짚어 볼게요.

정치 분야를 먼저 보자면, 제1차 세계 대전 이후에 여러 나라에 공화국 정부가 들어섰다는 점을 기억하세요. 더불어 민주주의가 크게 발전했죠. 하나씩 볼까요?

제1차 세계 대전을 일으킨 독일은 황제가 통치하는 국가였어요.

이 독일 제국은 혁명으로 무너졌어요. 혁명 세력은 제헌 의회*를 구성했고, 이어 바이마르 헌법을 만들었어요. 그 다음에는 독일 의회가 바이마르 공화국의 수립을 선포했어요[1919년].

오스트리아·헝가리 제국은 해체되어 민주 공화국이 탄생했어요. 오스만 제국 역시 시리아, 이라크, 팔레스타인 등으로 분리되었고, 아나톨리아반도의 오스만 제국은 터키 공화국으로 재탄생했어요[1923년].

제1차 세계 대전 이후에 패전국의 식민지들은 독립을 얻었어요. 폴란드와 체코슬로바키아가 이때 독립했어요. 민족 자결주의에 따른 것인데, 연합국의 식민지에는 이 원칙이 적용되지 않았다고 했죠? 그 때문에 한국을 비롯한 아시아의 여러 국가들은 독립을 얻지 못했어요.

러시아는 패전국이 아니었지만 러시아의 지배를 받았던 발트 3국, 그러니까 라트비아, 에스토니아, 리투아니아도 이때 독립을 얻었고 북유럽의 핀란드도 마찬가지로 독립을 얻었답니다.

여러 나라들이 새로 생겨났거나 독립을 했죠? 이 나라들은 거의 모두가 민주주의 헌법을 채택했어요. 시민들이 정치에 참여할 수 있는 길도 크게 넓어졌죠. 그 결과 민주주의가 크게 발전할 수 있었던 거예요.

선거를 '민주주의의 꽃'이라고 해요. 국민이 투표라는 행위를 통해 주권을 행사하면서 정치에 참여할 수 있기 때문이에요. 이런 권

• 제헌 의회 헌법을 제정하는 의회

미국 여성의 참정권을 요구하는 시위 행렬에 동참할 것을 호소하는 포스터

리를 참정권이라고 하죠. 성별, 재산에 관계없이 누구나 한 표를 행사하는 게 지극히 당연하죠? 이런 선거를 보통 선거라고 하는데, 각국에 공화국 정부가 들어선 1920년대부터 서서히 정착됐어요. 그전에는 주로 재산이 많은 남성만 투표할 수 있었답니다. 가난하면 투표를 할 수 없었던 거예요.

일반 시민에게도 투표권을 가장 먼저 준 나라는 영국이었어요. 영국은 1832년부터 잇달아 선거법을 개정하면서 투표 자격을 넓혔지요. 프랑스에서는 1848년에 투표권을 모든 성인 남성에게 줬어요. 하지만 여성에게는 투표권을 주지 않았어요. 그러니 아직 완벽한 보통 선거는 아니었지요.

여성들은 언제부터 투표할 수 있었을까요? 사실 투표권을 얻기까지 여성들은 꽤 오랜 기간에 걸쳐 투쟁했어요. 여성 운동가들이 등장한 것은 18세기 후반이었어요. 19세기로 접어든 후에는 여러 단체들이 만들어졌죠. 이 단체들이 중심이 돼 여성 참정권 운동을 전개했어요. 그 결과 1893년, 뉴질랜드에서 가장 먼저 여성 참정권을 인정했답니다.

제1차 세계 대전이 터진 후 참정권은 크게 확대됐어요. 이미 말한 대로 제1차 세계 대전은 총력전이었어요. 전쟁이 터지자 남성들은 전쟁터로 나갔어요. 그렇다면 누가 공장에서 일을 하지요? 바로 여성들이었어요. 여성들은 총을 들지만 않았을 뿐 전쟁의 승리에 크게 기여한 일등 공신이었지요. 이 때문에 전쟁이 끝난 후 여성들의 사회적·경제적 지위가 크게 향상되었어요. 그 결과 여러 나라에서 여성들에게도 선거권을 포함해 정치에 참여할 수 있는 권리를 주었어요.

사회주의 혁명에 성공한 러시아 소비에트 정부는 모든 성인에게 투표권을 줬어요. 독일은 바이마르 정부가 출범하는 1919년에 이미 20세 이상 남녀 모두에게 투표권을 줬죠. 영국은 1918년에 21세 이상 남성과 30세 이상 여성 모두에게 투표권을 줬어요. 여전히 여성에 대한 차별이 남아 있지만 그래도 많이 발전한 셈이에요. 영국이 여성의 참정권을 21세 이상으로 확대한 것은 1928년이었어요. 1920년에는 미국이, 1944년에는 프랑스가 여성에게 투표권을 줬죠.

그렇다면 아시아에서는 언제 여성에게 투표권이 주어졌을까요? 우리나라는 1948년, 일본은 1945년에 여성들이 참정권을 얻을 수 있었어요. 다른 아시아 국가들도 모두 제2차 세계 대전이 끝나고 난 후에 보통 선거가 시행됐죠. 제1차 세계 대전 직후의 민족 자결주의가 아시아 국가들에게는 적용되지 않았기 때문이에요. 그러니 아시아에서는 1945년 이후 독립을 얻은 후에야 비로소 민주주의가 시작된 거예요.

1920년대의 미국을 왜 광란의 시대라 할까?
└자본주의의 발전과 노동자의 권리 확대

제1차 세계 대전은 유럽에서 발생했어요. 모든 전투는 유럽에서 벌어졌죠. 그러니 유럽이 입은 경제적 피해는 이루 말할 수 없이 컸어요. 하지만 이 전쟁으로 인해 크게 번영한 나라도 있죠. 바로 미국이었어요.

아메리카 대륙에서는 아무런 전투도 안 일어났어요. 전쟁 도중에 미국은 연합국에 무기와 군수 물자를 팔아 막대한 돈을 벌었어요. 전쟁이 끝난 후 유럽 국가들은 황폐해진 국토와 부서진 공장 설비를 복구하느라 진땀을 빼야 했어요. 미국은 그런 유럽에 상품을 팔면서 다시 또 경제적 이익을 얻었죠.

그 결과 미국이 세계 최고 강대국으로 부상했어요. 사실 20세기로 접어들면서 미국 경제는 눈부실 정도로 발전했어요. 자동차, 제철, 석유화학, 전기와 같은 중화학 공업도 발달했어요. 전 세계에서 미국으로 이민자가 몰려들었어요. 아메리카 대륙에는 자원도 풍부했죠. 게다가 유럽에 상품을 많이 팔았으니 돈도 많았어요. 이러니 미국이 세계 최고 강대국으로 성장할 수 있었던 거예요.

1920년대에 접어들면서 미국에서는 자본주의가 본격적으로 발전했어요. 실제로 미국은 1920년대를 '광란의 시대'라고 부를 정도로 생산과 소비가 모두 폭발적으로 늘었어요. 이 무렵부터 자동차 대중화 시대를 맞아 한 가구당 자동차 한 대씩은 보유하게 되었죠.

자동차 산업이 발전하면서 대량 생산 시스템이 자리 잡았어요. 대량으로 생산된 제품은 대량으로 팔 수 있어야 자본주의 체제가 유지돼요. 이때부터 제품을 잘 팔아 보려는 마케팅과 광고 회사들이 생겨났고 백화점도 곳곳에 들어섰죠.

영화와 스포츠 산업, 재즈 음악 등 대중문화가 미국에서 본격적으로 발전한 것도 1920년대의 일이었어요. 미국에서 유행한 대중문화는 나중에 유럽으로 확산되어 크게 유행하기도 했답니다.

자본주의가 발달하면서 노동자의 권리 또한 확대되고 있었어요. 사실 너무나 당연한 일이에요. 하지만 산업 혁명이 한창 전 세계로 퍼질 때까지만 해도 노동자의 권리는 아예 존재하지도 않았답니다. 성인 남성뿐 아니라 아동이나 여성들도 아무런 권리를 보장받지 못한 채 장시간 힘든 노동을 해야 했어요.

영국은 1867년 선거법을 개정하면서 노동자에게 투표권을 줬어요. 이후 여러 나라에서 노동자를 대변하는 정당이 만들어지거나 노동자의 복지를 위한 여러 법률이 만들어졌어요. 1886년 5월 1일에는 미국에서 8시간 노동제를 요구하는 총파업이 벌어지기도 했어요. 이후 노동자들은 노동조합을 조직해 사용자인 기업가와 임금이나 근로 조건 등을 협상할 수 있게 되었어요.

제1차 세계 대전이 터지자 노동자들은 자기 나라의 승리를 위해

1919년 워싱턴 D.C.에서 열린 제1회 국제 노동 회의에 참석한 회원들

열심히 공장에서 일했어요. 여성들이 제1차 세계 대전 당시 열심히 일하면서 사회적 지위가 올라갔듯이 노동자의 지위도 이 덕분에 올라갈 수 있었죠. 그 때문이었을까요? 제1차 세계 대전이 끝나고 체결된 베르사유 조약에 따라 국제 노동 기구[ILO]가 드디어 설립됐어요. 또한 하루 노동 시간은 8시간, 1주일 노동 시간은 48시간으로 하도록 국제 표준도 만들었죠.

제2차 세계 대전은 경제 위기로부터 비롯됐어요. 미국에서 시작된 대공황이 전 세계로 확산하면서 전체주의 세력이 힘을 얻었거든요. 미국 정부는 뉴딜 정책을 시행하며 적극적으로 경제에 개입했어요. 이전까지만 해도 정부는 경제에 개입하지 않는 것이 불문율이었어요. 그러던 것이 대공황 이후 달라진 거예요.

　　민주주의가 발전하면서 정부의 개입은 더 많아지고 있어요. 그 결과 정부가 사회 보장 제도를 적극 도입하는 등 국민의 복지에도 더 많은 신경을 쓰고 있어요. 복지 국가란 정부가 직접 나서 국민의 생존권을 보장하고 복지를 증진하며 행복을 추구할 수 있도록 하는 나라를 뜻해요. 사회 보험과 연금 등의 사회 보장 제도를 시행하는 것도 이 복지 국가의 이념을 실현시키기 위해서랍니다. 물론 실업자를 적극 구제하는 것도 여기에 포함되죠.

★ 단원 정리 노트 ★

1. 여성 참정권

① 여성의 정치 참여가 가능해진 이유

- 제정과 왕정이 무너지고 공화정이 들어서면서 일반 시민의 정치 참여 요구가 확대

- 두 번의 세계 대전이 총력전으로 전개되면서 국민의 중요성이 부각됨

- 세계 대전이 벌어지는 동안 후방에서 여성이 동원되면서 사회 참여가 확대

- 남성 중심의 세계관에서 벗어나 여성의 정치 참여 요구가 확대

② 각국의 여성 투표권 부여 시기

1898년	뉴질랜드	1921년	스웨덴
1915년	덴마크	1928년	영국(21세 이상)
1918년	영국(30세 이상)	1944년	프랑스
1919년	독일	1945년	이탈리아 · 일본
1920년	미국	1948년	대한민국

2. 세계 대전 이후 미국이 최고 강대국이 된 배경

· 이른 시기에 민주주의와 자본주의 도입

· 세계 대전 동안 미국 본토에서 전쟁을 치르지 않아 피해가 거의 없었음

· 세계 대전 동안 연합국에 군수 물자를 판매하여 경제적 부를 쌓음

· 세계 대전 이후 피폐해진 유럽에 여러 가지 제품을 팔아서 부를 축적

· 세계 대전 동안 전쟁의 승패를 가르는 데 결정적인 역할을 함

3. 대공황 이후 정부의 경제 개입

· 보이지 않는 손

자본주의가 발달한 이후로 경제학자들은 애덤 스미스가 《국부론》에서 주장한 '보이지 않는 손' 이론에 따라 시장에 정부가 개입하는 것을 최소화하는 것을 불문율로 여겨 왔다.

· 정부의 시장 개입과 경제 정책

미국에서 공황이 발생하고 전 세계가 경제 문제로 휘청거리자, 정부가 시장에 적극 개입하여 생산량을 조절하고 일자리를 창출하는 정책을 펴게 되었다.

· 복지 국가 이념 실현

민주주의와 자본주의가 발달하면서 정부가 경제에 개입하는 일은 더욱 뚜렷해지고 있다. 이는 국민의 생존권과 행복 추구권을 보장하는 복지 국가로 나아가기 위한 노력이다.

18

인권 회복과
평화 확산을 위한 노력

: 평화를 위한 진정한 사과와 반성

- 세계 대전 도중에 일어난 반인륜 범죄에 대한 내용과 결과를 설명해 보세요.
- 위안부 피해와 징용 피해 문제가 왜 해결되지 못하는지 이유를 설명해 보세요.
- 제2차 세계 대전 이후에 치러진 국제 전범 재판의 결과와 한계점을 이야기해 보세요.
- 인권 회복과 평화 확산을 위해 국제 사회가 벌이는 노력에 대해 이야기해 보세요.

독일이 유대인 수용소에 샤워 시설을 만든 까닭은?
ㄴ대량 학살에 대한 진실 규명

20세기 들어 치러진 두 차례의 세계 대전은 역대 최악의 전쟁이었어요. 산업과 과학의 발달에 따라 첨단 무기가 만들어졌고, 그 무기는 인류를 학살하는 데 쓰였죠. 근대 이후 민주주의 체제가 발전했지만 동시에 나치즘이나 파시즘 같은 전체주의도 등장했어요. 전체주의자들은 극단적인 민족주의와 인종주의를 앞세워 다른 민족과 인종을 짓밟고 학살했어요.

이제 우리는 이 비극의 역사를 다시 꺼내 볼 거예요. 과거에 대한 철저한 반성이 있어야 미래가 있으니까요. 특히 제2차 세계 대전 때 자행된 폭력과 인권 유린, 학살에 대해 집중적으로 살펴볼게요. 이미 앞에서 다루었듯이 제2차 세계 대전 때 발생한 피해는 제1차 세계 대전 때보다 훨씬 컸어요. 물적 피해도 컸지만 그보다는 인명 피해가 훨씬 더 컸어요.

전쟁은 군인들이 하는 거예요. 그러니 군 요새가 아닌 지역은 폭격하면 안 돼요. 이 폭격에 희생되는 사람은 모두 민간인일 테니까요. 하지만 이런 원칙은 지켜지지 않았어요. 독일은 민간인이 사는 도시인 런던과 주변 도시를 폭격했어요. 이로 인해 4만 명의 민간인이 목숨을 잃었지요. 연합군도 독일 드레스덴을 폭격했는데, 이때 피난해 있던 3만 명의 민간인이 희생되었답니다. 물론 이 도시들은 모두 잿더미가 돼 버렸어요.

이 폭격의 이유는 명확해요. 무차별 공습으로 공포감을 심어 주기 위해서였죠. 이것 말고도 독일과 일본이 자행한 반인륜적 범죄도 있어요. 홀로코스트와 난징 대학살이 대표적이죠.

독일은 유대인을 경멸했어요. 히틀러는 독일의 고통이 유대인 때문이라고 선동했어요. 따로 게토라는 격리 구역에 가두고 차별했으며 추방하기까지 했죠. 제2차 세계 대전이 터진 후에는 유대인들을 박멸해야 한다며 수용소로 보냈어요. 수용소에는 유대인 말고도 나치스에 반대했던 사람들과 집시, 정신병 환자들이 있었어요. 이들은 모두 공장이나 광산에서 강제 노동을 했고, 몸이 약해지면

아우슈비츠 유대인 수용소

아우슈비츠에서 회수된 유대인의 신발

가스실에서 비참하게 죽어 갔어요.

나치스가 자행한 이 유대인 학살을 홀로코스트라고 해요. 이 말은 '제물을 불로 태우는 제사'란 뜻이에요. 유럽 여러 곳에 수용소가 만들어졌는데, 그중에서 아우슈비츠 수용소에서 희생자가 가장 많았어요. 이 수용소에는 샤워실이라 불리는 곳이 있었어요. 하지만 물로 샤워하는 곳이 아니었어요. 물 대신 독가스가 새어 나왔지요. 약 400만 명이 여기서 죽음을 맞았어요. 이들을 포함해 유럽 각지 수용소에서 희생된 유대인은 600만 명이 넘을 것으로 추산돼요.

일본도 독일 못지않게 야비하고 잔인했어요. 중일 전쟁 당시 난징을 점령한 후에는 수십만 명의 시민을 학살했거든요. 이 전쟁은 제2차 세계 대전이 공식적으로 발발하기 이전인 1937년에 시작됐어요. 이 전쟁을 시작으로 일본의 대륙 침략이 본격화했기 때문에 일부 학자들은 이때를 제2차 세계 대전의 시작 시점으로 규정하기도 한답니다. 참고로 알아 두세요.

일본은 쉽게 중국을 이길 거라 생각했어요. 실제로 처음에는 모든 전투에서 승리하면서 점령지를 넓혀 갔죠. 하지만 곧 상황이 달라졌어요. 중국 사람들의 저항이 강해진 거예요. 이 때문에 일본은 난징을 수차례 공격했지만 점령하지 못했어요. 화가 난 일본 군대는 더 강하게 밀어붙였고, 결국은 난징을 점령하는 데 성공했어요.

학살은 바로 이 다음에 이뤄졌어요. 마치 분풀이라도 하듯 일본 군대는 중국 사람들을 학살했어요. 전투 중에 잡힌 포로뿐 아니라 민간인들도 가리지 않고 죽였죠. 심지어 부녀자까지 폭행하고 죽였어요.

일본 마이니치 신문에 실린 100인 참수 경쟁 기사. 일본군 소위 두 사람이 일본도로 누가 먼저 100명을 참수하는지 경쟁했다는 내용이 실려 있다.

정말 잔인하죠? 이 사건을 난징 대학살이라고 해요. 일본 군대는 단 6주 동안에 최소한 20만 명 이상, 많게는 30만 명 이상을 학살했어요. 이때 난징 안에 있던 건물의 3분의 1이 완전히 타 버렸어요. 이를 포함해 약 90%의 건물이 못 쓸 정도로 파괴됐죠.

누가 봐도 명백한 반인륜적 범죄죠? 관련 기록과 증인이 너무나도 많기에 부정할 수 없는 역사적 사실이기도 해요. 하지만 일본은 제2차 세계 대전이 끝난 후 이뤄진 전범 재판에서도 난징 대학살을 저지르지 않았다고 발뺌했어요. 어처구니없게도 일본은 이 학살이 일본에 의해 자행된 것이 아니며 조작된 것이라고 주장했어요. 심지어 오늘날까지도 일본은 난징 대학살을 인정하고 있지 않답니다. 90여 년 가까이 흘렀는데도 아직 진정한 사과와 반성은 이뤄지지 않고 있는 거예요.

일본은 왜 진정한 사과를 하지 않을까?
└위안부 문제 해결을 위한 노력

일본의 반인륜적 범죄에 대해 더 이야기해야 할 것 같아요. 당장 우리의 할머니 할아버지들이 피해자였고 희생자였기 때문에 철저하게 알 필요가 있어요. 여러 범죄 중에 아직도 거의 해결되지 않고 있는 일본군 '위안부' 문제부터 살펴볼게요.

일본이 군대 위안소를 설치한 것은 1937년 무렵부터였어요. 전쟁을 치르면서 점령한 지역의 여성들을 강제로 끌고 갔죠. 우리나라뿐 아니라 중국, 타이완, 필리핀, 인도네시아 등 동남아시아의 여성들이 위안부로 끌려갔어요. 일본은 10대의 어린 여성뿐 아니라 40대의 중년 여성까지 닥치는 대로 끌고 갔어요. 때로는 간호사와 같은 일을 할 거라고 속였고, 때로는 유괴를 하기도 했어요. 인신매매한 여성을 위안부로 쓰기도 했죠.

위안부 피해 여성의 삶은 말할 수 없을 만큼 참혹했어요. 육체적으로만 힘든 게 아니었어요. 여성으로서 치욕적인 삶을 살아야 하는 정신적 고통도 컸죠. 일본도 위안부를 운영했다는 사실이 국제 사회에 알려지면 문제가 될 거라는 점을 잘 알았어요. 그래서 패망이 짙어질 무렵부터는 증거를 없애기 시작했어요. 위안부 피해 여성을 학살하거나 스스로 목숨을 끊으라고 강요한 거예요. 인권 의식이라고는 눈곱만큼도 찾아볼 수 없는 파렴치한이라 할 수밖에 없죠?

아무리 숨기고 덮으려고 해도 반인륜 범죄는 드러나기 마련이에요.

1991년 김학순 할머니가 용기를 내서 위안부 피해 사실을 증언했어요. 이후 다른 생존자들의 증언이 잇달아 나오면서 위안부 문제가 중대한 국제 문제로 떠올랐죠. 위안부 피해자들은 일본 정부에 소송을 제기했고 공식 사과와 배상을 요구했어요. 미국 하원도 2007년에 위안부 결의안 제121호를 통과시키면서 일본 정부가 공식 사과하고 책임질 것을 요구했어요. 하지만 일본 정부는 비공식적으로 사과를 하거나 부분적으로 보상하는 정도로 이 문제를 매듭지으려 하고 있어요. 이 때문에 여전히 위안부 문제는 해결되지 않고 있죠.

일본의 점령지였던 버마에서 미군의 조사를 받는 조선인 위안부들

미국 워싱턴 D.C.의 한인 타운인 애넌데일에 있는 평화의 소녀상. 평화의 소녀상은 우리나라 위안부 피해자에 대한 공감대가 형성되면서 전 세계 곳곳에 설치되고 있다.

일본은 심지어 평화의 소녀상까지 문제 삼고 있어요. 이 평화의 소녀상은 일본군 위안부 피해 문제 해결을 위한 수요 집회 1,000회를 맞아 처음 만들었고, 일본 대사관 앞에 설치됐죠.

위안부 문제 말고도 일본이 저지른 범죄는 많아요. 어린 학생과 젊은 남성을 강제로 전쟁터로 끌고 갔어요. 그들은 원치 않는 전쟁에 참가해야 했고, 전쟁터에서 비참하게 죽어 갔어요. 이와 별도로 많은 노동자들이 하시마^{군함도}에 징용으로 끌려갔어요. 이 노동자들은 해저 탄광에서 하루 12시간 이상 강제 노동을 했어요. 이들의 상당수도 비참하고 억울하게 죽어 갔죠.

일본의 또 다른 반인륜적 범죄를 이야기해 볼게요. 바로 생체 실험이에요.

만주에 주둔한 일본 부대가 있어요. 바로 731부대죠. 이 731부대는 마루타 실험을 자행한 것으로 악명이 높아요. 마루타는 통나무란 뜻이에요. 살아 있는 사람을 대상으로 생체 실험을 했는데, 그 사람을 통나무에 비유한 거죠. 살아 있는 사람을 통나무라 부르다니, 이런 행위만으로도 반인륜적이라 느껴지지 않나요?

일본은 생물학 무기를 만들기 위해 이 생체 실험을 했어요. 살아 있는 사람들에게 페스트나 콜레라 같은 균과 바이러스를 주입한 뒤 경과를 지켜봤어요. 실제로 페스트균을 이용해 대량 학살한 적도 있어요. 일본은 살아 있는 사람의 몸을 냉동시켜 변화를 살피기도 했죠. 이 생체 실험에 희생된 사람들은 주로 중국인과 한국인이었어요.

이 생체 실험이 얼마나 반인륜적인지는 일본 스스로도 잘 알고 있었어요. 그렇기 때문에 패망한 후에 생체 실험과 관련된 모든 증거를 없앴어요. 또한 실험에 동원된 피해자들은 모두 학살했어요. 전쟁이 끝난 후에도 자기들은 생체 실험을 한 적이 없다고 발뺌했어요. 국제 사회가 모두 이 사실을 알고 있는데도 일본은 모르쇠로 일관했어요. 정말 염치라고는 조금도 없는 것 같죠?

독일도 일본과 비슷한 생체 실험을 했어요. 이 실험은 수용소에서 주로 이뤄졌어요. 그러니 유대인과 나치스를 반대하는 사람들이 피해자가 됐죠. 독일은 세균을 주입하기보다는 몸에 동상이 생기게 하거나 외과적 수술을 하는 식의 실험을 했어요. 이 또한 일본보다 덜하다고는 하나 반인륜적인 범죄인 것은 다르지 않아요.

전쟁 관련 박물관은 왜 만드는 걸까?
└평화를 유지하기 위한 국제 사회의 노력

제2차 세계 대전이 끝난 후에 연합국 대표들이 영국 런던에 모였어요. 이들은 제2차 세계 대전이 명백한 침략 전쟁이며 반인륜적이고 비인간적인 범죄라고 규정했어요. 이에 따라 독일과 일본에 전쟁 범죄에 대한 책임을 묻기로 했죠. 독일과 일본의 정치가와 군인, 즉 전범들에 대해 책임을 묻는 절차가 진행됐는데, 이게 국제 전범 재판이에요.

연합국 대표들은 독일과 일본에서 각각 전범 재판을 열었어요. 독일 뉘른베르크에서는 1945년 11월부터 약 1년 동안 재판이 진행됐어요. 뉘른베르크 재판에서는 24명의 피고인 가운데 22명에 대한 판결을 내렸어요. 19명이 유죄 판결을 받았고 나치스 전범 12명에게 사형이 선고됐어요. 당시 홀로코스트를 진두지휘한 나치당 친

위대 대장에 대한 재판은 유명해요. 그는 정부의 명령에 따랐을 뿐 자신은 죄가 없다고 항변했어요. 그러자 검사가 이렇게 말하며 사형을 구형했어요. "의심하지 않은 죄, 생각하지 않은 죄, 행동하지 않은 죄, 그게 바로 피고의 진짜 죄다."

독일보다 6개월 정도 늦은 1946년 5월 일본 도쿄에서 전범 재판이 시작됐어요. 도쿄 재판에서는 가장 악독한 A급 전범 25명 중 7명에게 사형이 선고됐어요. 이 도쿄 재판에 대해서는 비판이 꽤 많아요. 사형을 선고받은 7명 외에는 거의 대부분이 석방됐어요. A급 전범이 제대로 처벌받지 않아서 어떤 정치인은 나중에 일본 총리가 되기도 했죠. 게다가 일본 천황은 재판에 넘겨지지도 않았어요. 사실 모든 전쟁의 최종 책임은 통치권자에게 있다고 보는 게 옳아요. 그렇다면 일본 천황은 이 전쟁의 최종 책임자가 되죠. 하지만 아무런 처벌을 받지 않은 거예요. 또한 731부대의 생체 실험에 대해서도 아무런 처벌을 내리지 못했어요.

서독 총리 빌리 브란트가 폴란드 바르샤바의 유대인 위령탑 앞에 무릎을 꿇은 모습

이 반인륜적 범죄 전쟁에 대해서는 일본과 독일의 대응이 달라도 너무 달라요. 독일은 일찌감치 철저한 반성과 사과, 보상을 이행했어요. 이를테면 1970년 12월에는 당시 서독 총리가 폴란드의 유대인 위령탑을 찾아 제2차 세계 대전 당시의 만행을 사죄했어요. 서독 총리가 위령탑 앞에 무릎 꿇고 사죄하

는 장면은 전 세계에 방영됐죠. 독일은 또 다른 유럽 국가들과 공동으로 역사 교과서를 만들기도 했어요.

일본은 어떨까요? 이미 여러 번 말한 대로 진정한 반성과 사과, 보상을 이행하지 않고 있어요. 오히려 다 지난 일이니 덮자는 주장을 하고 있죠. 일본 정치인들은 제2차 세계 대전 참전자를 안치한 야스쿠니 신사를 매년 빠짐없이 참배해요. 이러니 반성이 이뤄질 리가 없죠.

다시는 이런 전쟁이 일어나서는 안 된다는 데 국제 사회가 모두 동의하고 있어요. 사실 제1차 세계 대전이 끝났을 때도 이런 노력은 있었어요. 가령 국가 간 분쟁이 생겼을 때도 전쟁으로 문제를 해결해서는 안 된다는 내용을 담은 켈로그·브리앙 조약이 대표적이에요. 부전 조약이라고도 부르는 이 조약은 미국과 프랑스가 제안해 만들어졌는데 처음에는 15개 나라가 참여했다가 나중에는 가입국이 60개국 이상으로 늘어났답니다.

하지만 이런 조약만으로는 평화를 유지할 수 없다는 반성도 나왔어요. 게다가 제1차 세계 대전 이후 만들어진 국제 연맹에는 강대국이 참여하지도 않았어요. 이 모든 문제점을 보강한 새로운 국제 기구가 필요했어요. 그래서 탄생한 게 국제 연합[UN]이에요. 국제 연합은 평화 유지군이라는 군대도 갖고 있죠. 물론 국제 연합의 가장 큰 목적은 국제 평화와 안전을 유지하는 거예요.

제2차 세계 대전에서 인류가 입은 피해와 상처를 잊어서는 안 돼

하얼빈에 있는 옛 731부대의 사령부 건물.
지금은 전쟁 기념관으로 쓰이며 전쟁의 참
상을 전하고 있다.

요. 우리가 역사를 공부하는 이유이기도 하죠. 이 때문에 여러 나라에서 기념관과 위령탑을 만들었어요. 가령 아우슈비츠 수용소는 유네스코 세계 유산에 지정됐어요. 대학살이 있었던 난징에도 기념관이 들어섰어요. 우리나라는 물론 동남아시아 여러 곳에도 이런 기념관과 위령탑이 들어섰어요. 유대인 학살이 워낙 부각돼서 그렇지, 아시아에서도 제2차 세계 대전 당시 일본에 의해 엄청난 수의 민간인이 학살됐어요. 이를 따로 아시안 홀로코스트라고 부를 정도죠.

서울 마포구에 전쟁과 여성 인권 박물관이 있어요. 일본군 위안부 피해 역사를 기록해 둔 곳이죠. 아프지만 반드시 그 역사를 기억해야 문제도 해결할 수 있어요. 한번 가 보는 건 어떨까요?

★ 단원 정리 노트 ★

1. 전쟁 중에 일어난 반인륜 범죄

① 독일의 반인륜 범죄 : 민간인 지역인 런던과 주변 지역 폭격, 유대인을 수용소에 격리하고 학살

② 일본의 반인륜 범죄 : 난징 대학살, 731부대의 생체 실험, 한국을 비롯한 아시아 여성의 위안부 문제

2. 반인륜 범죄에 대한 독일과 일본의 차이

독일

독일은 전쟁 이후 벌어진 전범 재판을 통해 전범들을 단죄하고, 피해 국가와 국민들에게 공식적으로 사과했다. 오늘날에도 독일은 나치스를 추종하는 발언이나 행동에 대해 엄벌을 처하는 법을 마련하고 시행하고 있다.

일본

일본은 난징 대학살과 민간인을 상대로 한 생체 실험, 위안부 문제에 대해 잘못을 인정하지 않고 있고, 공식적인 사과도 하지 않았다. 또한 일본 정치인들은 전쟁을 일으킨 이들의 위패를 안치한 야스쿠니 신사에 참배하는 등 전혀 반성하는 모습을 보이지 않고 있다.

VI

현대 세계의
전개와 과제

갈등의 시대를 넘어 미래로

제2차 세계 대전이 끝났지만 모든 전쟁이 끝난 것은 아니었어요. 이번에는 자본주의 진영과 공산주의 진영이 팽팽하게 대립했죠. 바로 냉전이 시작된 거예요. 이 냉전의 영향으로 실제로 무력 충돌, 그러니까 열전이 일어나기도 했어요. 우리나라에서는 같은 민족끼리 총을 겨눈 6·25 전쟁을 치러야 했죠.

1980년대 이후 냉전의 시대도 저물었어요. 냉전이 완화한 후로 세계는 또 바뀌었어요. 무엇보다 국가 간의 교류가 그 어느 때보다 활발해졌다는 점이 두드러져요. 이를 세계화라고 하죠. 세계화에는 필수적으로 경제 통합이 뒤따라요. 이에 대해서도 이 단원에서 살펴볼 거예요.

어느덧 세계사도 막바지에 이르렀어요. 1960~1970년대에 시작된 탈권위주의 운동에 대해서도 알아 둬야 해요. 또한 대중문화는 어떻게 정착했으며 발전하고 있는지도 짚어 볼 거예요. 끝으로 미래 세대를 위한 과제도 한번쯤 생각해 보려 해요. 현재 전 세계에서 벌어지고 있는 문제를 어떻게 해결해야 할지 머리를 맞댈 필요가 있거든요. 자, 마지막 세계사 여행을 떠나 볼까요?

역사연표

세계사		한국사
제2차 세계 대전 종결 1945년		
미국, 트루먼 독트린 발표 1947년		
마셜 계획		
베를린 봉쇄 1948년		1948년 대한민국 정부 수립
중화 인민 공화국 수립 1949년		
		1950년 6·25 전쟁 발발
아시아·아프리카 회의(반둥 회의) 1955년		
유럽 경제 연합체(ECC) 출범 1957년		
중국, 대약진 운동 시작 1958년		
		1960년 4·19 혁명
쿠바 미사일 위기 1962년		
베트남 전쟁 발발 1964년		
중국, 문화 대혁명 1966년		
유럽 공동체(EC) 출범 1967년		
프랑스, 68 운동 1968년		
미국, 닉슨 독트린 발표 1969년		
닉슨, 중국 방문 1972년		1972년 7·4 남북 공동 성명
미·중 수교 수립 1979년		
		1980년 5·18 민주화 운동
소련 고르바초프 개혁·개방 추진 1985년		
		1987년 6월 민주 항쟁
		1988년 서울 올림픽 개최
베를린 장벽 붕괴, 중국, 톈안먼 사건 1989년		

세계사

독일 통일	1990년
소련 해체, 독립 국가 연합(CIS) 성립	1991년
리우 선언	1992년
유럽 연합(EU) 출범	1993년
세계 무역 기구(WTO) 결성	1995년
교토 의정서	1997년
미국, 9 · 11 테러 발생	2001년
발리 기후 협약	2007년
시리아 내전 발발	2012년
파리 기후 협정	2015년

한국사

1991년	남북한, 국제 연합 동시 가입
2000년	6 · 15 남북 공동 성명
2002년	한일 월드컵 개최
2018년	4 · 27 판문점 선언
	평창 동계 올림픽 개최

19

냉전 체제와 제3 세계의 형성

: 좌우 이념 대립의 시대

- 냉전 체제가 형성된 배경과, 냉전 체제로 일어난 갈등에 대해 알아봅시다.
- 냉전 체제에 대한 제3 세계의 저항과, 냉전 제제가 완화된 과정을 정리해 보세요.
- 냉전 체제가 중국과 일본에 미친 영향은 무엇인가요?
- 아시아와 아프리카의 독립과 이후 역사에 대해 살펴봅시다.

자본주의와 공산주의는 왜 대립했을까?
└ 냉전 체제의 형성

제2차 세계 대전 막바지로 돌아가 볼까요? 당시 동유럽의 여러 나라들이 독일에 점령된 상태였어요. 이 나라들은 소련의 도움을 받아 독립할 수 있었어요. 이제 전쟁이 끝났어요. 소련이 이 나라들을 가만히 둘 리가 없겠지요? 소련은 동유럽에 잇달아 공산 정권을 세웠어요. 폴란드, 불가리아, 알바니아, 유고슬라비아, 체코슬로바키아, 루마니아가 그런 나라들이지요.

서유럽에는 아직 공산 정권이 들어서지 않았지만 공산당이 활발

냉전 시대의 유럽 지도

하게 활동했어요. 게다가 그리스와 터키가 공산화할 우려도 있었지요. 자본주의 진영의 맏형 노릇을 하는 미국의 걱정이 커졌어요. 이에 미국의 트루먼 대통령은 "공산주의 세력이 확대되는 것을 막기 위해 유럽 국가들에게 군사적·경제적 원조를 하겠다."라고 선언했어요. 이것이 트루먼 독트린이에요^{1947년}. 독트린^{doctrine}은 이념이나 원칙, 신념 등을 뜻하는 영어 단어랍니다.

이 트루먼 독트린에 따라 3개월 후 미국의 국무 장관 마셜이 130억 달러를 유럽에 투자하는 계획을 발표했어요. 이것을 마셜 계획, 혹은 마셜 플랜이라고 하지요. 이어 미국은 서유럽 국가들에게 경제 원조를 제공하기 시작했어요.

경제 원조의 혜택이 동유럽 국가들에게는 당연히 돌아가지 못했어요. 공산주의 진영의 큰형님 역할을 하는 소련이 막았으니까요. 소련은 코민포름^{공산당 정보국}이란 것을 만들어 공산주의 진영의 국가들을 감시했어요. 또 공산주의 진영의 국가들을 모아 경제 상호 원조 회의^{COMECON, 코메콘}라는 것도 만들었어요.^{1949년}

자본주의 진영과 공산주의 진영이 경제적으로 대결을 벌이기 시작했지요? 이 대결은 군사 분야로 곧 확대되었어요. 자본주의 진영이 먼저 군사 동맹인 북대서양 조약 기구^{NATO, 나토}를 결성했어요. 공산주의 진영도 이에 질세라 군사 동맹인 바르샤바 조약 기구^{WTO}를 만들었지요.^{1955년}

제1차 세계 대전 때는 제국주의 열강들이 3국 동맹과 3국 협상으로 나뉘어 대결했어요. 제2차 세계 대전 때는 전체주의 국가들과 연합국이 겨루었어요. 이번에는 세계가 자본주의 진영과 공산주의 진영으로 나뉘었어요. 자본주의 진영의 중심은 미국이었고, 공산주의 진영의 중심은 소련이었죠. 이후 양 진영이 군대를 동원해 세계 대전을 벌이지는 않았어요. 그 대신 정치 · 외교 · 경제 · 군사 등 모든 분야에서 대립과 대결을 벌였죠. 이 때문에 이를 차가운 전쟁이란 뜻의 냉전Cold War이라고 불러요.

　냉전은 제2차 세계 대전 직후부터 시작되어 1990년대까지 계속되었어요. 냉전은 우주에서도 벌어졌어요. 누가 먼저 우주를 개척하느냐를 놓고 경쟁한 거예요. 우주선은 소련이 먼저 쏘았어요. 하지만 달에는 미국이 먼저 도착했지요. 그렇다면 무승부라고 봐야 할까요?

　독일로 가 볼게요. 오늘날에는 독일이 한 나라이지만 20세기 후반까지 독일은 두 개의 나라였어요. 냉전의 영향으로 인해 동독과 서독으로 분단이 되었던 거지요.

　독일은 제2차 세계 대전 이후 미국, 영국, 프랑스, 소련 등 4개국이 점령했어요. 미국, 영국, 프랑스는 서독 지역을, 소련은 동독 지역을 맡았지요. 베를린은 동독 영토에 있었지만 수도란 점 때문에 서베를린과 동베를린으로 나눠 서베를린은 미국 등이, 동베를린은 소련이 관리했어요.

　서독은 마셜 플랜에 따라 미국의 경제 원조를 받았어요. 덕분에 짧은 시간에 경제가 살아나기 시작했어요. 서독을 관리하는 자본주의 진영 국가들은 나아가 화폐 개혁을 단행했어요. 문제는, 이 화폐가 동베를린을 거쳐 동독 지역 전체로 퍼졌다는 데 있었어요. 그 결과 서

제2차 세계 대전 이후 독일은 자유 진영인 서독(푸른색)과 공산 진영인 동독(붉은색)으로 나뉘었다

독일의 수도였던 베를린은 동독 지역에 속해 있었다. 베를린은 소련이 담당하는 동베를린과 프랑스, 영국, 미국이 담당하는 서베를린으로 나뉘었다.

항공기를 통해 서베를린 시민들에게 물자를 공급하는 모습. 아이들 대부분이 신을 신지 않고 있는 데서 당시의 참담한 상황을 알 수 있다.

베를린 장벽을 건설하는 모습(위)과 독일 통일 이후의 베를린 장벽

독보다 경제 수준이 낮은 동독 경제가 휘청거렸어요. 소련은 "미국, 영국, 프랑스가 동독을 위협하고 있다."라며 베를린에서 서독으로 연결된 모든 육로와 수로를 막아 버렸어요. 이것이 바로 베를린 봉쇄예요.[1948년]

자본주의 진영에 위기가 닥쳤어요. 서베를린에 살고 있는 200만 명의 시민에게 식량과 의복, 구급약품과 같은 생활 물자를 전달할 방법이 없잖아요? 미국, 영국, 프랑스는 고민 끝에 항공기를 이용해 생활 물자를 날랐어요. 이 갈등은 1년 가까이 계속되었어요.

자본주의 진영은 동유럽 국가들과의 교류를 모두 중단했고, 동독의 통신과 교통 시설도 끊어 버렸어요. 이렇게 맞서니 소련도 결국에는 항복할 수밖에 없었어요. 그 대신 이 사건 이후 서독과 동독은 완전히 갈라섰어요. 서독에는 자본주의 정권이, 동독에는 공산주의 정권이 들어섰지요.[1949년]

독일이 완전히 분단되자 동독 주민들이 서독으로 달아나기 시작했어요. 그들은 동베를린으로 갔다가 서베를린을 거쳐 서독으로 망명했어요. 그러자 동독과 소련은 동베를린과 서베를린 사이에 높은 콘크리트 벽을 만들었어요. 길이만 40여 ㎞에 이르는 이 벽을 베를린 장벽이라고 해요.[1961년] 이 베를린 장벽은 그 후 30

여 년 가까이 냉전의 상징으로 남았다가 독일이 통일될 무렵 해체된답니다.

베트남 전쟁에서 공산주의가 승리한 까닭은 뭘까?
ㄴ열전으로 번진 냉전

냉전은 직접적인 무력 충돌이 없는 긴장 상태예요. 하지만 대립하다 보면 싸움이 생기기 마련이죠. 냉전이 격렬해지더니 결국 아시아에서 '쾅' 하고 터지고 말았어요. 중국 내전과 한국에서 터진 6·25 전쟁, 베트남 전쟁이 대표적이지요. 이처럼 실제로 군대를 동원해 무력을 쓰는 전쟁을 열전이라고 한답니다. 세 사건이 일어난 순서대로 살펴볼까요?

중국에서는 제2차 세계 대전이 끝난 직후부터 마오쩌둥이 이끄는 공산당과 자본주의 진영의 국민당 정부가 내전을 벌였어요. 물론 소련이 공산당을 지원했고, 미국이 국민당을 지원했지요.

결과는 공산당의 승리였어요. 당시 중국 민중은 국민당 정부가 부패했다고 여기고 있었어요. 공산당은 바로 그 점을 이용해 "토지를 국유화해서 농민에게 재분배하겠다."라고 선전했지요. 이 선전이 민중의 마음을 움직였어요. 민중의 지지를 받은 마오쩌둥은 국민당을 몰아내고 중화 인민 공화국을 세웠어요^{1949년}. 국민당은 타이완으로 옮겨 새 정부를 세웠지요.

우리나라의 6·25 전쟁에 대해서는 잘 알고 있을 거예요. 북한이 남한을 침략했고 국제 연합이 군대를 파견해 맞서 싸웠죠. 북한은 소련과 중국의 지원을 받았어요. 자본주의 진영과 공산주의 진영이 모두 참전하면서 6·25 전쟁은 냉전의 영향으로 터진 국제전이 되어 버렸지요.

베트남도 우리나라와 비슷하게 남쪽에는 자본주의 정권, 북쪽에는 공산주의 정권이 들어섰어요. 분단 과정부터 잠깐 살펴볼까요?

제2차 세계 대전이 끝나자 베트남은 일본으로부터 해방되었어요. 사회주의자 호찌민은 베트남 민주 공화국을 세웠지요^{1945년}. 공산주의 진영의 소련과 중국이 이 국가를 승인했어요. 하지만 예전에 베트남을 식민 지배했던 프랑스가 돌아오면서 문제가 생겼어요. 프랑스는 베트남을 다시 식민지로 만들려 했지요. 이에 호찌민의 공산 정권은 프랑스와 전쟁을 치렀어요. 이것이 베트남 독립 전쟁이에요. 미국은 자본주의 진영인 프랑스를 지원했고, 중국은 공산 정권을 지원했지요. 이 전쟁에서 베트남 공산 정권이 승리했어요^{1954년}.

이후 베트남은 국제 사회에서 독립국으로 정식 인정받았어요. 하지만 냉전이 아시아로 확대되면서 베트남에도 변화가 생겼어요. 호찌민의 공산 정권은 북베트남에 있었는데, 이와 별도로 남베트남에 미국이 지원하는 자본주의 정권이 수립된 거예요. 이에 남베트남의

사회주의자들은 민족 해방 전선을 만들어 자본
주의 정권을 무너뜨리려 했어요. 북베트남의 공
산 정권이 이 민족 해방 전선을 지원했지요.

작전을 수행하기 위해 강을 거슬러 오르
는 베트콩 군인들

자본주의 진영의 맏형인 미국이 위기감을 느
꼈어요. 베트남 전체가 공산화하면 라오스, 캄
보디아까지 공산화하면서 인도차이나반도 전
체가 공산화할 것이라 생각한 거지요. 미국은
남베트남에 군대를 파견하고 물자를 지원하기
시작했어요. 북베트남의 공산 정권과 남베트남의 민족 해방 전선은
미국을 상대로 전쟁을 벌였어요. 이것이 베트남 전쟁이에요[1961년].

중국의 국민당이 민심을 잃었던 것처럼 남베트남 정부도 민심을
잃었어요. 그러니 베트남 전쟁은 점차 북베트남에 유리하게 돌아갔
어요. 미군도 속수무책으로 당하고 있었어요. 결국 미국은 베트남
전쟁에서 손을 뗐어요. 미군이 철수하자 북베트남이 남베트남에 총
공격을 감행했어요. 결국 남베트남 정부는 무너졌어요. 베트남이
공산 국가로 통일이 된 거예요[1975년]. 이후 미국이 걱정했던 대로 인
도차이나반도의 거의 대부분 지역에 공산 정권이 들어섰답니다.

중남미에서 냉전이 자칫 핵전쟁으로 번질 뻔한 적도 있어요. 쿠
바에서죠.

1959년에 쿠바에서 카스트로가 혁명을 일으켜 공산주의 정권을
수립했어요. 카스트로는 미국 기업들이 쿠바에서 부당하게 돈을 벌

쿠바 미사일 위기 당시 소련의 선박을 감
시하고 있는 미군 항공기

고 있다며 미국과의 무역을 중단하고 국교도 끊어
버렸어요. 이어 공산주의 진영의 맏형격인 소련과
가깝게 지냈지요.

어느 날 미국의 위성에 쿠바의 미사일 기지 현
장이 찍혔어요. 미국은 소련이 쿠바에 핵미사일을
배치하려 한다고 판단했어요. 정말로 소련의 미사
일을 실은 선박이 쿠바로 이동하기 시작했어요.
미국의 케네디 대통령은 "미국이 소련의 핵 공격
위협에 놓였다."라고 발표한 뒤 소련 선박이 쿠바로 들어가지 못하
도록 해상을 봉쇄했어요.

소련 선박은 미국의 경고를 무시하고 항해를 계속했어요. 금방
이라도 전쟁이 터질 것 같은 분위기였지요. 다행히 미국과 소련이
극적으로 타협함에 따라 소련 선박은 돌아갔어요. 전 세계를 핵전
쟁의 공포에 몰아넣었던 이 사건을 쿠바 미사일 위기라고 한답니
다1962년. 그제야 숨죽이고 이 사건을 바라보던 전 세계 사람들이 마
음을 놓을 수 있었어요.

인도와 파키스탄은 왜 갈라섰을까?
└동남아시아 및 인도의 독립과 갈등

제2차 세계 대전이 끝날 무렵부터 1960년대까지는 냉전이 형성되고 본격화한 시기예요. 하지만 냉전의 역사만 있었던 것은 아니에요. 자본주의 진영과 공산주의 진영이 냉전을 벌이고 있던 이 10여 년 동안에 아시아와 아프리카의 여러 나라들이 독립에 성공했답니다.

대표적인 나라가 바로 대한민국이에요. 우리나라는 제2차 세계 대전이 끝남과 동시에 독립을 얻었고1945년, 이어 대한민국 정부를 수립했어요1948년. 다른 아시아 국가들은 어땠을까요?

우리나라에서 시작해 서쪽으로 지도를 따라가면서 살펴볼게요. 각국의 독립 연도를 외울 필요는 없어요. 1950년을 전후해서 아시아 국가들이 대부분 독립했다는 사실만 기억해 두세요.

동남아시아는 오랫동안 영국, 프랑스, 네덜란드, 미국 등의 지배를 받았어요. 이 지역은 제2차 세계 대전 때 일본이 점령했는데, 전쟁이 끝나자 열강들이 돌아와 다시 식민지를 지배하려 했어요. 열강의 욕심은 이렇게 끝이 없답니다. 앞에서 베트남 독립 전쟁 이야기를 했지요? 다른 나라들도 베트남처럼 열강들을 상대로 독립 투쟁을 벌인 끝에야 독립을 얻을 수 있었어요.

가장 먼저 독립을 이룬 나라는 필리핀이에요. 미국은 이미 1930

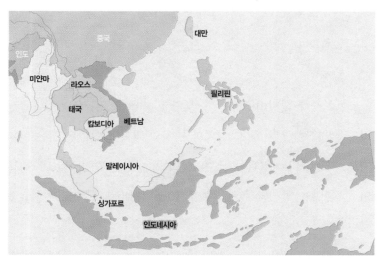

동남아시아 지도

년대에 필리핀을 독립시키기로 한 법을 미국 의회에서 통과시켰어요[1934년]. 하지만 필리핀이 독립을 준비하던 중에 태평양 전쟁이 터졌어요. 필리핀도 다른 동남아시아 국가들과 마찬가지로 일본에 점령되었지요. 전쟁이 끝난 후 미국이 약속대로 독립을 허용하면서 필리핀 공화국이 출범했어요[1946년].

미얀마는 영국과 긴 협상 끝에 독립을 얻었고[1948년], 인도네시아는 네덜란드에 맞서 끈질기게 투쟁한 끝에 독립하는 데 성공했어요[1949년].

앞에서 살펴본 대로 베트남은 다시 식민 지배를 하겠다며 돌아온 프랑스와 전쟁을 벌여 승리한 후에야 국제적으로 독립을 승인 받았어요[1954년]. 프랑스의 식민지였던 라오스와 캄보디아도 이와 비슷한 과정을 거쳐 베트남보다 한 해 먼저 독립을 얻었답니다[1953년]. 1970년대 중반 이후로 베트남이 가장 먼저 공산주의 국가가 되었고, 라오스와 캄보디아가 그 뒤를 이어 공산 국가가 되었어요.

이 밖에 1960년대 이후에는 말레이시아가 독립을 했고[1963년], 이어 싱가포르가 독립을 했어요[1965년]. 이로써 오늘날의 동남아시아 지도가 완성되었지요.

이제 동남아시아에서 서쪽으로 이동해 볼까요? 인도가 나오지요.

오늘날 남아시아의 국가들

인도가 영국으로부터 독립하는 것도 쉽지는 않았어요. 영국은 제1차 세계 대전 때도 참전하면 독립시켜 주겠다고 약속해 놓고 지키지 않았지요. 그러니 인도에서도 꾸준히 독립 투쟁을 벌였어요. 그 결과 인도도 마침내 독립하는 데 성공했어요[1947년].

하지만 인도는 독립과 함께 분열했어요. 힌두교와 이슬람교 사이에 대립이 심했기 때문이에요. 인도가 독립한 바로 그 해에 이슬람교도들은 분리 독립을 선언했어요. 이 나라가 파키스탄이지요[1947년].

파키스탄은 인도의 북서쪽과 동쪽, 두 곳에 있었어요. 이 중 동파키스탄은 종교가 이슬람교이긴 하지만 서파키스탄과 인종, 언어, 생활 방식이 모두 달랐어요. 바로 이 점 때문에 두 파키스탄은 또다시 대립했어요. 그러다가 동파키스탄이 독립을 선언하고 나라 이름을 바꾸었어요. 이 나라가 방글라데시예요[1971년].

결국 인도가 인도, 파키스탄, 방글라데시 세 나라로 나뉜 셈이에요. 이 가운데 인도와 파키스탄은 서로 다른 나라가 된 후에도 여러 차례 영토와 종교 때문에 전쟁을 벌였어요. 이 전쟁으로 인해 약 100만 명이 목숨을 잃었을 정도예요. 인도와 파키스탄의 분쟁은 아직도 계속되고 있지요.

인도의 남쪽을 보세요. 인도에서 인도양을 건너면 실론이란 섬나라가 예전부터 있었어요. 이 나라 또한 18세기 말에 영국의 식민지가 되었는데, 인도와 비슷한 시기에 독립할 수 있었어요[1948년]. 이 나라는 1970년대에 스리랑카로 나라 이름을 바꾸었어요. 스리랑카에는 인도와 달리 불교도가 많답니다.

1960년이 '아프리카의 해'인 까닭은?
└ 서아시아 · 아프리카의 독립과 중동 전쟁

이제 서아시아로 갈게요.

시리아, 요르단, 레바논 등 서아시아의 여러 나라들은 제1차 세계 대전이 끝난 후 오스만 제국으로부터 독립했어요. 그 대신 영국과 프랑스가 이들 나라가 안정을 찾을 때까지 위임 통치를 했지요. 제2차 세계 대전 이후 이 위임 통치가 끝나 대부분의 나라들이 완전한 독립을 얻었어요.

다만 팔레스타인 지방은 주목할 필요가 있어요. 여기에 유대인들의 국가 이스라엘이 세워졌거든요.1948년. 서아시아의 아랍인들은 이스라엘의 건국에 반대했어요. 하지만 영국과 미국은 유대인을 지지했고, 그 결과 이스라엘이 건국될 수 있었던 거예요. 이스라엘의 건국 과정에 대

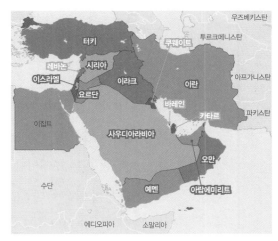

서아시아와 주변의 국가들

해서는 조금 살펴볼 필요가 있어요. 오늘날까지 계속되고 있는 중동 분쟁의 기원이 바로 여기에서 비롯되거든요.

발단은 제1차 세계 대전으로 거슬러 올라가요. 영국의 외교관 맥마흔은 아랍의 지도자 후세인에게 "아랍 민족이 독일과 오스만 제국의 군대와 싸워 준다면 전쟁이 끝난 후에 아랍인들의 국가를 세우도록 해 주겠다."라는 편지를 보냈어요. 이 편지를 맥마흔 서한이라고 해요.1915년.

이후 두 사람은 몇 차례 편지를 주고받았어요. 아랍인들은 이 약속을 철석같이 믿고 제1차 세계 대전에 참전했죠. 그로부터 2년이 흘렀어요. 영국의 외무장관 밸푸어는 유대계 은행 재벌인 로스차일드와 비밀 조약을 체결했어

이스라엘과 팔레스타인. 원래 이곳에는 아랍인들이 살고 있었지만, 미국과 영국의 지원을 받은 유대인들이 이스라엘을 건국했다. 지도에 표시한 가자 지구와 웨스트뱅크는 아랍인들이 살고 있는 팔레스타인 지역이다. 팔레스타인은 2013년에 국가로 인정받았다.

요. "유대인이 참전해 준다면 전쟁이 끝난 후에 팔레스타인에 유대인들의 국가를 세우도록 해 주겠다."라는 내용이었지요. 이를 밸푸어 선언이라고 해요^{1917년}.

유대인들은 19세기 후반부터 예루살렘*으로 돌아가 국가를 만들겠다고 했어요. 이 이념을 시온주의*라고 해요. 예루살렘은 팔레스타인에 있는 도시이니 유대인이 영국의 제안을 거절할 이유가 없죠. 돈이 많은 유대인의 지원이 절실했으니 영국도 이런 약속을 했겠지만, 한 지역에 두 나라를 세울 수 있도록 돕겠다는 이중 약속은 좀 지나친 것 같죠? 그러니 팔레스타인에서 유대인과 아랍인의 갈등이 생길 수밖에 없어요.

제2차 세계 대전이 끝나고, 결국에는 미국과 영국 등의 지원을 받은 유대인이 이스라엘을 세웠어요. 아랍인과 아랍 국가들은 이스라엘을 인정하지 않았어요. 즉각 이스라엘에 맞서 전쟁을 일으켰어요. 이것이 제1차 중동 전쟁이에요^{1948년}.

제1차 중동 전쟁은 이스라엘이 건국되고 이틀 만에 터졌어요. 이것을 시작으로 중동 전쟁은 총 네 차례 일어났어요. 결과부터 말하자면 이스라엘의 승리였어요. 국제 연합은 제4차 중동 전쟁이 터지자 양쪽에게 휴전하도록 하고 유엔군을 현지에 파견했답니다^{1973년}. 물론 양쪽의 갈등은 21세기가 된 지금도 풀리지 않고 있어요.

자, 아프리카 대륙으로 넘어갈까요? 먼저 이집트부터 볼게요.

이집트는 제1차 세계 대전 이후에 수에즈 운하의 관리권을 영국

• 예루살렘 유대인이 믿는 유대교 최고의 성지가 있는 도시다. 예루살렘은 유대교뿐만 아니라 천주교, 개신교, 이슬람교, 동방정교의 성지이기도 하다.
• 시온주의 세계 각지에 흩어져 있는 유대인이 조상의 땅인 팔레스타인에 국가를 세우기 위해 벌인 민족 운동. 시오니즘이라고도 한다. 팔레스타인은 원래 이슬람교도와 유대교도가 평화롭게 공존하던 곳이었으나, 유대인이 국가를 건설하면서 분쟁 지역이 되었다.

에 주고, 영국의 군대가 이집트에 주둔하는 것을 허용하는 조건으로 독립했어요[1922년]. 완전한 독립은 아닌 셈이지요.

이스라엘을 공격하기 위해 수에즈 운하를 건너는 이집트 군대

제2차 세계 대전이 끝나자 영국 군대가 이집트에서 철수했어요. 하지만 수에즈 운하는 여전히 영국이 관리하고 있었지요. 이집트 국민은 왕과 지배층이 무능하기 때문이라고 생각했어요. 혈기왕성한 젊은 장교 나세르가 쿠데타를 일으켰어요. 그는 왕정을 무너뜨리고 공화국을 세웠어요[1952년].

이집트 공화국의 초대 대통령이 된 나세르는 영국과 프랑스에 맞서 수에즈 운하를 국유화했어요. 이 조치에 반발한 영국과 프랑스가 이스라엘과 함께 이집트를 공격했는데, 이것이 제2차 중동 전쟁이에요[1956년].

나세르는 아랍 민족의 단결을 주장했어요. 이 때문에 나세르는 이집트를 넘어 아프리카 북부와 서아시아의 여러 아랍 국가들을 지휘하는 맏형 역할을 했답니다.

이집트를 뺀 나머지 아프리카 국가들은 언제 독립했을까요? 영국의 식민지였던 남아프리카 공화국은 20세기 초에 독립했어요[1910년]. 이 나라를 빼면 대체로 1960년을 전후로 독립했다고 할 수 있지요.

오늘날 아프리카의 주요 국가들

제2차 세계 대전 이후에 가장 먼저 독립한 나라는 리비아였어요[1951년]. 이어 모로코, 튀니지, 수단이 독립했고[1956년], 그 다음에는 가나가 독립하는 데 성공했지요[1957년]. 특히 1960년 한 해에만 17개국이 독립해, 이 해를 '아프리카의 해'로 부르기도 한답니다.

아프리카의 독립국들은 출범하자마자 영토 분쟁, 종교 분쟁, 민족 분쟁 등 온갖 혼란에 부딪쳤어요. 과거 열강들이 베를린 회의에서 국경선을 임의로 정한 게 원인이었지요. 베를린 회의의 잘못된 결정은 21세기인 지금까지도 영향을 미치고 있어요. 아직도 아프리카는 각종 분쟁에 시달리고 있고, 이 때문에 빈곤과 굶주림 문제가 해결되지 않고 있거든요.

신생 독립국들이 왜 반둥에 모였을까?
└ 냉전 체제에 대한 제3 세계의 저항

전 세계가 자본주의 진영과 공산주의 진영으로 나뉘어 치열한 경쟁을 벌이고 있지요? 하지만 모든 나라가 이 두 진영 중 어느 하나에 꼭 속했던 것은 아니었어요. 아시아와 아프리카에서 갓 독립한 나라들 사이에서는 냉전을 반대하는 목소리가 컸어요.

제1차 세계 대전 이후에 독립한 국가들과 제2차 세계 대전 이후에 독립한 국가들 사이에는 미묘한 차이가 있어요. 제2차 세계 대

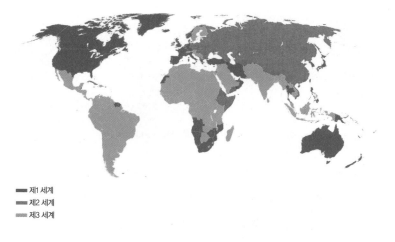

전 이후에 독립한 국가들은 대부분 승전국이자 연합국의 식민지였
다는 점이에요. 그러니 이때 독립한 아시아와 아프리카의 국가들
은 자본주의든 공산주의든 그 어느 쪽으로 치우치는 것을 거부했
어요.

갓 독립한 국가들이니 무슨 힘이 있겠냐고 생각할 수도 있지만
결코 그렇지 않았어요. 아시아와 아프리카의 신생 독립국은 똘똘
뭉쳐 목소리를 높였고, 그 결과 냉전 체제에 가장 먼저 저항한 국가
가 됐으며 냉전 체제가 완화하는 데도 많은 영향을 주었답니다. 이
들의 활약 덕분에 냉전 질서가 살짝 흔들렸다고 보면 돼요.

일반적으로 자본주의 진영의 국가들을 제1 세계라고 해요. 공
산주의 진영은 제2 세계라고 하죠. 이 신생 독립국들은 그 어디에
도 속하지 않았죠? 그래서 이 국가들을 제3 세계라고 했어요. 제3

세계 국가들은 이미 말한 대로 어느 진영과도 동맹을 맺지 않는다는 비동맹 중립주의를 지켰어요. 제3 세계 국가들의 활약을 조금만 더 살펴볼까요?

1954년 인도와 중국 대표가 만나 제3 세계의 방향을 명확히 했어요. 두 대표는 국가 간에 서로 침범하지 않고 평화롭게 공존하며, 이를 국제 관계의 기초로 삼는다는 내용을 담은 '평화 5원칙'에 합의했어요. 이념을 초월해 인류가 평화롭게 살자는 취지였죠.

이 평화 5원칙은 이듬해 더 큰 '평화 10원칙'으로 발전했어요. 1955년 아시아와 아프리카의 제3 세계 29개국의 대표가 인도네시아의 자와섬에 있는 반둥에 모였어요. 이 반둥 회의에서 채택된 것이 바로 평화 10원칙이었죠. 평화 10원칙의 핵심적 내용만 추려 볼까요?

우선 기본적인 인권과 국제 연합의 헌장을 존중한다고 선언했어요. 이어 개별 국가의 주권과 영토를 존중하고, 인종·국가에 상관없이 모두 평등하며, 다른 나라의 내정에 간섭해서는 안 된다는 점을 담았어요. 식민주의를 명백하게 반대한 거죠. 또 강대국의 이익을 위한 동맹에 참여하지 않으며 국제 분쟁은 평화적으로 해결한다는 내용도 담았어요. 비동맹 중립주의와 평화주의를 명확히 한 거죠.

자본주의 진영이나 공산주의 진영 어디에도 참여하지 않겠다는 것은 미국과 소련을 중심으로 한 냉전 체제에 대한 도전이었어요.

제3 세계 국가들은 이후로도 정기적으로 만나 국제회의를 열었어요. 이 국가들은 거의 모두가 개발 도상국 지위에 있었어요. 상당수의 국가가 정치적으로는 혼란스럽고 경제가 침체돼 있었지요. 이 때문에 제3 세계 국가들은 이런 국제회의를 통해 개발 도상국의 요구를 관철시키려고 했어요. 하지만 자본주의 진영과 공산주의 진영 그 어디에도 속하지 않고 독자적으로 움직인다는 것은 쉽지 않았어요. 결국 제3 세계의 국제 영향력은 냉전 체제를 흔드는 데는 영향을 미쳤지만 냉전 체제를 무너뜨리는 데 결정적 역할을 하지는 못했답니다.

미국이 중국과 관계 개선하려고 벌인 운동 시합은?
└좌우 진영 내부의 분열과 냉전 체제의 완화

자본주의와 사회주의 진영 내부에서도 냉전 체제에 대한 저항이 나타났어요. 특히 동유럽의 공산주의 진영에서는 일찍이 1950년대부터 소련에 대한 반대 운동이 거세게 일어났어요.

폴란드에서는 노동조합이 중심이 되어 공산주의 정권에 대해 투쟁을 벌였어요. 공산주의 정권은 이 운동을 탄압했지만 노동자들은 굴복하지 않고 1980년대 이후까지도 지속적으로 투쟁을 이어갔어요.

형가리 수도 부다페스트에서는 수십만 명의 시민이 민주화 시위를 벌였어요. 시민들은 소련의 지시대로 움직이는 형가리 공산주의 정권을 타도하고 소련을 몰아내자고 외쳤어요. 소련은 무력으로 진압했고, 이 민주화 투쟁은 4,000여 명의 희생자를 낸 끝에 실패하고 말았답니다[1956년].

프라하의 봄 당시 불타는 소련 탱크 옆을 지나는 시위대

체코슬로바키아에서는 둡체크라는 개혁파 정치인이 권력을 잡은 후 소련에 반대하는 투쟁을 시작했어요. 둡체크는 소련식 사회주의를 버리고 '인간의 얼굴을 한 사회주의'를 만들겠다며 민주주의를 도입하고 경제 개혁도 추진하려 했어요. 체코슬로바키아 국민은 둡체크를 열렬히 지지했지요. 소련은 이번에도 탱크를 동원했어요. 체코슬로바키아 국민이 총파업으로 맞섰지만 역부족이었어요. 둡체크는 소련으로 끌려갔고, 체코슬로바키아의 민주화 투쟁도 실패로 끝나고 말았지요. 이 사건을 프라하의 봄이라고 해요[1968년]. 둡체크가 개혁을 추진하면서 되살아난 활기를 봄에 비유한 거지요.

알렉산더 둡체크의 흉상

제3 세계가 등장하고 동유럽에서 소련에 반대하는 투쟁이 일어나는 걸 보면 냉전 체제가 조금은 흔들거리는 것 같지요? 1960년대 이후에는 자본주의 내부에서도 미국 중심주의를 반대하는 목소리가 나왔어요.

특히 유럽에서 이런 움직임이 많이 나타났어요. 프랑스가 군사 분야에서도 미국의 영향에서 벗어나 독자 노선을 걷겠다며 자본주의 진영의 군사 동맹인 북대서양 조약 기구를 탈퇴했어요[1966년]. 서독은 동독의 공산주의 정부를 인정하기도 했어요.

게다가 유럽 통합의 분위기가 강해졌어요. 유럽 국가들은 '강한 유럽'을 만들려면 제2차 세계 대전 이후 생긴 적대감과 갈등부터 없애야 한다고 생각했어요. 유럽 국가들은 또 냉전 체제가 계속되면서 국제 질서가 미국과 소련을 중심으로 한 양극 체제로 굳어지는 것을 우려했어요. 미국이 큰형님 역할을 도맡으면서 유럽의 국제적 지위가 낮아질 수 있으니까요. 바로 이 때문에 유럽을 하나로 통합하자는 목소리가 커진 거예요. 가장 적극적으로 나선 나라가 프랑스였어요. 유럽 연합이 탄생하는 과정은 뒤에서 다시 다룰 거예요.

공산주의 진영에서도 분열이 일어났어요. 소련과 중국이 갈등을 벌인 거예요. 소련과 중국은 한때 무척 가까웠고 공산주의 진영을 이끄는 1인자와 2인자였어요. 그랬던 두 나라가 왜 대립하게 되었을까요?

첫째, 1950년대 중반부터 두 나라가 사회주의 노선을 놓고 감정 싸움을 벌였어요. 당시 소련은 독재자 스탈린이 죽고 난 후에 미국과 대화를 해 보려고 했어요. 이를 두고 중국이 강하게 반발하면서 이 노선 싸움이 시작되었지요.

둘째, 두 나라가 심하게 국경 분쟁을 벌였어요[1969년]. 양쪽의 군대는 우수리강에서 충돌했는데, 여차하면 핵무기를 사용할 기세였어요. 다행히 핵전쟁이 터지지는 않았지만 두 나라는 21세기까지도 국경 분쟁을 끝내지 못했답니다.

우수리강 위치. 오늘날의 러시아 연해주와 중국 국경이 접하는 지역에 있다.

이런 상황에서 미국의 닉슨 대통령이 "아시아에서 벌어지는 전쟁에 개입하지 않겠다."라고 선언했어요. 이 선언이 냉전 체제를 완화하는 결정적인 계기가 된 닉슨 독트린이에요[1969년].

이 선언에 중국이 화답했어요. 중국은 미국의 탁구 선수단을 초대했어요. 미국 탁구 선수 15명이 중국에 처음 방문했지요. 그 뒤를 이어 닉슨 대통령이 소련과 중국을 방문했어요[1972년]. 미국은 중국과 정식 외교 관계를 맺었지요.

노력은 결실을 맺는 법이에요. 냉전의 영향으로 분단을 맞았던 서독과 동독이 서로 침략하지 않겠다는 조약을 체결하고 나란히 국제 연합에 가입했지요[1973년]. 나아가 미국은 소련과 군비를 줄이기로 하는 내용의 전략 무기 제한 협정을 체결했어요[1979년]. 군비는 전쟁을 위해 짓는 군사 시설이나 장비를 뜻해요. 쉽게 말해 무기를 감축해 전쟁의 위협을 줄이는 데 미국과 소련이 합의한 거예요. 냉전 체제가 확실히 흔들거리고 있죠? 1980년대 이후에 더 극적인 사건이 터진답니다.

★ 단원 정리 노트 ★

1. 냉전 체제를 만든 4가지 이념

① 자본주의

15~16세기 상업이 발달함에 따라 자본가 계급(부르주아지)이 등장하면서 나타났다. 자본가 계급은 경제력을 바탕으로 귀족에 버금가는 영향력을 가졌다. 18세기 산업 혁명 이후 생산력이 높아지면서 자본주의는 더욱 뚜렷해졌다. 자본가 계급은 막대한 부를 생산 수단으로 활용하여 공장, 농장 등을 운영하면서 부를 재생산했다. 오늘날 자본주의는 자본가가 자본을 생산 수단으로 활용하여 경제 활동을 하고 이윤을 추구하는 것을 보장하는 경제 체제를 일컫는다.

② 민주주의

고대 그리스에서 출발했으나, 당시의 민주주의는 남성 자유 시민에게만 참정권이 주어지는 제한적인 민주주의였다. 고대와 중세에 대부분의 국가에서는 왕(황제)이 통치를 하는 왕정(제정)이 주를 이루었으나, 근대에 들어 의회가 정치의 중심에 서는 공화정이 도입되었다. 민주주의는 정치에 참여하는 계층이 점점 확산되는 과정에서 나타난 정치 체제 또는 사상으로, 오늘날에는 국민이 권력을 갖고 그 권리를 행사하는 정치 형태를 말한다.

③ 사회주의

자본주의 사회에서 나타난 모순과 부작용에 따른 반발로 나타났다. 자본가 계급과 노동자 계급의 격차가 점점 벌어지고, 양극화가 점점 깊어지면서 노동자의 삶이 피폐해짐에 따라 이를 극복하기 위한 노력에서 출발했다. 사유 재산 제도를 폐지하고 생산 수단을 사회적으로 공유하여 모든 사람이 평등하게 조화를 이루는 사회를 실현하고자 하는 사상이다.

④ 공산주의

사회주의와 마찬가지로 사유 재산 제도를 폐지하고 생산 수단을 사회가 공유하여 모든 구성원이 평등한 사회를 이루는 것을 목표로 하는 사상이다. 사회주의가 보다 극단화된 사상으로 볼 수 있다. 다만 공동 생산, 공평한 분배를 위해서는 이를 조직화하고 규제하는 정치 시스템이 필요할 수밖에 없는데, 이 과정에서 공산당 일당 독재 또는 1인 독재라는 정치적 부작용이 나타났다.

2. 냉전 체제와 제3 세계

① 소비에트 사회주의 연방 공화국 출범

1917년 10월 혁명으로 러시아는 세계 최초의 사회주의 국가로 탈바꿈한다. 이후 노동자와 농민, 군인의 대표가 중심 세력을 이룬 러시아의 소비에트 정부는 주변 국가들에도 소비에트 정부를 세웠고, 이들 국가들이 연합하여 소비에트 사회주의 연방 공화국(소련)을 수립한다(1922년).

② 제2차 세계 대전 종식과 동유럽의 공산화

제2차 세계 대전 때 독일에 점령되었던 폴란드, 불가리아, 알바니아, 유고슬라비아,

체코슬로바키아, 루마니아 등은 소련의 도움으로 독립하지만, 전쟁이 끝난 뒤 소련은
이들 동유럽 국가들에 공산 정권을 세우고 공산주의 진영에 편입했다.

③ 미국, 트루먼 독트린으로 서유럽 자본주의 진영을 수호

서유럽에도 공산당을 지지하는 세력이 있는 데다 그리스와 터키가 공산주의 진영으
로 흡수될 상황에 처하자 세계 최고의 경제 대국 미국은 자본주의 진영을 수호하기 위
해 트루먼 독트린을 발표하고 서유럽 국가들을 원조했다(1947년).

④ 중국의 공산화

제2차 세계 대전이 끝난 직후 중국에서는 자본주의 진영인 국민당 정부와 마오쩌둥
이 이끄는 공산당이 내전을 벌였다. 결국 공산당이 승리하고 국민당 정부 세력은 타
이완으로 쫓겨 간다. 이로써 중국은 공산 국가가 되었다(1949년).

⑤ 6·25 전쟁과 베트남 전쟁

1950년 한반도에서도 전쟁이 발생한다. 소련과 중국의 지원을 받은 북한과 미국을
비롯한 연합국의 지원을 받은 남한 사이에 발생한 6·25 전쟁은 냉전 체제에서 벌
어진 세계 전쟁이었다. 6·25 전쟁이 끝나고 오래지 않아 베트남에서도 공산주의 진
영인 북베트남과 자본주의 진영인 남베트남 사이에 전쟁이 벌어진다(1955~1975
년). 이 전쟁에는 미국 등 여러 나라가 개입했으나 결국 북베트남이 승리하고, 베트
남은 공산 국가가 된다.

⑥ 제3 세계 출현

아시아와 아프리카, 중 · 남아메리카의 신생 독립국들은 미국이 이끄는 자본주의 진영(제1 세계)과 소련이 주도하는 공산주의 진영(제2 세계)에 속하기를 거부하고, 제3 세계로서 독자적인 노선을 구축하고 협력한다.

20

세계화와 경제 통합

: 자유 무역 그리고 하나가 된 세계

- 냉전 체제가 붕괴한 과정을 들여다봅시다.
- 소련의 붕괴와 중국의 개혁·개방 정책에 대해 설명해 보세요.
- 경제의 큰 흐름인 세계화와 신자유주의에 대해 설명해 보세요.
- 경제의 또 다른 흐름인 경제 블록화에 대해 설명해 보세요.

고르바초프가 개혁·개방 정책을 편 이유는?

└냉전 체제의 붕괴와 소련의 해체

냉전 체제는 1990년대까지 지속되었어요. 하지만 이미 1980년대부터 소련이 흔들리기 시작했어요. 냉전 체제가 붕괴하려는 조짐을 보인 거예요.

1980년대 중반에 고르바초프라는 인물이 소련 공산당 서기장에 올랐어요[1985년]. 고르바초프는 공산주의 체제로는 소련이 발전할 수 없다고 생각했어요. 소련은 이미 1960년대 중반부터 극도로 침체되어 있었거든요. 심지어 생활필수품도 제대로 구할 수 없는 지경이었어요. 개혁하지 않으면 소련은 다시 살아날 것 같지 않았어요.

고르바초프는 개혁^{페레스트로이카} · 개방^{글라스노스트} 정책을 본격적으로 추진했어요. 이를 통해 폐쇄적이고 통제 위주였던 공산주의 체제를 개혁하기 시작했어요. 자유선거[*]를 보장했고, 공산주의를 반대하다 갇힌 정치인들도 석방했어요. 또 본격적으로 자본주의 시장 경제 제도를 도입했지요.

훼손된 레닌의 조각상

이는 정말로 놀라운 변화였어요. 고르바초프는 나아가 공산주의 진영 전체에 대한 간섭도 없애 나갔어요. 소련은 10여 년 전에 아프가니스탄을 침공해 공산주의 정권을 세운 적이 있는데, 바로 그 아프가니스탄에서 소련 군대를 철수시켰어요^{1989년}.

고르바초프는 동유럽의 공산주의 국가에서 일어나는 민주화 운동도 탄압하지 않았어요. 그 결과 동유럽의 모든 공산주의 국가에서 일제히 민주화 운동이 일어났어요. 동유럽 민중들은 사회주의를 상징하는 레닌과 스탈린 동상을 끌어내려 부쉈어요. 이 모습은 전 세계에 그대로 방영되었지요.

소련의 간섭이 사라졌다고는 하나 동유럽 각국의 공산주의 정권은 끝까지 민주화 운동을 탄압했어요. 그래도 결국에는 민주주의가 승리했어요. 공산당 일당 독재가 무너졌고, 여러 정당이 정치에 참여하는 복주 정당제가 도입되었어요. 이어 민주적 선거를 통해 민주주의 공화국이 수립되었지요.

* 자유선거 피선거인과 유권자가 자유로운 환경 속에서 선거 활동을 하고 투표를 할 수 있는 선거

베를린 장벽이 있던 곳에 공원이 형성되어 있는 모습. 베를린 곳곳에는 아픈 과거를 기억하자는 의미에서 베를린 장벽이 여전히 남아 있다.

　가장 먼저 체코슬로바키아에서 공산주의 정권이 무너졌어요[1988년]. 이어 체코슬로바키아는 체코와 슬로바키아, 두 나라로 각기 독립국을 세웠지요. 헝가리에서도 공산주의 정권을 끌어내렸고[1989년], 루마니아에서는 25년간 통치한 독재자를 민중이 처형시키기도 했어요[1989년]. 폴란드에서는 자유 노조 운동이 불붙었고, 이 운동을 이끌던 지도자 바웬사가 대통령에 당선되면서 민주주의 시대를 열었지요[1990년]. 알바니아도 민주주의 국가로 탈바꿈했어요[1992년].

　동유럽에 분 민주화 바람은 동독에도 어김없이 들이닥쳤어요. 동독 주민들은 분단과 냉전의 상징인 베를린 장벽을 넘어 자유 서독으로 탈출했어요. 동독의 공산주의 정권은 이를 막지 못했어요. 결국 공산당 일당 독재가 무너졌지요. 동독과 서독 주민들은 해머와 곡괭이를 들고 베를린으로 모여들었어요. 그들은 전 세계가 지켜보는 가운데 냉전의 상징인 베를린 장벽을 해체했어요[1989년].

　이런 모습을 지켜보고 있던 고르바초프의 심경은 어땠을까요?

어쩌면 더 많은 개혁이 이루어져야 세계 평화가 찾아올 거라고 생각했을지도 몰라요. 고르바초프는 미국의 부시 대통령을 지중해의 몰타에서 만났어요. 이 몰타 선언에서 미국과 소련의 정상은 군비를 축소하기로 하고, 냉전 체제의 종식을 선언했어요^{1989년}. 급기야 이듬해에 서독과 동독 사이에 통일 조약이 체결되었어요. 마침내 서독이 동독을 흡수하는 형태로 독일이 통일을 이룬 거예요^{1990년}.

세계가 급박하게 돌아가고 있지요? 하지만 소련의 공산당은 이 변화를 받아들이려 하지 않았어요. 결국 소련에서 공산당의 쿠데타가 일어났어요. 이 쿠데타를 진압한 인물은 러시아의 대통령이었던 옐친이었어요. 옐친은 공산당을 해체하고 공산주의 진영의 군사 동맹인 바르샤바 조약 기구도 없애 버렸어요.

고르바초프는 공산당은 없애더라도 소련 연방은 남기고 싶어 했어요. 하지만 이미 소련 산하의 여러 공화국과 민족이 독립을 원하고 있었고, 실제로 독립 선언을 하고 있었어요. 러시아 공화국의 민

러시아
벨라루스
우크라이나
몰도바
아르메니아
아제르바이잔

카자흐스탄
우즈베키스탄
키르기스스탄
타지키스탄
투르크메니스탄

소비에트 연방에서 분리된 각 나라들

선 대통령이 된 옐친은 고르바초프보다 더 강경했어요. 옐친은 소
련의 해체를 선언했어요. 이어 러시아를 중심으로 11개의 공화국
이 새로운 독립 국가 연합^{CIS}을 결성했어요^{1991년}. 이로써 냉전 체제가
드디어 완벽하게 종식되었어요.

흰 고양이든 검은 고양이든 쥐만 잡으면 된다는 말의 뜻은?
└중국의 개혁과 개방 정책

앞에서 제2차 세계 대전 이후부터 1980년 무렵까지의 냉전에 관
한 역사를 거의 모두 살펴봤어요. 우리와 가까운 두 나라, 즉 중국

과 일본만 빼고요. 공산주의 정권이 들어선 후의 중국은 어떻게 바뀌었을까요?

공산주의 정권이 들어선 후 중국은 소련과 비슷한 역사를 겪었어요. 집단 농장을 만들고 중공업을 육성했지만 생산율은 도리어 떨어졌어요. 공산주의 정권은 목표량을 너무 높게 잡았어요. 그러니 일할 의욕도 없어졌어요.

중국은 산업을 발전시키고 경제를 성장시키기 위해 대약진 운동°을 시작했어요.^{1958년}. 하지만 별 효과는 없었어요. 참새가 곡식을 쪼아 먹기 때문에 참새를 모조리 잡아 죽이면 농업 생산량이 늘어날 것이라며 참새 박멸 운동을 벌이기도 했지요. 사실 이런 생각은 하나만 알고 둘은 모르는 어리석은 발상에서 나온 거예요. 참새가 사라지면 생태계가 변화할 테고, 그 변화로 인해 어떤 피해가 들이닥칠지 전혀 계산하지 못했죠. 실제로 이 운동을 벌인 결과가 그랬어요. 참새는 거의 사라졌는데, 그 덕분에 참새들이 잡아먹던 해충이 크게 늘어났어요. 그러니 농업 생산량은 더 떨어질 수밖에 없죠.

엎친 데 덮친 격이라고나 할까요? 이 대약진 운동 중에 자연 재해까지 겹쳤어요. 결국 2,000만 명 이상의 주민이 굶주리다 죽었지요. 대약진 운동이 크게 실패한 것 같죠? 그러자 일부에서 소련의 신경제 정책처럼 자본주의 요소를 받아들여야 한다고 주장했어요. 중국의 일인자인 마오쩌둥은 그들을 비판하고 사회주의를 더욱 강화하는 게 해법이라며 문화 대혁명°을 시작했지요.^{1966년}.

• 대약진 운동 경제 성장을 위해 중국에서 전국적으로 전개한 대중 운동. 대규모 수리 시설을 건설하고 공업화를 추진했다.
• 문화 대혁명 1966년부터 사회주의와 공산주의를 고취하기 위해 중국에서 시작된 사상운동이다. 그러나 마오쩌둥이 자신의 권력을 강화하기 위한 정치 투쟁의 성격이 짙었다. 마오쩌둥에 반대하는 수많은 정치인이 반사회주의자로 몰려 숙청당하는 등 공포 정치가 이어졌다. 1976년 마오쩌둥이 사망하면서 종결되었다.

중국 문화 대혁명 시기의 선동 포스터. 당시 중국의 마오쩌둥은 중국 공산주의가 소련식으로 변질되는 것을 염려하며 공산주의 혁명 정신을 더욱 강화하는 운동을 벌이는 한편 마오쩌둥 자신을 향한 인민의 충성을 요구했다.

덩샤오핑

　문화 대혁명이 진행되는 동안 중국 국민은 공포에 떨어야 했어요. 마오쩌둥의 지휘를 받는 홍위병이라는 젊은 군대가 있었는데, 대부분 중고교생의 나이였어요. 홍위병은 닥치는 대로 반대파를 제거했어요. 이때 수많은 지식인과 예술가들이 고문을 받거나 투옥됐고, 처형되기까지 했죠. 또한 중국의 전통문화가 완전히 파괴되는 부작용까지 생겼어요.

　이 무렵 중국은 소련과도 국경 분쟁을 벌였어요. 안과 밖으로 중국이 상당히 혼란한 것 같죠? 이 혼란은 마오쩌둥이 죽고 난 후 권력을 잡은 덩샤오핑이 개혁을 추진하면서 조금 진정됐어요. 덩샤오핑은 과감하게 개혁 · 개방 정책을 시행했어요.[1976년]

　덩샤오핑은 "흰 고양이든 검은 고양이든 쥐만 잡으면 된다."라며 실용성을 강조했고, 자본주의의 시장 경제 원리도 과감히 받아들였어요. 그 결과 중국의 경제가 놀라운 속도로 성장했어요.

하지만 중국은 사회주의를 버리지 않았어요. 그러니 민주주의를 받아들이지도 않았지요. 1980년대 후반부터 중국에서 민주화 운동이 거세졌어요. 중국 민중들은 공산주의 정권에 저항했어요. 대표적인 것이 톈안먼 사건이에요[1989년].

베이징 톈안먼 앞에서 민주화를 요구하는 민중을 중국 정부는 탱크로 진압해 버렸어요. 이 톈안먼 사건을 지켜보던 전 세계는 중국에서 민주화를 이루기까지는 아직 갈 길이 멀다는 사실을 깨달았지요.

일본의 상황도 짚고 넘어갈게요.

일본은 제2차 세계 대전의 패전국이었어요. 하지만 냉전 체제 덕분에 독립국을 유지할 수 있었어요. 식민지였던 한국이 남과 북으로 분단된 것에 비하면 일본은 정말 큰 행운을 누린 셈이에요.

일본은 미국 샌프란시스코 조약을 통해 독립을 승인 받았어요[1951년]. 미국이 강력하게 지원한 덕분이에요. 미국이 왜 그랬을까요? 공산주의가 확대되는 것을 막기 위해서였어요.

뿐만 아니라 아시아에서 터진 냉전 전쟁, 그러니까 6·25 전쟁과 베트남 전쟁은 일본의 경제를 살리는 데 크게 기여했어요. 두 나라로 전쟁 물자를 옮기려면 보급 기지가 필요하겠지요? 일본은 전쟁 물자를 만들고 유통하는 기지 역할

일본은 6·25 전쟁과 베트남 전쟁으로 전쟁 특수를 누리면서 경제 대국으로 성장했다. 사진은 요코하마에서 바라본 후지산이다.

을 했습니다. 그야말로 전쟁 특수를 누린 거지요. 특수는 특별한 경제 상황에서 발생하는 큰 수요를 가리켜요. 그러니까 일본은 두 나라의 전쟁을 이용해 막대한 경제적 이익을 얻은 거예요.

냉전 체제 덕분에 이처럼 일본은 아주 쉽게 경제 성장을 이루었어요. 경제가 빠르게 성장하니 기술력도 덩달아 발전했지요. 그 결과 일본은 1980년대로 접어든 후에 미국, 영국, 독일 등과 맞먹는 경제 대국으로 성장한답니다.

세계 무역 기구가 정말 공평할까?
└세계화와 신자유주의

냉전 체제가 종식되면서 공산주의 진영은 무너졌어요. 동유럽의 여러 국가들은 자본주의 자유 경제 체제를 받아들였어요. 공산주의 정부가 권력을 잡고 있는 중국도 자본주의 요소를 받아들였지요. 베트남, 라오스 등 인도차이나반도의 공산주의 국가들도 모두 개혁과 개방 정책을 통해 자본주의 체제를 일부 받아들였어요.

이처럼 냉전 체제가 끝나면서 자본주의는 전 세계로 확산되었어요. 그 결과 경제 강대국의 순위도 바뀌었지요. 여전히 미국은 세계 최고 경제 대국이에요. 경쟁자였던 소련이 사라진 후로는 중국이 미국의 뒤를 잇고 있지요. 물론 중국의 인권 문제나 반민주적 정치 문화, 빈부 격차 등은 풀어야 할 숙제로 남아 있어요.

자본주의가 발전하다 보니 각국은 어느 진영이냐를 따지는 대신 얼마나 자유로운 무역이 이루어지고 있는지, 불공정한 무역 때문에 자기 나라가 손해는 보고 있지 않는지에 더 관심을 가지기 시작했어요. 비로소 전 세계에 자유 무역 체제가 자리 잡은 거예요.

1944년 7월 2일, 브레턴우즈에 모인 44개국의 대표들이 기념 촬영을 하고 있다.

사실 자유 무역을 위한 노력은 제2차 세계 대전이 끝나기 전에 이미 시작되었어요. 전쟁이 끝나기 전, 연합국 대표들은 미국의 브레턴우즈란 곳에서 회의를 가졌어요.1944년. 이 브레턴우즈 회의에서 여러 중대한 논의가 이뤄졌는데, 그 결과 만들어진 경제 체제를 브레턴우즈 체제라고 해요.

중요한 내용을 추려 보자면, 우선 미국 달러를 기축 통화로 정했지요. 기축 통화는 국제 거래에서 사용하는 화폐를 뜻하는 말이에요. 이 회의에서는 이와 함께 경제 후진국을 돕기 위해 여러 국제기구를 만들기로 했어요. 그래야 세계 경제가 발전할 수 있으니까요. 그 결과 국제 통화 기금IMF과 국제 부흥 개발은행IBRD이 만들어졌어요. 국제 부흥 개발은행은 세계은행이라고도 불러요.

이어 1947년에는 23개 국가가 체결한 관세 및 무역에 관한 일반 협정GATT이 출발했어요. 이 협정은 관세율을 낮추는 등의 방식으로 국제 자유 무역을 방해하는 요인들을 제거하자는 취지로 만든 거였어요. 그러니까 본격적으로 자유 무역을 촉진하기 위한 첫 협정이 바로 이 GATT인 셈이지요.

시간이 흐르면서 국제 경제 환경이 많이 바뀌었어요. 냉전 체제가 무너지면서 국제 무역에 참여하는 나라도 많아졌어요. 세계 경제가 활발히 움직이는 것 같죠? 하지만 항상 그렇지는 못했어요. 1970년대로 접어들면서 두 차례에 걸쳐 국제 석유 가격이 폭등했어요. 그 결과 국제 경제가 얼어붙고 불황이 시작됐어요.

이 위기를 넘기 위해 자유 무역을 더욱 강화하고, 국가의 개입은 줄여야 하며, 시장은 더 개방해야 한다는 목소리가 커졌어요. 이것이 바로 신자유주의예요. 특히 경기 침체로 큰 타격을 입은 미국과 영국에서 신자유주의 정책이 강력하게 추진됐죠.

1990년대로 접어들면서 공산주의 진영이 붕괴했죠? 게다가 국제 무역의 종류도 다양해졌어요. 예전에는 상품 무역만 했지만 1980년대 이후로는 서비스나 지적 재산권에 대한 국제적 약속도 필요했지요. 이 때문에 국가 간 협상이 진행됐고, 그 결과 무역과 투자의 자유화를 위한 국제기구가 탄생했어요. 바로 세계 무역 기구^{WTO}예요^{1995년}.

세계 무역 기구에는 전 세계 160여 개국이 회원으로 가입해 있어요. 불공정 무역을 비롯한 국가 간의 경제 분쟁을 심판하는 재판소 역할도 하고 있지요. 다만 세계 무역 기구가 선진국 편만 드는 것 아니냐고 비판하는 나라들도 적지 않아요. 이 문제는 앞으로 풀어야 할 숙제이지요.

세계 무역 기구는 전 세계 국가들을 상대로 무역과 투자의 규제를 없애려 하고 있어요. 이 세계 무역 기구 외에도 몇몇 나라들은 자기들끼리 무역 상품에 붙는 세금인 관세를 철폐하자는 협정을 맺기도 해요. 이를 자유 무역 협정^{FTA}이라고 하지요.

미국과 캐나다, 멕시코 등 북아메리카의 세 나라는 단계적으로 관세를 철폐하는 북미 자유 무역 협정^{NAFTA}을 체결했어요^{1994년}. 유럽 연합도 아시아 국가들과 자유 무역 협정을 체결하는 등 전 세계적으로 자유 무역 협정을 체결한 국가들이 매년 늘어나고 있어요. 우리나라 또한 미국, 칠레, 싱가포르, 유럽 연합 등과 자유 무역 협정을 체결했답니다.

다국적 기업의 장점과 단점은 뭘까?
└세계화의 확대와 경제 블록화

지금까지 살펴본 것만 봐도 세계화의 속도가 갈수록 빠르게 진행되고 있다는 사실을 잘 알 수 있겠죠? 그런데 세계화란 게 도대체 무엇일까요? 자유 무역만 활발해지면 세계화가 되는 걸까요? 아무래도 세계화의 개념부터 조금 알아 둘 필요가 있을 것 같아요.

세계화가 진행되려면 자유 무역은 필수 조건이에요. 그래야 상품과 서비스가 국경을 자유롭게 넘나들 수 있죠. 상품과 서비스뿐 아니라 사람^{노동자}과 자본도 국가 간 이동이 자유로워야 세계화가 진행된다고 할 수 있어요. 물론 국가 간의 장벽이 낮아지면 세계화의 속도도 빨라져요.

최근 세계화 속도가 빠르게 진행되는 이유는 여러 가지가 있어요. 개발 도상국에 대한 선진국의 자본 투자나 기술 제공이 많아졌어요. 이른바 다국적 기업이라 부르는, 선진국 출신 기업들이 개발 도상국에 공장을 짓는 사례가 셀 수 없이 많아요. 이렇게 하면 개발 도상국에 많은 일자리가 생겨나죠. 이와 반대로 개발 도상국의 노동자가 선진국으로 이주해 일하는 경우도 많아요. 이와 같은 현상들이 반복되면 세계 시장은 하나로 통합돼요. 말 그대로 세계화가 완벽하게 이루어지는 거죠.

세계화는 단지 경제적 차원에만 국한된 게 아니에요. 최근에는 문화나 사회적인 측면에서도 세계화로 인한 다양한 현상이 나타나고 있어요. 대표적인 게 다문화 사회예요. 해외 이주민이 국내에도 늘어나고 있죠? 그들의 문화가 한국 문화와 융합돼 새로운 문화로 나타나기도 해요. 이런 과정이 순탄하게 이뤄지면 좋겠지만, 때로는 문화적 차이로 인해 갈등을 빚기도 하죠. 자, 다시 경제 이야기로 돌아가 볼까요?

신자유주의와 세계화가 점차 확대되고 있죠? 자유 무역에 대한 목소리도 높아졌어요. 이미 말한 대로 국가 간에 자유 무역 협정을 맺기도 해요. 그런데 이와 좀 다른 방식의 경제 현상도 나타나고 있어요. 세계 여러 나라들과 자유 무역을 하다 보면 경쟁이 치열하니까 지역별로 가까운 나라들끼리 경제 협력을 맺으려는 움직임이 커진 거예요. 이런 지역별 경제 협력체를 경제 블록이라고 해요. 요즘에는 경제 블록을 넘어 정치와 외교 안보까지 논의하는 블록들이 적지 않아요.

벨기에 브뤼셀의 EU 본부 앞에 나부끼는 깃발. 깃발 속 12개의 별은 회원국 수를 나타내는 것이 아니라 완전함을 상징하는 숫자 12를 뜻한다. EU에는 28개 나라가 회원국으로 가입해 있었으나 영국이 탈퇴함으로써 27개국이 되었다.

대표적인 경제 블록이 바로 유럽 연합EU이에요. 유럽 연합은 단순한 경제 블록이 아니에요. 유럽 전체를 하나로 통합하려는 노력의 결정체이지요. 따라서 유럽 연합이 어떤 과정을 거쳐 탄생했는지 알아 두는 게 좋을 것 같아요.

유럽은 제2차 세계 대전의 피해가 무척 컸어요. 태평양 전쟁을 제외하면 전쟁의 대부분이 유럽에서 일어났거든요. 이후 냉전 체제를 거치면서 자본주의 진영의 주도권은 미국이 가져갔어요. 이 모든 점을 극복하기 위해서는 유럽을 하나로 통합해야 한다는 목소리가 커졌어요. 가장 적극적으로 나선 나라가 프랑스였어요.

프랑스의 노력으로 가장 먼저 유럽 경제 공동체EEC가 결성되었어요.1957년. 회원국들은 자기들끼리는 자유롭게 무역을 하되 비회원국에 대해서는 제한을 둠으로써 경제 협력을 꾀했어요. 일종의 보호 무역인 셈이지요.

유럽 경제 공동체가 확대되어 탄생한 것이 유럽 공동체[EC]예요.[1967년] 유럽 공동체는 경제적인 분야를 넘어 정치와 군사 분야에서도 협력했어요. 유럽 의회와 유럽 사법 재판소 같은 것도 만들었지요. 유럽 공동체는 이후 회원국을 늘려 냉전 체제가 끝난 후에 유럽 연합[EU]을 창설했어요.[1993년] 유럽 연합은 유럽 전체가 한 나라처럼 움직이는 체제예요. 공동으로 유로라는 화폐도 사용하고 있지요.

우리나라가 포함된 아시아·태평양 경제 협력체[APEC]도 대표적인 경제 블록이라고 볼 수 있어요.[1989년] 우리나라가 포함되지는 않았지만 동남아시아 국가들이 모인 동남아시아 국가 연합[ASEAN]도 경제 블록이에요.[1967년] 또 다른 블록으로는 아시아와 유럽의 정상들이 모여 각종 정책을 논의하는 아시아·유럽 정상 회의[ASEM]가 있어요.[1996년] 이 아시아·유럽 정상 회의에는 우리나라도 참여하지요.

2000년대 들어서는 남아메리카의 나라들도 유럽 연합처럼 경제와 정치 등 모든 분야에서 협력하기 위한 블록을 만들었어요. 그것이 남미 국가 연합[UNASUR]이지요.[2008년] 이에 앞서 아프리카에서도 53개 국가들이 참여한 아프리카 연합[AU]을 만들었답니다.[2002년]

끝으로, 세계화에 대해 좀 더 생각해 볼 게 있어요. 세계화가 마냥 좋기만 한 것인지, 혹시 문제점이 많은 것은 아닌지 알아 둘 필요가 있지요.

세계화가 확산되면 외국에서 생산된 물품을 국내에서도 간편하고 싸게 살 수 있다는 장점이 있어요. 우리 기업이 해외로 나가 제품을 팔기에도 좋은 환경이 만들어지지요. 그러니 잘만 활용하면 우리나라가 얻는 이익이 커요.

반면 세계화가 확산될 경우 거대한 자본과 전 세계적 유통망을 가진 다국적 기업^{글로벌 기업}들의 이익만 늘어날 수 있어요. 이런 기업들은 쉽게 규제할 수도 없으니, 작은 국내 기업들은 별 힘을 쓰지 못하다 망할 수도 있지요. 그 결과 대기업만 이익을 얻고 작은 기업은 아무런 이익을 얻지 못하고, 더불어 빈부 격차가 더 심해질 수도 있어요.

★ 단원 정리 노트 ★

1. 냉전 체제의 붕괴 과정

① 양대 진영의 완충지 역할을 한 제3 세계

자본주의 진영(제1 세계)과 공산주의 진영(제2 세계)에 속하지 않은 아시아와 아프리카, 중·남아메리카의 신생 독립국들은 세계 질서에 큰 영향을 미치지는 못했으나, 냉전 체제의 긴장을 완화하는 역할을 했다.

② 공산주의 진영의 분열

냉전 체제에서도 공산주의 진영에서는 소련을 거부하는 운동이 계속 일어났다. 폴란드에서는 노동자들이 소련에 저항하는 운동을 이어 갔고, 헝가리에서는 시민들이 공산 정권을 타도하고 소련을 몰아내자는 민주화 시위를 벌였으며, 체코슬로바키아에서는 알렉산더 둡체크를 중심으로 소련 저항 운동을 벌였다.

③ 미국 중심주의를 반대하는 서유럽

자본주의 세계의 질서가 미국 중심으로 돌아가는 것을 우려한 프랑스가 자본주의 진영의 군사 동맹인 북대서양 조약 기구를 탈퇴했다. 이외에 유럽의 많은 국가들이 '강한 유럽'을 꿈꾸며 유럽을 하나로 통합하자는 의견을 내기 시작했다. 유럽은 미국과 소련을 중심으로 한 양극 체제가 굳어지는 것을 우려했기 때문이다.

④ 미국과 중국의 수교와 화해 분위기

소련과 중국이 공산주의 이념과 국경 문제로 대립한다. 한편 미국과 우호적인 관계를 맺은 중국이 미국의 탁구 선수단을 초대하고, 미국의 닉슨 대통령이 소련을 방문하는 등 자본주의 진영과 공산주의 진영 사이에 화해 분위기가 조성된다. 서독과 동독은 국제 연합에 동시 가입하고(1973년), 미국과 소련은 전략 무기 제한 협정을 체결한다(1979년).

⑤ 고르바초프의 개혁 · 개방 정책

소련은 1960년대부터 극심한 경제 침체를 겪던 중 1985년 고르바초프가 최고 위치인 서기장에 오른다. 고르바초프는 침체에 빠진 소련 경제를 회복시키기 위해 개혁 · 개방 정책을 펴며 공산주의 개혁을 주도한다. 이를 신호탄으로 체코슬로바키아에서 가장 먼저 공산 정권이 무너지고, 이어서 헝가리, 루마니아, 폴란드 등이 민주 국가로 탈바꿈한다. 서독과 동독은 냉전의 상징인 베를린 장벽을 해체한다.

⑥ 냉전 종식과 소련의 해체

소련의 고르바초프 서기장과 미국의 부시 대통령은 지중해의 몰타에서 만나 냉전 종식을 선언한다(1989년). 이듬해인 1990년에 독일은 서독이 동독을 흡수하는 형태로 통일한다. 하지만 소련의 공산당 세력은 급박하게 진행되는 변화를 받아들이지 않고 쿠데타를 일으킨다. 이 쿠데타를 러시아의 대통령 옐친이 진압하고, 옐친은 급기야 소련의 해체를 선언한다(1991년). 이로써 냉전 체제는 종식되었다.

2. 세계화와 경제 블록

냉전 종식 이후의 경제 질서

- 자본주의 진영과 공산주의 진영으로 대립하던 때에 막혔던 국경이 열리면서 세계 무역이 활기를 띰

- 공산품(제품)뿐 아니라 인력, 금융, 서비스, 대중문화 등으로 무역과 교류의 다양성이 커짐

자유 무역 확대

- 관세 및 무역에 관한 일반 협정(GATT, 1947년) 체결 → 신자유주의 등장 → 세계 무역 기구(WTO, 1995년) 결성 → 자유 무역 협정(FTA) 체결 → 세계화 확대

경제 블록

- 국가 간의 무역 경쟁이 치열해짐에 따라 지역별로 경제적 협력 관계를 구성하여 이익을 도모하는 경향이 커짐

- 유럽 연합(EU), 아시아 · 태평양 경제 협력체(APEC), 동남아시아 국가 연합(ASE-AN), 아시아 · 유럽 정상 회의(ASEM), 남미 국가 연합(UNASUR), 아프리카 연합(AU) 등

21

탈권위주의 운동과 대중문화의 발달

: 낡은 관습을 깨부수고 새로운 미래로

- 탈권위주의 운동이 무엇인지에 대해 설명해 보세요.
- 세계 각국의 민권 운동과 민주화 운동에 대해 이야기해 보세요.
- 학생 운동과 여성 운동의 발전 과정을 설명해 보세요.
- 대중 사회가 어떻게 형성되고 발전했는지 이야기해 보세요.

흑인들은 왜 워싱턴 행진을 했을까?

└민권 운동과 민주화 운동의 전개

20세기의 전반부에는 두 차례의 큰 전쟁으로 세계가 대혼란에 빠졌어요. 20세기 후반부에는 냉전 체제가 계속되면서 또 다른 갈등의 시대를 살아야 했죠. 각국의 사정도 썩 좋지는 않았어요. 모든 분야에서 불평등하고 후진적인 요소가 상당히 많이 남아 있었거든요. 게다가 산업화 속도도 빨라지면서 인간을 경시하는 물질 만능주의까지 널리 퍼졌죠.

그대로 둬도 역사의 수레바퀴가 잘 굴러갈까요? 그건 아니에요.

원인을 찾아 개혁해야 사회가 좋은 방향으로 나아가죠. 실제로 20세기 후반 들어 이런 움직임이 나타났어요. 그것이 바로 탈권위주의 운동이에요. 지금껏 세계가 불평등하고 후진적인 요소를 극복하지 못하는 것은 낡은 관습과 권위에 얽매어 있기 때문이며, 그것을 타파해야 발전할 수 있다는 거죠.

탈권위주의 운동이 일어날 수 있었던 배경은 무엇보다 전 세계적으로 경제 상황이 놀라울 정도로 좋아졌기 때문이에요. 당시 베이비붐으로 인해 인구도 크게 늘었어요. 소득 수준이 좋아지면서 자녀들에 대한 교육 투자도 커졌지요. 그 결과 대학에 진학하는 청년층이 많아졌어요. 바로 이 청년층을 중심으로 낡은 관습이나 기성세대의 문화와 가치관에 대한 저항이 시작됐어요.

탈권위주의 운동은 민권 운동, 학생 운동, 여성 운동, 반전 운동, 환경 운동 등 다양한 형태로 전개되었죠. 이 모든 운동을 통틀어 사회 운동이라 부르기도 한답니다. 우선 민권 운동과 민주화 운동에 대해서 정리할게요.

인종 차별에 맞서 싸운 흑인 민권 운동부터 시작할게요. 흑인들은 제2차 세계 대전이 끝난 이후에도 전 세계 곳곳에서 인종 차별에 시달렸어요. 미국의 흑인들은 시민권조차 받지 못했어요. 남아프리카 공화국에서는 백인 정부가 흑인들의 거주지까지 분리하는 극단적인 인종 차별 정책을 시행하고 있었죠. 이 정책을 아파르트헤이트라고 했는데, 이는 분리와 격리를 뜻해요.

미국에서는 마틴 루터 킹 목사가 흑인 민권 운동을 주도했어요. 1963년에는 워싱턴 행진을 진행했죠. 행진을 마치고 광장에서 행한 연설에서 그는 "나에게는 꿈이 있습니다 I have a dream."로 시작하는 유명한 말을 남겼죠. 이 운동은 1964년 결실을 맺었어요. 바로 이 해에 민권법이 통과된 거예요. 이듬해에는 흑인들에게도 투표권을 줬지요. 이로써 백인과 흑인에 대한 차별은 법적으로 금지됐어요. 물론 그 후로도 차별이 완전히 없어지기까지는 시간이 좀 걸렸어요.

남아프리카 공화국에서는 넬슨 만델라가 운동을 주도했어요. 그는 당시 백인 정부의 아파르트헤이트에 맞서 투쟁하다 반역죄로 종신형을 선고받기도 했죠. 하지만 끝까지 싸워 결국에는 아파르트헤이트 정책을 없앴어요. 만델라는 노벨 평화상을 수상했고, 남아프리카 공화국의 첫 흑인 대통령이 됐답니다.

민권 운동을 이야기할 때 빠질 수 없는 게 있어요. 바로 민주화 운동이죠. 1960년대 이후 전 세계에서 독재 정권에 대한 저항이 거세게 일었어요. 이 또한 넓은 의미에서 민권 운동으로 볼 수 있죠.

미국이나 서유럽 같은, 이른바 민주주의 선진국에서도 반정부 투쟁이 없었던 건 아니에요. 하지만 그런 나

워싱턴 행진을 마친 뒤 링컨 기념관 앞에 운집한 군중과 그들 앞에서 연설하는 마틴 루터 킹

라에서의 투쟁은 탈권위주의를 위한 것이기는 하지만 독재 정권을 몰아내기 위한 것은 아니었어요. 따라서 독재를 타파하기 위한 민주화 운동은 아시아, 중남미, 동유럽 등 민주주의가 덜 뿌리내린 곳에서 주로 일어났어요.

우리나라만 보더라도 1960년에 4·19 혁명이 일어났어요. 이 혁명은 자유당 독재 정권에 대한 저항에서 시작됐죠. 멕시코에서도 1968년에 학생들과 재야인사들이 독재 정권에 맞서 민주화 운동을 벌였어요. 에스파냐에서는 1970년대에 40여 년간 장기 집권을 해온 프랑코의 독재 정권에 맞서 시위를 벌였어요. 이미 앞에서 말했던 대로 1980년대에는 동유럽의 사회주의 국가들에서 민주화 운동이 대대적으로 일어났어요. 그 결과 동유럽과 소련의 사회주의 정권이 붕괴했죠.

청년들은 왜 록 음악에 열광했을까?
└학생 운동과 여성 운동의 전개

탈권위주의 운동이 활발해진 배경에 대해서는 앞에서 이미 이야기했어요. 그런데 한 가지를 특히 더 강조하고 싶은 게 있어요. 바로 '청년의 힘'이에요. 청년들이 민권 운동을 비롯해 탈권위주의 운동의 선두에 섰거든요. 왜 청년들이 개혁의 선두에 선 걸까요? 그

전에 없던 청년 문화가 만들어졌기 때문이에요. 한마디로 청년들이 달라진 거지요.

제2차 세계 대전 이후에 청년이 된 세대들은 아주 자유분방했어요. 기존 관습이나 정치 체제를 신랄하게 비판했죠. 청년들은 기성세대가 지나치게 보수적이고 권위주의적이라 여겼어요. 교육을 책임지는 대학도 크게 다르지 않다고 생각했어요.

1960년대부터 청년들은 사회 변혁 운동에 뛰어들었어요. 청년들의 시위가 전 세계적으로 일어났어요. 독재를 타도하기 위한 민주화 운동도 있었지만 이른바 선진국이라 부르는 곳에서도 어김없이 청년들의 시위가 일어났어요. 청년들은 기성세대만의 정치를 반대했어요. 청년들도 자유롭게 정치 발언을 할 수 있도록 허용해 달라고 요구했어요. 대학 당국에 맞서 학교를 점거하는 학생들도 있었죠. 미국, 독일, 이탈리아, 프랑스 등 여러 나라에서 이런 청년 시위가 잇달았어요.

이 중에서 세계를 깜짝 놀라게 한 사건이 있었어요. 서유럽의 핵심 국가 중 하나인 프랑스에서 대규모 시위가 일어난 거예요. 1968년 프랑스 대학생들이 권위주의적인 대학을 개혁해 민주화하자며 대규모 시위를 벌인 거예요. 대학생들은 미국의 베트남 침공도 비난했어요. 이 대학생들의 시위에 영향을 받은 노동자들도 공동 투쟁에 나섰어요. 노동자들은 임금 인상과 노동 조건의 개선을 요구하며 총파업을 벌였죠.

68 운동 당시 프랑스 보르도 대학가에 쌓여 있는 학교 집기들

이 사건을 68 운동이라고 해요. 국가 권력의 지나친 통제를 반대하고, 개인의 자유와 권리를 더 중요하게 여겨야 한다고 주장했어요. 이 68 운동의 영향을 받아 전 세계적으로 탈권위주의 운동이 일어났답니다.

이런 현상은 비단 시위와 같은 투쟁으로만 나타난 건 아니었어요. 대중문화에서도 기성세대에 대한 저항이 그대로 표출됐죠. 미국 가수 중에 밥 딜런이란 스타가 대표적이었어요. 그가 부르는 노래의 가사를 보면 권위주의에 저항하는 내용이 상당히 많았지요. 이 가수는 미국뿐 아니라 전 세계적으로 큰 인기를 얻었어요. 그 때문에 전 세계의 청년들 사이에서 밥 딜런이 저항 문화의 상징처럼 받아들여졌어요.

청년들의 기성세대에 대한 저항을 상징하는 또 다른 문화가 록이었어요. 강렬한 음악을 들으며 청년들은 자유와 저항 정신을 표출했어요. 1969년에 미국 뉴욕에서 열린 우드스톡 음악 축제는 청년들의 이런 문화를 잘 알 수 있는 행사였죠. 당시 현장에 있던 청년들의 생김새를 볼까요? 일단 머리가 장발이 많아요. 바지는 청바지를 입었지요. 상의를 입지 않은 남성들도 많아요. 모두가 자유분방한 모습이에요.

일부 청년들은 기성세대에 맞서 극단적으로 저항했어요. 그들은 아예 사회를 이탈해 자기들끼리 무리를 지어 살았어요. 그들을 히피라고 불렀어요. 히피 문화 또한 전 세계적으로 꽤 큰 영향을 미쳤어요. 우리나라라고 해서 다르지는 않았어요. 특히 1970년대 대한민국에서도 청바지를 즐겨 입고, 단속을 피해 가며 머리를 길렀으며, 통기타를 치면서 민중가요를 부르는 청년들이 꽤 많았답니다. 전 세계 어디든 기성세대에 대한 저항은 존재하기 마련이죠.

1969년 우드스톡 페스티벌에 참가한 젊은이들

　이제 다른 분야의 탈권위주의 운동에 대해서도 살펴볼게요. 여성 운동은 어떻게 발전했을까요?

　1960년대까지만 해도 대부분의 사회는 남성 중심적이었어요. 여성은 출산과 육아 외에 가사 노동을 전담했죠. 직장에 다니는 여성이 없는 건 아니었지만 남성과 비교하면 급여가 낮았고 승진 기회가 적었어요. 직장에서 일상적으로 성차별이 벌어지고 있었던 거예요.

　탈권위주의 운동이 활발해지면서 여성 운동 또한 활발해졌어요. 여성들은 성차별에 맞서 투쟁했어요. 20세기 초까지만 해도 여성들은 참정권을 얻으려고 싸웠죠? 이제는 한 단계 더 나아간 투쟁에 돌입했어요. 그 결과 여러 나라에서 성차별을 금지하는 법이 통과됐어요.

　21세기가 되면서 남녀 차별 외에 또 다른 문제가 제기됐어요. 생물학적인 남성과 여성의 범주를 거부하는 사람들이 늘어나고 있거든요. 그들을 성 소수자라고 부르는데, 앞으로는 그들에 대한 논의도 본격적으로 해야 할 것으로 보여요.

참으로 다양한 사회 운동이 벌어지고 있죠. 그런데도 아직까지 일부에서는 좌파˚냐 우파˚냐 따지면서 대립하기도 해요. 전문가들은 좌우 이념 갈등은 이미 구시대의 유물이라고 보고 있답니다. 자본가에 맞서 싸우는 노동 운동이 가장 중요하던 시대도 더 이상은 아니라는 지적이 나와요. 여러 분야에서 다양한 목소리가 나오는 게 중요하다는 뜻이에요. 그게 환경 운동일 수도 있고, 반전 운동일 수도 있겠죠. 그런 운동이 활발해질수록 인권도 더 보호되고 지구도 살릴 수 있을 테니까요.

인터넷이 대중 매체로서 매력적인 까닭은?
└대중 사회의 형성과 대중문화의 발전

- 좌파 진보적이거나 급진적인 경향을 지닌 무리. 변혁과 개혁을 추구한다.
- 우파 보수적이고 온건적인 경향을 지닌 무리. 사회의 변화와 개혁보다는 현재의 체제가 유지되는 것을 추구한다. cf. 좌파와 우파라는 말은 프랑스 혁명 시기에 만들어졌다. 급진적 성향을 가진 로베스피에르가 세운 국민 공회가 회의를 할 때 중간의 의장석을 기준으로 왼쪽에 진보적인 자코뱅파가 앉고, 오른쪽에 온건파인 지롱드파가 앉은 데서 유래했다.

현대 사회를 대중 사회라고 해요. 대중이 즐기는 문화는 대중문화라고 하고, 대중문화를 소통하는 매체를 대중 매체라고 해요. 그렇다면 도대체 대중은 어떤 존재일까요?

대중을 쉽게 풀어 설명하자면 '불특정 다수의 사람들'이라고 할 수 있어요. 특별히 유명한 스타도 아니고 고위 관료도 아니며 정치

오늘날 사회를 움직이는 가장 중요한 세력은 바로 대중이다.

인도 아니고 전문가 집단도 아니에요. 평범한 이 사람들이 현대 사회의 주역이기에 대중 사회라 부르는 거예요. 그렇다면 대중 사회는 어떤 단계를 거쳐 탄생했을까요?

제2차 세계 대전 이후 전쟁 피해를 복구하면서 경제가 많이 성장했어요. 경제가 발전하니 도시화 속도도 빨라졌지요. 농촌에 살던 사람들이 도시로 속속 이주했어요. 도시로 이주한 그 사람들은 사무직, 생산직, 서비스직, 영업직 등 다양한 노동자가 됐어요. 이 노동자들의 수가 압도적으로 많아졌으니 당연히 이들을 중심으로 한 사회가 만들어졌어요. 그게 바로 대중 사회예요. 민주주의가 발전하면서 정치인들은 그런 대중을 무시할 수 없었어요. 이처럼 대중 사회에서는 그 누구보다도 대중의 영향력이 가장 컸답니다.

대중의 교육 수준은 높았어요. 경제력도 좋아져서 구매력도 좋아졌죠. 여가 시간에도 문화생활을 즐기기 시작했어요. 대중이 제품을 사거나 영화를 보려면 어디에서든 정보를 얻어야 해요. 이때 등장한 것이 바로 대중 매체예요. 대표적인 대중 매체로는 TV, 라디오, 인터넷을 꼽을 수 있어요.

이런 대중 매체에는 누구나 쉽게 접근할 수 있죠? 덕분에 과거에는 특권 계층만 누리던 문화를 일반 대중도 누릴 수 있게 됐어요. 소수의 특권 계층이 누리던 과거의 문화를 보통은 고급문화라고 해요. 반면 대중이 누리는 문화는 대중문화라고 하죠. 모든 사람에게 인기를 얻으려면 아무래도 대중의 취향과 정서를 반영해야겠죠? 이처럼 대중문화는 계급, 성별, 지역과 관계없이 누구나 즐길 수 있는 문화라고 정의할 수 있답니다.

대중문화가 본격적으로 확산한 것은 1920년대 이후예요. 무엇보다 라디오의 역할이 컸어요. 텔레비전과 영화도 대중문화 확산의 주역 중 하나예요. 미국 할리우드 영화와 서양의 팝 음악은 전 세계로 퍼졌어요. 이 대중문화는 전 세계를 매료시켰어요. 또한 20세기 후반에는 인터넷이 새로운 대중 매체로 떠올랐어요. 요즘에는 대중이 문화를 소비할 뿐 아니라 직접 생산하기도 하죠. 누구나 문화를 생산할 수 있고 소비할 수도 있으니 대중문화는 앞으로도 더욱 발전할 거로 여겨져요.

역사적으로도 대중문화의 긍정적 측면이 많아요. 대중문화가 확산하면서 탈권위주의 운동도 더욱 탄력을 받았거든요. 앞에서 거론했던 민권 운동, 여성 운동, 환경 운동 등의 사회 운동은 대중의 외면을 받으면 성공할 수 없어요. 사회 운동가들은 기성 사회에 대한

저항을 노래와 춤, 영화로 만들었어요. 대중
들은 그 문화를 즐기면서 저항에 동참했죠.

　물론 부작용도 있어요. 미국과 서양의 대
중문화를 수입한 국가에서 전통문화를 외
면하는 경향이 나타난 거예요. 자신의 나
라, 민족의 정통성은 무척 중요한 거예요.
대중문화를 따르다가 그런 정통성과 고유
한 정신까지 잃어버리면 안 되죠. 또한 지

수많은 네온사인으로 뒤덮인 뉴욕 타임
스퀘어

나치게 대중문화가 상업성을 띤다는 지적도 많이 나왔어요. 이런
문제들은 요즘에도 반복되고 있어요. 경각심을 갖고 지켜봐야 할
사안인 거예요.

　대중문화도 엄연한 상품이에요. 따라서 자본주의의 발전과도 밀
접한 관련이 있어요. 실제로 기업들은 소비자들이 더 많은 상품을
사도록 여러 수단을 동원해요. 대중의 구미에 맞는 제품을 개발하
는 일은 모든 기업의 기본이에요. 그 다음에는 광고와 마케팅에 대
대적인 자본을 쏟고 있죠. 그러다 보니 제품 자체가 아니라 이미지
에만 더 치중할 때도 있어요. 전반적으로는 소비 영역이 크게 늘어
났지요. 이런 특성에 주목해 현대 사회를 대중 소비 사회라고 부르
기도 한답니다.

★ 단원 정리 노트 ★

1. 탈권위주의란 무엇일까?

- 권위주의 : 권위주의란 어떤 일에서 권위를 내세우거나 권위에 복종하는 태도를 말한다. 여기서 말하는 권위는 권력이나 전문성을 가진 사람에게 부여되는 통솔력과 지배력만을 뜻하는 것이 아니라, 오랫동안 일반 대중의 생각과 행동을 지배해 온 생각이나 질서, 관습 등을 의미한다.

- 탈권위주의 : 권위주의에서 벗어나는 것을 뜻한다. 기존의 강력한 질서나 관습, 생각을 부정하고, 사회가 암묵적으로 정해 놓은 계급의식에서 벗어나 개인의 관점에서 세상을 대하는 태도다. 탈권위주의는 권위를 가진 이가 스스로 권위를 내려놓는 것으로 나타날 수도 있고, 개인과 대중이 기존의 질서에 저항하는 형태로 나타날 수도 있다.

2. 탈권위주의 운동의 형태

- 민권 운동 : 흑인의 인종 차별 반대 운동, 독재 정권에 맞선 인권 운동과 민주화 운동, 성 소수자 권익 운동 등 / ex. 마틴 루터 킹과 넬슨 만델라의 흑인 인권 운동, 대한민국의 광주 민주화 운동

- 여성 운동 : 남성 중심의 사회 질서에 저항하고, 성 차별에 반대하는 운동 등 / ex. 여성의 참정권 요구, 출산 및 육아 휴직 보장 요구

- 학생 운동 : 기성세대와 기성 체제에 대한 저항 운동 / ex. 1960년대의 히피 문화, 베트남 전쟁 당시의 반전 평화 운동

3. 대중문화와 대중 사회

- 제2차 세계 대전 이후 대중의 영향력이 확대됨

- 대중 매체의 발달로 이전까지 일부 소수만 독점하던 정보와 지식이 확산되고, 교육 수준이 높아지면서 대중의 인식 수준 역시 높아짐

- 대중은 생산과 소비의 주체로서 자본주의 사회에서 큰 영향력을 가짐

- 과거 귀족과 상위층이 향유하던 고급문화와 대립하여 대중의 마음을 사로잡는 대중문화가 발달함

22

현대 세계의
문제 해결을 위한 노력

: 인류의 미래, 현재의 대응에 달렸다

· 현재 진행 중인 대표적인 국제 분쟁에 대해 이야기해 보세요.
· 남북문제가 무엇인지, 빈곤과 질병 문제에 어떻게 대처하고 있는지 생각해 보세요.
· 인류에게 치명적 위협이 될 환경 문제에 대해 말해 보세요.
· 현대 문제 해결을 위해 국제 사회가 어떤 노력을 하고 있는지 정리해 보세요.

이스라엘과 팔레스타인은 왜 걸핏하면 싸울까?
└ 늘어나는 국제 분쟁

　세계사 공부의 마지막 단계까지 왔어요. 역사 공부의 맨 첫 장에서 다룬, 왜 역사를 공부하는지의 문제를 떠올려 보세요. 맞아요. 지금까지 과거의 역사를 공부했으니 이제는 지금 이 순간, 바로 현대 세계의 과제에 대해서도 공부를 해야겠죠?

　지금부터는 현대 세계에서 우리가 당면한 과제들에 대해 정리하고, 해결 방법을 모색할 거예요. 크게 국제 분쟁, 난민 문제, 남북문제, 빈곤과 질병 문제, 환경 문제 등으로 나눌 수 있어요. 이 문제들을 차례대로 하나씩 살펴볼게요.

국제 분쟁은 그 범위가 상당히 넓어요. 앞에서 살펴본 냉전 시대의 전쟁도 따지고 보면 국제 분쟁에 해당하죠. 여기서는 냉전이 종식된 후 시작됐거나, 혹은 냉전 이전에 시작됐지만 지금까지도 끝나지 않은 국제 분쟁을 위주로 다룰게요.

이제는 공산주의냐 자본주의냐를 놓고 싸우지 않아요. 이념 대립의 시대가 지났으니까요. 그렇다면 어떤 이유로 여전히 갈등이 일어나고 분쟁이 생기는 걸까요? 여러 가지가 있겠지만 영토, 인종과 민족, 종교 등이 원인이 돼서 발생하는 분쟁이 대부분이에요. 때로는 두 가지 이상의 요소가 얽혀서 국제 분쟁이 생기기도 하죠.

이 중에서 가장 피해 규모가 큰 게 인종과 민족 분쟁이에요. 여기에 종교까지 얽혀서 복합적으로 나타날 때가 많아요. 대표적 사례로는 옛 유고슬라비아의 내전을 들 수 있어요.

유고슬라비아는 튀르크인, 세르비아인, 크로아티아인 등 여러 인종이 살고 있었어요. 종교도 각각 이슬람교, 동방 정교, 로마 가톨릭교로 달랐죠. 유고슬라비아는 몇 단계를 거쳐 여러 나라로 나뉘기 시작했어요. 그러던 중 1992년에는 튀르크인과 크로아티아인들이 독립을 선언했죠. 가장 인구수가 많았던 세르비아인들은 이 독립을 받아들이지 않았어요. 자칫 세르비아인들이 나중에 핍박받을 수도 있다고 여겼기 때문이죠. 정부와 세르비아인 민병대가 다른 인종을 학살했어요. 무려 50만 명이 이때 목숨을 잃었어요. 이 학살극을 세르비아인들은 '인종 청소'라고 했어요. 다른 인종의 씨를 말리겠다는 뜻이에요. 섬뜩하죠?

1995년에는 세르비아인들만 따로 나라를 구성했어요. 이젠 인종 청소를 할 일이 없을까요? 아니에요. 세르비아인들은 알바니아인들이 독립하려 한다며 다시 1998년에 인종 청소를 재개했어요. 이때 국제 연합과 나토가 학살을 중단하라며 세르비아에 대한 폭격을 단행하기도 했죠.

아프리카에서도 우리와 다른 부족을 말살하겠다며 인종 청소를 벌인 사례가 많아요. 대표적인 게 르완다 내전이에요. 르완다는 1962년 벨기에로부터 독립했는데, 이후에 후투족과 투치족 사이에 수십 년에 걸친 내전을 벌였어요. 투치족이 권력을 잡으면 후투족을 학살했어요. 후투족이 들고 일어나 정권을 교체하면 투치족이 학살됐죠. 이렇게 해서 100만 명 이상의 주민이 학살됐답니다. 이 갈등은 아직도 해결되지 않고 있어요. 콩고, 수단, 에티오피아, 소말리아 등 아프리카의 다른 지역에서도 이런 분쟁이 상당히 많답니다.

서아시아 또한 영토와 종교, 인종과 민족 등 모든 요인이 어우러져 분쟁이 일어나는 지역이에요. 팔레스타인 분쟁이 대표적이죠. 1948년 이 지역에 이스라엘이 건국되면서 유대인과 아랍인 사이의 갈등이 커졌어요. 중동 전쟁도 이 갈등이 폭발하면서 일어난 거예요. 현재도 이 지역에는 평화가 정착되지 않고 있죠.

이스라엘 군인들 앞에서 국기를 흔들고 있는
팔레스타인 여성

오늘날에는 여러 요인 중에 특히 종교가 원인이 되는 분쟁이 꽤 많아요. 아프리카 북부 시리아에서 2011년 내전이 터졌어요. 시리아 내전의 원인은 아주 복잡해요. 이 내전이 터지게 된 계기는 독재자를 몰아내자는 민주화 시위였어요. 하지만 시간이 흐르면서 종교 갈등으로 흘러 버렸어요. 사실 분쟁 당사자들이 서로 다른 종교를 믿는 것도 아니에요. 모두 이슬람교도인데, 종파가 수니파와 시아파로 다를 뿐이에요. 그러니까 시리아 내전은 정치적 이유로 터졌지만 종교 분쟁으로 양상이 변한 사례인 거예요.

인도와 파키스탄 사이에 있는 카슈미르 또한 아주 오래된 분쟁 지역이에요. 이 분쟁은 종교 분쟁이면서 영토 분쟁의 성격을 띠고 있죠. 이 분쟁은 왜 터졌을까요? 이슬람교가 다수인 북서부 카슈미르가 인도로 강제 편입된 게 발단이었어요. 인도는 힌두교도가 대다수예요. 반면 인도로부터 분리 독립한 파키스탄은 이슬람교도가

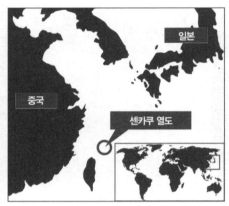

센카쿠 열도 위치

대다수죠. 그러니 인도와 파키스탄 모두 카슈미르가 자기 영토라며 싸우는 거예요. 군대가 충돌할 정도로 살벌하답니다.

종교와 관계없이 순전히 영토 때문에 분쟁이 일어나기도 해요. 동아시아에 그런 지역이 유독 많아요. 두 차례의 세계 대전을 거치면서 국가 간에 영토 소유권을 주장하는 일이 많아졌거든요. 중국과 일본도 센카쿠 열도^{다오위다오} 등 여러 곳에서 영토 분쟁을 벌이고 있어요.

난민을 추방하면 테러를 막을 수 있을까?
└난민 문제와 반전 평화 운동

국제 분쟁이 발생하면 수많은 사람들이 희생돼요. 죽음을 피하기 위해 분쟁 지역을 탈출하는 사람들도 많죠. 분쟁 외에 또 다른 이유로 박해를 피해 다른 곳으로 이주하는 사람들도 있어요. 이런 사람들을 통틀어 난민으로 규정하죠.

국제 분쟁이 크게 늘어나면서 난민 또한 늘어나고 있어요. 아프리카나 서아시아, 동유럽 같은 곳에 난민이 특히 많은 게 이 때문이에요. 이런 지역에 분쟁이 많으니까요. 대형 분쟁이 터진 곳에서는 수십만 명에서 많게는 수백만 명의 난민이 발생해요. 이들은 고향을 떠나 인근 국가의 난민촌에서 살죠. 난민촌의 생활은 비참해요. 물자가 모자란 것은 당연하고, 언제 고향으로 돌아갈지 기약할 수도 없죠. 게다가 이들을 보호해 줄 정부가 제 역할을 못하는 상황에서 어디서든 핍박을 감수해야 하니 많이 서러울 거예요.

하지만 난민 문제는 그냥 덮어 두어서는 해결할 수 없어요. 지금까지 그랬던 것처럼 앞으로도 많은 난민이 발생할 테니까요. 실제로 국제 연합도 이 난민 문제에 대응하기 위해 1950년 난민 기구를 만들었어요. 1951년에는 난민 지위에 관한 협약^{난민 협약}도 체결했어요. 이를 통해 난민의 권리까지 명문화했죠. 이 협약에 따르면 난민이 특정 국가로 이주했을 때 그 국가의 정부는 특별한 이유 없이 난민을 추방할 수 없어요. 또 난민이 체류하는 동안은 자국민과 동등하게 공적 부조와 원조를 제공해야 하죠. 쉽게 말해, 난민을 무시하거나 차별해서는 안 된다는 뜻이에요. 이 난민 협약은 1967년 난민 의정서로 업그레이드됐답니다.

그 후로 난민 문제는 어떻게 달라졌을까요? 국제 사회가 더 관심을 갖고 지속적으로 대응하고 있어요. 국제 연합은 2000년에 6월 20일을 '세계 난민의 날'로 지정했어요. 난민에 대해 전 세계인들이 더 많은 관심을 가져 달라는 뜻이죠.

최근 유럽의 일부 국가에서는 아프리카와 서아시아의 난민을 받아들이는 것과 관련해 논쟁이 커지고 있어요. 인도적 차원에서 난

베트남 전쟁 당시 미국 워싱턴 D.C.에서
벌어진 반전 시위

민을 받아들이고 도와야 한다고 주장하는 사람들이 있는가 하면 이슬람 급진주의자들이 난민에 섞여 있어 테러에 노출될 수 있다고 우려하는 사람들도 있어요. 경제적인 측면에서도 난민이 노동력 부족 문제를 해결해 줄 수 있다고 옹호하는 측과, 부족한 일자리를 난민이 가져간다고 비난하는 측이 팽팽히 맞서고 있어요. 앞으로도 난민 문제 해결책을 놓고 논란이 지속될 것 같죠?

국제 분쟁이 종종 전쟁의 형태로 폭발한다고 했죠? 전쟁을 줄이면 아무래도 난민과 같은 피해자가 줄어들 수 있을 거예요. 뿐만 아니라 민간인들의 희생도 줄일 수 있어요. 그러니 전쟁 자체를 하지 않는 게 최선이에요. 바로 이런 목소리가 커지고 있어요. 이런 운동을 통틀어 반전 평화 운동이라고 하죠.

반전 평화 운동은 사실 1960년대 베트남 전쟁이 터질 무렵부터 시작됐어요. 당시 미국이 베트남에서 고엽제를 살포했다는 사실이 드러났어요. 미군이 군인이 아닌 민간인까지 학살했다는 사실도 폭로됐죠. 이후 청년들을 중심으로 반전 평화 운동이 시작됐고, 전 세계로 확산했어요.

냉전이 시작되면서 미국과 소련은 군비 경쟁을 벌였어요. 특히 핵무기를 비롯한 대량 살상 무기를 본격적으로 개발했죠. 이런 무기가 전쟁에서 사용되면 집단 학살의 수준을 넘어 인류 생존을 위협할 수도 있어요. 그러니 핵과 대량 살상 무기의 개발을 반대하는 목소리가 더 커지면서 반전 평화 운동도 광범위하게 전개됐죠.

물론 국제 사회도 위기감을 느꼈어요. 이 때문에 이런 치명적인 무기의 생산을 줄이고, 기존 무기는 점차 폐기하는 식의 국제 협약을 잇달아 체결했어요. 대표적인 것으로는 핵 사용에 대한 규정을 정한 핵 확산 금지 조약[NPT]이나 생물 무기 금지 협약[BWC] 등을 들 수 있어요.

이와 함께 2000년대 이후로는 테러에 대한 두려움도 커지고 있어요. 2001년 9월에는 미국의 세계 무역 센터와 국방부 건물이 항공기 테러로 파괴되기도 했죠. 당시에 수천 명의 사상자가 발생했는데, 이런 테러가 전 세계에서 자주 일어나고 있어요. 테러를 규탄하는 목소리는 더욱 커지고 있어요. 어쩌면 이 테러 반대 운동 또한 반전 평화 운동의 일부가 아닐까 싶어요.

2001년 9월 11일 이슬람 과격분자들이 비행기를 공중 납치하여 미국 뉴욕의 세계 무역 센터와 국방부 건물을 들이받았다. 이 테러로 수천 명의 사상자가 발생했고, 미국과 아프가니스탄 탈레반 정부 사이에 전쟁이 벌어졌다.

저개발 국가와 선진국 사이의 격차를 왜 남북문제라 할까?
└ 남북문제와 빈곤 · 기아 · 질병 문제

산업 혁명 이후 공업화가 빠른 속도로 진행되었어요. 그 후 유럽

마실 물이 없어서 식수난을 겪고 있는 아프리카 소말리아의 주민들

과 미국은 공업 선진국이 되었지만 상대적으로 아시아와 아프리카의 산업 성장 속도는 더뎠어요. 그 결과 경제적으로 많은 차이가 나게 되었지요. 산업 발달과 경제 성장이 더딘 이런 나라를 개발 도상국이라 불러요.

20세기 이후에 정보 통신 기술까지 발달하면서 선진국과 개발 도상국 사이의 빈부 격차가 점점 더 커지고 있어요. 정보화로 인해 우리의 삶이 조금 더 편하고 풍요로워졌지만 그 혜택이 가난한 개발 도상국에까지 미치지 못하는 거예요. 이처럼 선진국과 개발 도상국 사이의 경제적 격차가 커지는 것을 남북문제라고 해요. 지구의 북반구에 주로 선진국이 있고, 남반구에 개발 도상국이 많기 때문에 이런 이름이 붙은 거지요.

남북문제를 이야기할 때 항상 함께 거론되는 게 빈곤과 기아, 질병 문제예요. 전 세계적으로 굶주림과 질병에 시달리는 사람이 많아지고 있는데, 특히 아프리카와 아시아의 가난한 국가의 사례가 많거든요. 선진국 안에서도 빈부 격차 문제가 있지만 식량 부족 사태는 발생하지 않지요. 하지만 저개발 국가에서는 대부분의 주민들이 풍족한 식사를 하지 못하고 있어요. 어떤 국가에서는 하루에 한 끼를 간신히 해결하는 주민이 대다수일 정도예요.

빈곤과 기아 문제는 전 세계가 함께 해결해야 해요. 국제 연합의 전문 기구인 국제 부흥 개발 은행[IBRD], 국제 통화 기금[IMF] 등이 이 문제를 장기적으로 해결하기 위해 개발 도상국을 지원하고는 있어요. 하지만 기아 문제를 해결하려면 식량 생산량을 획기적으로 늘릴 수 있는 방법을 찾아야 해요. 선진국의 남는 식량을 저개발 국가의 주민에게 지원할 수 있는 시스템을 잘 갖춘다면 어떨까요? 기아에 허덕이는 사람들을 조금은 구제할 수 있지 않을까요?

질병 문제는 선진국과 개발 도상국을 가리지 않고 미래에 큰 위협이 될 요소예요. 전염병이 퍼지면 전 세계를 초토화시키는 것을 우리는 코로나 사태에서 확인했죠. 다만 똑같은 질병이라 하더라도 영양과 면역력이 떨어질 경우 치명적으로 악화할 수 있어요. 이 경우 선진국보다는 저개발 국가가 훨씬 위험하게 되죠. 물론 이 또한 국제 사회의 도움이 절대적으로 필요하다는 뜻이에요.

이산화탄소를 줄여야 하는 까닭은?
└환경 문제와 국제 협력

우리가 살고 있는 지구는 우리뿐 아니라 미래의 인류가 살아갈 터전이에요. 하지만 공업화를 위해 무분별하게 자원을 개발하는 바람에 지구가 크게 훼손되고 있어요.

오존층의 파괴는 심각한 수준이에요. 남극의 오존층은 거의 파괴되었을 정도이지요. 오존층은 지상에서 20~30킬로미터에 있는 대기층인데, 태양에서 날아오는 해로운 자외선을 막아 줘요. 이 오존층이 파괴되면 자외선이 곧바로 내리쬐게 돼 피부암이나 백내장과 같은 병에 걸릴 수 있어요. 동물도 병에 걸리고 식물은 말라 죽어요. 피해가 상당히 크지요?

이 오존층을 파괴하는 물질은 프레온이에요. 프레온은 냉장고나 에어컨의 냉기를 유지하는 재료인 냉매나 헤어스프레이 등에 사용되었던 가스예요. 우리 생활에 꼭 필요한 물질이지만 오존층 보호를 위해 프레온을 규제해야 한다는 목소리가 커졌고, 마침내 프레온 사용을 점차 금지하는 몬트리올 의정서가 시행되었어요[1989년]. 요즘에는 이 프레온을 다른 물질로 대체하고 있답니다.

오존층만 뻥 뚫리고 있는 게 아니에요. 우리를 둘러싸고 있는 모든 자연이 심각하게 훼손되고 있어요.

요즘 우리나라 대도시에서는 하루 종일 대기가 뿌연 상태로 계속되는 경우가 자주 발생해요. 자동차의 배기가스, 공장 연기 등 도시가 뿜어내는 매연과 안개가 만나면서 얼핏 보면 안개가 낀 것처럼 보이는 건데, 이를 스모그라고 해요. 연기[smoke]와 안개[fog]를 합성해 만든 단어이지요. 게다가 중국에서 날아오는 황사도 대기 오염을 일으키는 대표적인 원인이에요.

이처럼 오염된 공기에는 우리 눈에 보이지 않는 아주 작은 물질들이 떠 다녀요. 이를 미세 먼지라고 하지요. 미세 먼지에는 인체에 해로운 각종 중금속이 들어 있어요. 그러니 대기 오염이 심각해지면 밖에서 숨을 쉬는 것만으로도 병에 걸릴 수 있다는 우려가 나오는 게 이상하지 않아요.

황사와 스모그에 뒤덮인 서울

대기 오염만 심각한 게 아니에요. 이미 강물과 냇물도 공장 폐수나 가정용 생활 하수 때문에 오염된 곳이 많아요. 강물과 냇물이 오염되면 당장 우리가 먹을 물이 부족해지지요. 그러니 수질 오염에도 대처해야 해요. 뿐만 아니라 농약과 쓰레기 등으로 인해 토양이 오염되고 있고, 기름 유출로 인해 해양도 오염되고 있어요.

지구 온난화도 심각한 상황이에요. 이것은 지구의 기온이 올라간다는 뜻이에요. 석탄, 석유 등 화석 연료를 사용할 때 발생하는 이산화탄소가 지구를 덥히는 주범이에요.

화석 연료를 태울 때 발생하는 이산화탄소는 지구를 감싸는 역할을 해요. 일종의 막을 치는 셈이지요. 그러면 열이 밖으로 빠져나가지 못하기 때문에 온실처럼 내부의 온도가 높아지게 돼요. 이를 온실 효과라고 해요. 이 온실 효과 때문에 지구가 더워지고 온난화 현상이 나타나는 거지요.

지구 온난화가 계속되면 대기가 데워지면서 빙하가 녹아요. 그러면 해수면이 상승하게 되고 섬들이 바다 속에 잠길 수 있지요. 실제로 그린란드의 빙하가 이미 100여 년 사이에 많이 녹아 해수면

지구 온난화로 북극의 얼음이 녹으면서
터전을 잃어 가고 있는 북극곰

이 23센티미터가 상승했어요. 태평양의 작은 섬들은 이미 바다에 잠기기 시작했지요. 뿐만 아니라 동식물의 생태계에도 큰 위협이 되고 있어요. 지금 상태대로라면 2050년경 동식물의 20~30%가 멸종할 수도 있다는 우려가 나오고 있어요.

온난화를 막으려면 무엇보다 숲을 많이 만들어야 해요. 나무가 공기 중의 이산화탄소를 흡수하기 때문이지요. 또한 이산화탄소를 발생시키지 않는 청정 연료를 개발하거나 자원을 재활용하는 방안을 찾아야 해요.

지구 최대의 삼림 지역인 아마존 밀림은 빠른 속도로 훼손되고 있어요. 대책을 강구하지 않으면 50여 년 안에 아마존 생태계까지 파괴될 것이란 경고가 나오고 있어요. 또 수많은 초원이 사막으로 변하고 있어요. 사막도 더 넓어지고 있고요. 이를테면 아프리카의 사하라 사막은 연 평균 10㎞씩 넓어지고 있답니다. 이러다가 식수가 부족해 많은 사람들이 목이 말라 죽을 지경에 이를 거예요.

이처럼 다양한 환경 오염의 결과는 실로 충격적일 수 있어요. 이미 말한 대로 지구 곳곳에서 기후 재앙이 나타나고 있어요. 때문에 국제 사회가 팔 걷고 나서고 있어요. 환경 오염을 줄이고 대책을 마련하기 위한 여러 협력 방안을 논의하고 있지요.

대표적인 것이 '지속 가능한 개발'을 다짐한 리우 선언이에요1992년.

지속 가능한 개발이란 무분별하게 자원을 개발할 게 아니라 자연이 훼손되지 않는 범위 내에서 최소한으로 개발하자는 개념이에요.

일본 교토에서 지구 온난화를 막기 위해 이산화탄소의 사용량을 줄이기로 합의한 교토 의정서도 이런 국제 협력의 하나였어요[1997년]. 이 교토 의정서에는 38개 국가가 참여했는데, 그 후 열린 발리 기후 변화 협약에는 더 많은 나라들이 참여했답니다[2007년].

자, 이제 세계사 여행의 대장정이 끝났어요. 끝으로 실천이 중요하다는 점을 강조하고 싶어요. 현대 세계의 많은 문제를 해결하려면 '나부터 바뀌자.'라는 정신이 필요하거든요. 난민을 돕기 위한 기부나 자원 봉사 활동에 참여하거나 환경 문제에 도움을 보태기 위해 1회용품을 덜 쓰는 게 모두 그런 실천의 시작이죠. 여러분, 모두 시도해 보세요.

★ 단원 정리 노트 ★

미래를 살아갈 우리가 해결해야 할 과제

① 남북문제

　　남북문제란 지구를 아래위로 나누었을 때, 비교적 잘사는 나라가 북반구에 많고 못사

는 나라는 남반구에 많은 상황을 일컫는 용어로, 국가 간의 빈부 격차를 나타낸다. 못

사는 나라의 국민들은 기아뿐 아니라 질병에도 노출되어 있다. 코로나19 사태에서도

보듯이, 질병은 어느 한 나라에 국한된 위험이 아니라 전 세계가 대처해야 할 문제

다. 따라서 남북문제는 못사는 나라들 스스로가 해결해야 할 숙제가 아니라 전 세계

가 함께 풀어가야 할 과제다. 그리고 한때 우리나라도 다른 나라의 도움으로 가난한

나라에서 이제는 다른 나라에 도움을 주는 나라로 발전했다. 우리는 헐벗고 굶주리는

지구촌의 이웃을 잊지 말아야 한다.

② 동서문제

　　과거 유럽 지도에서 공산주의 진영 국가들이 동쪽에 있고, 자본주의 진영 국가들이 서

쪽에 위치해 있는 것에서 나온 것으로, 이념 대립을 설명하는 용어다. 하지만 오늘날

냉전 체제는 거의 무너졌고, 이념의 장벽도 희미해졌다. 다만 우리나라는 남한과 북

한으로 대치하고 있기에 반드시 통일을 이루어 이 문제를 해결해야 한다.

③ 민족과 종교 갈등

원래 국가란 함께 살아가는 사람의 민족과 문화, 언어, 종교에 따라 자연스럽게 형성되어야 하는데, 아프리카는 서양 열강들이 제멋대로 땅을 나누어 가지면서 인위적으로 국경을 그었기 때문에 적대적인 민족이나 부족이 같은 나라에 속한 경우가 많다. 그래서 오늘날까지도 아프리카에서는 민족 갈등이 빈번하게 일어나고 있다.

종교 갈등은 주로 중동 지역에서 일어나고 있다. 하지만 이러한 갈등이 중동 지역에 그치지 않고 전 세계로 확산되고 있다.

④ 영토 분쟁

중국과 일본은 센카쿠 열도 등 여러 곳에서 영토 분쟁을 벌이고 있고, 일본과 러시아는 사할린과 쿠릴 열도를 두고 영토 분쟁을 벌이고 있다. 인도와 파키스탄은 카슈미르를 두고 싸우고 있고, 우크라이나와 러시아는 크림반도를 두고 영토 분쟁을 벌이고 있다. 또 중국과 인도는 국경 분쟁을 벌이기도 했다. 세계 곳곳에서 일어나고 있는 영토와 국경 분쟁은 평화를 위협하는 불씨로 남아 있다.

⑤ 환경 문제

지구촌을 살아가는 모든 사람이 함께 고민하고 해결해야 할 시급한 과제다. 동물과 식물이 살아가지 못하는 땅에서는 인간도 살아갈 수 없다. 지금 세계 곳곳에서 일어나고 있는 기후 재앙과 환경 파괴를 해결하기 위해서는 국제 사회와 각국의 정부, 기업은 물론 우리 한 사람 한 사람이 노력해야 한다.

초등생 엄마들의 온라인 커뮤니티
[초등맘 카페]의 엄마들이 보내온 편지

정말 알찬 한국사 세계사 책을 만나서 좋았어
요. 중등 아들을 키우는 입장에서 맞다, 맞다
하면서 읽었네요. 딸아이와 함께 이 책을 열
심히 읽어서 한국사 시험을 준비해 볼까 계
획 중이랍니다.

　　　　　　　　　　　　　_행복지기

자세한 삽화와 함께 최대한 쉽게 풀어 설명하여
3학년인 우리 아이도 책의 두께에 놀랐을 뿐 문
제없이 이해할 수 있었습니다. 중학생 자녀를
둔 저자가 최대한 부모의 입장에서 책을 썼다는
것이 느껴집니다.

　　　　　　　　　　　　　— Go high

생각보다 두껍고 글밥이 많아서 초등 4학년
이 읽을 수 있을까 하며 책을 잡았답니다. 물
론 4학년 역사를 대비해서요. 시대별 흐름
을 잡아 주는 역사 지침서이자 참고서 같은
책이에요. 제목 그대로 한 번에 끝내 주는 역
사책이네요.

　　　　　　　　　— 4학년 보라 엄마

잘 몰랐던 부분도 자세하고 재미있게 언급해
서 이해하기 편했어요. 중학교 가기 전 6학
년 겨울 방학 즈음에 다시 읽어 보면 아이한
테 많은 도움이 될 것 같습니다.

　　　　　　　　　　　　　_산호양

지금껏 읽어 왔던 한국사 책과는 다소 차이가 있었어요. 그만큼 깊이 있는 내용까지 다루고 있어서 한국사검정능력시험을 준비 중이라면, 그리고 역사에 관심이 많은 초등 고학년이라면 꼭 읽어 보길 추천하고 싶어요^^.

— 할수있다

중학교 교육 과정과 동일하게 차례가 구성 되어 있고, 한국사와 세계사를 연결하면 서 이해의 폭을 넓힐 수 있도록 만들어져 서 많은 도움이 될 것 같아요. 아이가 내년 에 중학교에 가면 다시 한 번 읽어 보도록 해야겠어요.

— 지니맘

그림과 사진이 풍부하고, 어려운 단어는 사 전 찾을 필요 없이 바로바로 제시되어 있는 점. 그리고 다시 한 번 정리를 도와주는 각 단원의 요점 정리를 보면 아이들이 교과서 읽을 때 많은 도움이 될 것 같습니다.

— 엄마표한국사

각 장의 서두에 핵심을 짚어 주는 질문이 있 어서 생각하며 읽게 되더라구요. 역사의 맥 과 흐름을 이해하고, 관련된 용어의 뜻을 제 대로 아는 것만으로도 역사 공부에 많은 도 움이 될 것 같습니다.

— 맨발로뚜벅이

"역사의 인과관계를 보여 주는 친절한 역사책!"

아이가 교과서는 용어가 어렵고 설명이 압축되어서 이해하기 어려웠는
데, 이런 부분이 해소되니까 역사 속에서 왜 이런 사건들이 일어나게 되
었는지 알게 되고 이해가 된다고 합니다. 교과서보다 분량은 많지만 오히
려 아이가 읽기 편하고 다양한 자료를 통해 이해를 도와서 계속 읽고 싶
다고 이야기하네요.

_ hygirl님

"아이와 어른의 눈높이를 동시에 만족시켜 주는 책"

역사책을 자주 접하기는 하지만 기초 부분이 부실하다는 느낌이 들 때
가 많았는데 이 책을 통해 중학교 때 배웠던 세계사가 기억에서 떠올
라 더욱 흥미롭게 읽을 수 있었다. 아이들의 눈높이에서 설명하기 때문
에 흥미로우면서도 머릿속에 쏙쏙 들어와 어른도 재미있게 볼 수 있는
책이 아닐까 싶다.

_ didini님

"다른 역사책과는 확실히 다른 만족감을 줍니다."

초등학교 5학년 아들 녀석에게 읽어 보라고 했더니 이틀 만에 대략 한 권
을 뚝딱 읽더군요. 책을 읽은 소감을 물었더니, 스토리와 부드러운 말투 등
에서 학생들을 배려하는 친절함이 묻어난다고, 자기 수준에도 맞다는 겁
니다. 다른 역사책과는 다른 것 같아요.

_ thanksir님

"이제 역사 공부 걱정을 조금 덜었습니다."

각 단원마다 내용 정리를 하고 핵심을 짚어 줍니다. 우리 아이들이 역사
공부를 재미있게 할 수 있을 것 같아 기대됩니다. 시험 기간에 시험 범위
에 해당하는 부분을 2~3번 반복해서 읽고 이해하며 암기하면 시험 공부
가 수월해질 거라는 저자의 말씀에 공감합니다.

_ lacaf님